Thorsten Gabriel

Das Praxishandbuch zum MASTER KEY SYSTEM

Die Neugier steht immer an erster Stelle eines Problems,
das gelöst werden will.

Galileo Galilei (15.2.1564 – 8.1.1642)

Italienischer Physiker und Astronom

Umschlaggestaltung und Satz: Horn*Müller, Saarbrücken, www.horn-mueller.de

Druck und Verarbeitung: Greiserdruck GmbH & Co. KG, Rastatt, www.greiserdruck.de

Printed in Germany

Kontakt: www.hesper-verlag.de

Vertrieb: www.merlin-versand.com

Erste Auflage 2009

Hesper Verlag

ISBN Nr.: 978-3-9812259-2-1

Vorwort

Nun ja, das ist schon so eine Sache, wenn der Mensch zu begreifen beginnt, dass er sein kann, was er denkt, wenn er nur denkt.

Mit der Arbeit des Master Key Systems von Charles F. Haanel, der Übersetzung von Helmar und Franz – liebe Grüße übrigens – hat es begonnen. Überlegt hatte ich: Wie kann es den Nutzern, den Studierenden des Master Key Systems erleichtert werden, wie kann ihnen erläutert werden, was Handhabung, was Wortlaut und was Nutzen des Ganzen ist?

Mir wurde klar, dass es durch ein persönliches Ansprechen und ein miteinander Arbeiten einfacher sein wird, ein Verständnis für sich und den Masterkey zu entwickeln.

Eidesstattliche Erklärung:

Hiermit versichere ich, dass ich die vorliegende Arbeit selbstständig verfasst und keine anderen als die angegebenen Quellen und Hilfsmittel benutzt sowie die Zitate kenntlich gemacht habe.

In diesem Buch erwähnte Namen können Warenzeichen oder eingetragene Warenzeichen der jeweiligen Eigentümer sein und sollten als solche betrachtet werden.

Mit diesem Praxishandbuch möchte ich, dass jene, die das Master Key System nutzen, und die, die es kennenlernen wollen, um sich und ihre Umgebung zum eigenen Wohle und auch zum Wohle der Allgemeinheit zu verändern, Erleichterung erhalten beim Lernen und beim Verstehen.

Im Dezember 2007 bin ich durch den Film „The Secret" auf das Master Key System aufmerksam geworden. Mir persönlich ist klar gewesen, dass das Buch „Master Key System" von Charles F. Haanel etwas ist, das meiner Reise und Suche nach dem Ultimativen ein Ende bereiten kann.

Nach dem eigenen Beginn, empfahl ich das Buch unmittelbar weiter, und es kam vor, dass es beim Lesen und auch bei der Umsetzung zu der einen und auch zu der anderen Schwierigkeit kam. Es musste der persönliche Ansprechpartner her. Ich bot gleichzeitig Studienbegleitung in Form eines Kurses an, der in einem Rhythmus von 14 Tagen stattfindet, und hier hat sich gezeigt, dass es wichtig für die Teilnehmer ist, Ansprechpartner zu haben.

Es geht darum, dass ihr durch die Anwendung der 24 Lektionen und dann durch euer Wissen jetzt die Möglichkeit habt, euer Leben komplett zu ändern. Es wird sicherlich nicht allen von euch schlecht gehen, ihr habt ein gewisses Einkommen, einen gewissen Grad an Liebe und auch eine gewisse Existenz aufgebaut, ihr habt Gesundheit.

Mit dem Masterkey hebe ich dieses alles auf eine ganz neue Ebene. Du kommst mit dem Masterkey und seiner Anwendung zu einem tiefen Verständnis deiner selbst und deiner Beziehung zu dem großen Ganzen, dem Universellen. Das bedeutet: Du bist ein Teil des Ganzen und somit in Art und Qualität gleich. Der einzige Unterschied liegt in dem Grad der Ausprägung.

Es geht mir darum, dass du in Kürze beginnst, nur noch großartige Gedanken zu denken und ein großartiges Leben zu leben.

Da das Universelle absolut ist und somit nicht urteilt, ist es ihm auch ziemlich egal, wie oder was du denkst.

Dir sollte es aber nicht egal sein!

Inhaltsverzeichnis

◆ **Kapitel 1 – Eine Kraft durch ein Bewusstsein** 8

Einführung zum Projekt, zum Praxishandbuch zum Master Key System

◆ **Kapitel 2 – Die Methodik der Wahrheitsfindung** 22

Naturgesetze. Zwei Betriebsarten: Das Bewusste und das Unbewusste.
Die zwei Kräfte kennenlernen. Wahrnehmung des Unterbewusstseins, die schöpferische Macht.
Das Gesetz der Anziehung (Law of Attraction).

◆ **Kapitel 3 – Deine Gedanken werden zu Dingen.** 32

Deine schöpferische Macht deiner Gedanken wirkt prägend aufs Unterbewusstsein und schafft dort die Muster, aus denen deine Zukunft entsteht.

Du kannst mit deinem Verstand dein Unterbewusstsein prägen. Damit prägst du dein Leben.
Du machst es ständig, egal ob du dir dessen bewusst bist. Kannst du deine Gedanken kontrollieren, kannst du dein Leben kontrollieren.

◆ **Kapitel 4 – Dein wahres „Ich"** 41

Es ist spirituell und somit nur am Besten, am Wohle aller interessiert. Es bringt dir mehr von dem, was du dir im Leben wünschst.

Es ist die Basis des Ursprungs für Gut und Böse: Das wahre **Ich.** Wie und wo findest du dein wahres **Ich?**
Wie erschaffst du nur Gutes?

◆ **Kapitel 5 – Das Bewusstsein als zentraler Punkt allen Seins** 50

Dein Geist formt und kontrolliert Materie. Dein freier Wille: Entscheide selbst! Heute bist du das Ergebnis deines früheren Denkens. Ein großartiger Besitz wartet auf dich.

◆ **Kapitel 6 – Erfolg kommt durch deine Aufmerksamkeit** 58

Deine persönliche Entwicklung geht immer schneller voran. Welches sind die größten Hindernisse? Sender und Empfänger. Gedanken und der Mechanismus, mit dem sie verbunden sind. Die bedeutendste persönliche Fähigkeit, die du dir aneignen kannst.

◆ **Kapitel 7 – Deine Vorstellungskraft als größte Macht** 65
So lässt du deine ideale Wirklichkeit entstehen: 1. Entspanne dich. 2. Verbinde dich mit dem Unendlichen. 3. Idealisiere. 4. Lass los und geh zum Tagesablauf über. Vom Glauben zum Wissen.

◆ **Kapitel 8 – Der Wert des aufrichtigen Denkens** 73
Dein Umgang mit Gut und Böse. Die wichtigste Entscheidung deines Lebens. Dein Magnet: das beständige Ideal. Die wahre Kraft kommt von innen.

◆ **Kapitel 9 – Deine Tat ist die Entfaltung deiner Gedanken** 81
Gedanken sind bioelektrische und biochemische Impulse. Glaubensmuster sind neuronale Verbindungen in unserem Gehirn.

◆ **Kapitel 10 – Dein Leben mit den natürlichen Gesetzen** 89
Das Organische belebt das Anorganische. Die innere Welt belebt die äußere Welt.

◆ **Kapitel 11 – Deine Schlussfolgerung im Denken** 94
Jede Auswirkung hat eine Ursache. Ableitendes Denken als „Wächter am Tor". Nutze deinen persönlichen Magnetismus, und erzeuge ein Vakuum im Außen. Wir sind Schöpfer – ob wir das nun so sehen oder nicht.

◆ **Kapitel 12 – Das Erschaffen deines Ideals** 101
Dein Ideal muss ein scharfes Bild, klar umrissen und festgelegt sein. Unentschlossenheit und materieller Wohlstand. Mit den Naturgesetzen kooperieren. Spirituelle Phänomene und Hypnose – sei achtsam. Wahre Macht.

◆ **Kapitel 13 – Das Prinzip von Ursache und Wirkung** 108
Der Widerstand gegenüber neuen Ideen. Vertrauen in das Unendliche.

◆ **Kapitel 14 – Die Disziplin des Denkens** 115
Deine Quelle aller Macht und Kraft. Das Universelle drückt sich über das Individuum aus. Die Kraft des Betens. Die Macht der Verleugnung.

◆ **Kapitel 15 – Deine Zusammenarbeit mit der Allmacht** 123
Die universellen Gesetze und du. Dient wirklich alles, was uns begegnet, unserem Wachstum? Erfolg und Sicherheit beim Erschaffen deiner Wirklichkeit.

◆ **Kapitel 16 – Die Erschaffung wissenschaftlicher Ideale** 132

Die Veränderung der Zeitqualität und universelle Gesetze. Wie entsteht Wohlstand? Hintergründe zur Visualisierung. Was ist korrektes Denken?

◆ **Kapitel 17 – Durch Konzentration mehr intuitives Wahrnehmen** 141

Was durch Konzentration erreicht werden kann. Konzentration als Reise zu deinem Ideal. Manifestieren = Wunsch + Konzentration. Informationen gewinnen durch Intuition. Stille – warum?

◆ **Kapitel 18 – So funktioniert das Gesetz der Anziehung** 149

Du erhältst immer genau das, was für dein Wachstum notwendig ist. Andere und wir – erschaffen wir das auch selbst? Wie nutze ich diese Erkenntnis für mich und andere?

◆ **Kapitel 19 – Deine Entwicklung der Lebenskraft** 156

Alles hat System und läuft nach einer bestimmten Gesetzmäßigkeit ab.

◆ **Kapitel 20 – Denken ist die wahre Aufgabe des Lebens** 162

Deine eigentliche Aufgabe des Lebens. Dein großartigstes Werkzeug.

◆ **Kapitel 21 – Großes Denken als Geheimnis des Erfolges** 172

Große Gedanken sind das Geheimnis des Erfolges. Erfolgreiches Beten ist kein „Zufall". Dein wahres Geheimnis der Macht.

◆ **Kapitel 22 – Ein neuer Mensch durch neues Denken** 179

Körperliches und geistiges Wohlbefinden. Dein Schlüssel liegt im Geist.

◆ **Kapitel 23 – Geldbewusstsein im Dienste der Menschheit** 185

Der nutzbringendste Wert, den du geben kannst. Wie „machst" du Geld? Spiritualität – wirklich die praktischste Sache der Welt?

◆ **Kapitel 24 – Die Wahrheit macht dich frei** 191

Wahrnehmung – nicht von außen nach innen, sondern von innen nach außen. Deine Außenwelt ist ein Spiegel deiner inneren Welt – ausnahmslos. Du trägst deine persönliche Wahrheit in dir.

Kapitel 1 – Eine Kraft durch ein Bewusstsein

Hallo,

zu Kapitel 1 des Praxishandbuch zum **Master Key System.** *Es ist der Beginn deiner aufregenden Reise, zu deinem Selbst, in dein Inneres, wo die wahre Macht und Kraft auf dich wartet*

Ursprünglich war das Master Key System ein Lehrgang mit 24 Lektionen über 24 Wochen. Für jeden Teil hattest du also eine Woche Zeit, um ihn zu verinnerlichen, zu verstehen und dadurch deinen Geist zu trainieren. Hast du dich darauf eingelassen, wirst du reich belohnt. Du vertiefst Einsichten und gewinnst neue Erkenntnisse. Dadurch verbessert sich dein Verständnis, und das erhöht deinen Drang zur Handlung! Du wirst durch das Anwenden und Lernen zu einem Energiebündel werden, aber du wirst keinesfalls planlos durch die Gegend laufen, sondern konsequent und mit System handeln. Das ist die Messlatte für deinen Fortschritt!

In Kapitel 1 geht es darum, die Beziehung zwischen der inneren und der äußeren Welt zu verstehen und sich diese Beziehung mehr und mehr zunutze zu machen – zum eigenen Wohle und zum Wohle aller anderen. Die meisten von uns sind in einer Welt der Trennung aufgewachsen. Nun aber öffnen wir uns einem neuen Wissen, kommen zu einer neuen Bewusstheit, in der es nur noch Verbundenheit gibt, die uns individuell, wie auch kollektiv, voranbringt.

Ich wünsche Dir ganz viel Spaß beim Entdecken und Anwenden des Master Key Systems!

Thorsten

Was bedeuten die Ebenen der Existenz für mich?

1. Die Bedeutung der Ebene ist eindeutig – ob in körperlicher oder geistiger/psychischer Hinsicht. Auswirkungen zeichnen sich ab in Erschöpfungszuständen, Krankheit oder Ähnlichem genauso wie in finanziellem Mangel, Arbeitsplatzverlust, Einsamkeit und so weiter. Freude und Gemeinsamkeit führen auch hier zu mehr, genauso wie Geld zu noch mehr Geld und Erfolg zu noch mehr Erfolg führt.

Du bist dir deiner Ebenen bewusst (weil gefühlt). Deine geistige Ebene oder deine körperliche Ebene signalisiert dir ganz eindeutig den Zustand, in dem du dich befindest. Geht es dir geistig oder körperlich gut, dann willst du mehr davon, denn dann ist dein geistiges Denken auch in der richtigen, positiven Schwingung. Fühlst du dich körperlich oder geistig nicht wohl, dann hast du auch Gedanken negativer Art, die jetzt das negative Befinden, die negativen Schwingungen in dein weiteres Leben ziehen.

Was bedeuten die vorherrschenden geistigen Einstellungen in meinem Leben?

2. Unser individuelles Erleben, das wir durch unsere geistige Wahrnehmung erleben, ist einem Entstehungsprozess unterworfen, der von unseren dominierenden Gedanken abhängt.

Wohin du denkst, von da weht dir auch der Wind entgegen. Stelle dir eine Waagschale vor! Auf der einen Seite befüllst du diese mal mit den einen und mal mit den anderen Gedanken. Diese Gedanken plätschern so dahin, weil sie keine großartigen Formen, keinen großartigen Anteil an deinem Tagesdasein bilden. Doch anders ist das mit der zweiten Waagschale, dahinein füllst du den einen, den sich über den Tag, die Woche, das Jahr hinziehenden Gedanken. Dieser ist nicht nur ein Tropfen, sondern er bildet eine Menge von mehreren Litern Wasser, und das, weil er durch dein kontinuierliches Denken an ihn genügend Nahrung erhält. Dieser Gedanke wird nun, da dein Geist beziehungsweise dein Unterbewusstsein nicht anders kann, in deiner erlebten Welt Ausdruck finden, sodass du diesen Gedanken spürbar fühlst.

Wie lassen sich Macht, Erfolg und Besitz im Zusammenhang mit meiner Denkweise erklären?

3. Je mehr und je öfter wir einen Gedanken denken, desto mehr Wichtigkeit geben wir diesem. Die Art und Weise, wie wir den Gedanken denken und welche Politur wir diesem geben lässt den Gedanken mehr oder weniger glänzen.

Dir soll bewusst sein, dass du durch dein kontinuierliches Denken, das sich auf den einen Zustand richtet, du diesen weiter und tiefer in dein Unterbewusstsein einprägst, sodass dein Unterbewusstsein nicht anders reagieren kann, als diesen Gedanken, der vorherrschend ist, dir in deinem Leben spürbar bewusst zu machen.

Wieso ist es wahr, dass wir erst sein müssen, bevor wir tun können, und wieso hängt was wir sind von dem ab, was wir denken?

4. Eine ganz klare Aussage darüber, denn wenn wir uns mit negativen Gedanken auseinandersetzen, uns schlecht fühlen, werden wir auch eine Welle Negatives vor uns herschieben und unser Handeln wird mit negativem Ausdruck behaftet sein. Gegenteilig ist es natürlich genauso! Wenn du in einem positiven Gedanken verweilst und ein positives Gefühl ausstrahlst, dann werden Menschen, die dir begegnen und auch deine Handlungsweise Positives mit sich bringen.

Liebesbewusstsein ist das, was du benötigst, wenn du Liebe in dein Leben ziehen möchtest. Dein Gedanke an Liebe ist in ein Beet gebettet und dieses Beet heißt „Liebesbewusstsein“. Durch dieses Beet wirst du nun automatisch liebesbewusst oder gar Liebenswertes tun, das heißt, dein Verhalten ist liebenswert, weil du jetzt liebenswert bist. Dadurch, dass du jetzt liebenswert bist und ein Bewusstsein für Liebe geschaffen hast, ziehst du nun Liebe in dein Leben

Wie mache ich mir diese Macht bewusst, um Kräfte ausdrücken zu können?

5. Ganz klar: Wenn du ein Schuster bist, dann kannst du auch nur wie ein Schuster denken und handeln. Möchtest du ein Maurer sein, dann musst du dieses erst erlernen, um auch die Denk- und Handlungsweise anzunehmen. Dein Bewusstsein des Maurers liegt in deinem Inneren verborgen, und dir muss die Macht des Maurers und deines Wissens darüber erst bewusst werden.

Im Sinne von Onkel Charles ist es so, dass du, um etwas in deinem Leben auszudrücken, du dieses erst sein musst. Hierfür mehrere Beispiele: Möchtest du gesund sein, dann benötigst du ein Bewusstsein für Gesundheit. Möchtest du reich sein, dann benötigst du ein Bewusstsein für Reichtum. Möchtest du in Wohlstand leben, dann benötigst du ein Bewusstsein für Wohlstand. Möchtest du in Frieden leben, dann benötigst du ein Bewusstsein für Frieden. Es gibt noch unzählige Beispiele hierfür.

Was ist die Bedeutung meiner inneren Welt?

6. Betrachte doch dein Unterbewusstsein als deine persönliche Schatzkammer, die mit allen Schätzen, Diamanten, Perlen und Unvorstellbarem gefüllt und bereichert ist. Dort liegen alle erdenklichen Möglichkeiten und Erfüllungen im Unsichtbaren verborgen.

Vergleiche das mit Punkt vier! Deine Gedanken sind in dir, und durch deine Gedanken, die in dir sind, weckst du Gefühle. Diese sind auch in dir, und dadurch, dass du jetzt etwas fühlst, beginnst du dementsprechend, eine Handlung vorzubereiten (auch in dir), und erst danach bringst du diese Handlung nach außen. Dies bedeutet, dass die größte Macht und Kraft in dir ist und sich durch dein Handeln und Erleben ausdrückt.

Wodurch beherrsche ich meine innere Welt, und wie finde ich die Lösungen meiner Probleme?

7. In dieser Schatzkammer gibt es einen, welcher der Herrscher dieses Reiches ist. Und dieser Eine ist dein Geist. Dein Geist bestimmt als Ursache, als Gedanke, die Wirkung dessen, was du denkst. Und die Lösung jeglichen Problems lässt sich durch einen Gedanken in dieser Schatzkammer finden.

Deine innere Welt, hast du herausgefunden, wird durch deinen Geist, deine Gedanken beherrscht. Du bist der, der diese innere Welt lenken kann, wenn du den entsprechenden Führerschein hast. Mit diesem Führerschein, wirst du jede Lösung für irgendein Problem erfahren können. Um die richtige Lösung zu finden, sei dir darüber bewusst, dass du die Kontrolle hast und nur, wie bei einem Routenplaner (Unterbewusstsein), den jetzigen Standort (Problem) und dein Ziel eingeben musst, und dein Unterbewusstsein wird dich sicher führen und dir jegliche Lösung präsentieren.

Wie lässt sich erklären, dass sich das, was ich in meiner inneren Welt habe, in meiner äußeren Welt ausdrückt?

8. Dein Wissen, das dir über die Fähigkeiten und Möglichkeiten des Unterbewusstseins gegeben wurde, das dich wissen lässt, welch großes Potential sich verbirgt, erklärt dir auch, dass dein Unterbewusstsein darauf wartet, sich durch dich auszudrücken, was es seit deiner Existenz schon immer tut, ob es dir gefällt oder nicht. Dieser Aus-

druck lässt sich so erklären, als würdest du dein Unterbewusstsein in einen Spiegel blicken lassen, und du schaust hinein, und das was du siehst, ist das, was dein Unterbewusstsein durch dein Denken erkennen lässt.

Deine innere Welt ist die Backstube deines Lebens, hier wird der Teig gerührt, der Ofen erhitzt und dein Brot gebacken. Deine innere Welt ermöglicht es dir zu backen, was du möchtest, in deiner inneren Welt sind alle Zutaten vorhanden, es ist genügend Teig, genügend Backware da. Was die Form und die Zutaten betrifft, dafür ist dein bewusster Verstand, dein Geist, dein Gedanke zuständig. Das, was durch deine Form mit deinen Zutaten gebacken wurde, ist das, was du essen wirst, ist das, was in deinem Leben den spürbaren Ausdruck hat.

Was benötige ich als Grundlage für Gesundheit! Alle Macht, alle Vollendung und allen Erfolg?

9. Wenn du in deinem Inneren, in deinen Gedanken, keine Ruhe findest und nicht Harmonie in dir verspürst, findest du nicht die Möglichkeit, einen gewünschten Ausdruck in deinem Leben zu erhalten.

Das ideale Arbeitsklima deiner Gedanken, deines Unterbewusstseins und deiner selbst ist mit einem Wort zu bezeichnen: Harmonie. Ist nichts in Harmonie, so ist es aus den Fugen; ist nichts in Harmonie, so ist es durcheinander; ist nichts in Harmonie, so ist alles zerstreut. Nichts ist mehr zusammen. Deine Harmonie wird dir den Erfolg sichern, den du möchtest, egal auf welcher Ebene.

Wodurch finde ich den Einlass in meine innere Welt und erhalte Kontrolle über meine Gedanken?

10. Nur die Harmonie in deinem Innern wird dir dazu verhelfen, Kontrolle über deine Gedanken zu erhalten und somit Kontrolle über die Erfahrung, die du machen möchtest.

Durch dein Einlassen auf die Harmonie ermöglichst du es dir, dich zu kontrollieren, dich den Begebenheiten auszusetzen, die du willst, und die Erfahrungen zu machen, die du möchtest. Wähle aus dem großen Katalog aus, und bestelle dir dieses Produkt, jene Eigenschaft und vielleicht diese Erfahrung – die Zusendung gelingt nur durch Harmonie.

Worin resultiert Optimismus und Wohlstand?

11. Dein Ergebnis der Harmonie, die du in deinem Inneren verspürst, wird für dich so sein, dass du Optimismus und Vielfalt haben wirst und sich dies in deiner erlebten Welt spürbar ausdrücken wird.

Deine Harmonie bewirkt, dass du in deinem Unterbewusstsein, deiner inneren Welt, bauen und herstellen kannst, was immer du möchtest. Stellst du in deiner inneren Welt Wohlstand her, dann hast du auch in deiner äußeren Welt Wohlstand.

Was spiegelt die äußere Welt wider?

12. Stelle dir vor, dass sich, wenn du in deinem Innern ein Bewusstsein von Liebe hast, ist es in der Gesetzmäßigkeit so, das sich in deinem erlebten Äußeren alle Bedingungen so einstellen werden, dass du Liebe erleben wirst.

Du erlebst (da es dir bewusst ist) in deiner äußeren Welt nun Wohlstand und Reichtum, Dies bedeutet für dich, dass du in deiner inneren Welt nun ein Bewusstsein für Reichtum und Wohlstand entwickelt hast. Die äußere Welt ist demnach ein Spiegel deiner inneren Welt.

Wodurch werde ich Erkenntnis und Verständnis in der inneren Welt erlangen?

13. Die Erkenntnis darüber, welche Mächte und Möglichkeiten deine Schatzkammer beinhaltet, wird dir auch das Wissen geben, dass du diese Macht nutzen kannst, um alles aus deiner Schatzkammer spürbar in deine erlebte Welt bringen zu können.

Erkenntnis und Wissen alleine genügen natürlich nicht. Ein Beispiel möchte ich hier dennoch geben: Wenn ich nicht bewusst bin bei dem Entwickeln eines Gesundheitsbewusstseins, wenn ich nicht weiß, was dies alles beinhaltet, dann werden mir Erkenntnis und Wissen nicht helfen. Bin ich mir dessen aber bewusst, dann sind die Möglichkeiten unbegrenzt.

Wie komme ich in den Besitz von Macht und Weisheit?

14. Wissen und Erkenntnis gibt dir jetzt Weisheit, im Einklang diese Mächte zu nutzen.

Hast du Wissen und Erkenntnis erlangt und bist dir deren Bedeutung gewiss, dann hast du die wesentlichen Dinge, um deine harmonische Entwicklung voranzutreiben und bist dadurch in den Besitz von Weisheit und Macht gekommen.

Welche Möglichkeit bietet mir meine innere Welt?

15. In dieser inneren Welt, unserem Unterbewusstsein, deiner Schatzkammer, hast du die Möglichkeit, durch deine Gedanken Visionen zu sehen und, wie es schon vor dir auch anderen gelungen ist, diesen Visionen den Ausdruck zu verleihen, dass dadurch ein Ausdruck in deiner spürbaren Welt entsteht.

Deine innere Welt ist das Fotolabor, in dem die Bilder deiner erlebten, äußeren Welt entstehen.

Was bedeutet für mich Entfaltung und was Zuwachs?

16. Um spürbar etwas zum Ausdruck zu bringen, musst du dir in deinem Innern nichts Neues hinzuholen. Da bereits alles, was Ausdruck verlangt, vorhanden ist, besteht deine Aufgabe lediglich darin, dem Vorhandenen durch deine richtigen Gedanken die Möglichkeit zur Entfaltung zu geben.

Mit deinem Führerschein bist du nun unterwegs in deinem Unterbewusstsein, dort kannst du mit deinem Fahrzeug wie an einem Schalter eines Schnellrestaurants eine Bestellung aufgeben. Du liest einfach von der Speisekarte ab, was du möchtest, und es wird dir serviert.

Was ist die Bedeutung von Verlust und Zunahme?

17. Für alles, für das du ein Bewusstsein entwickelst, hast du auch den spürbaren Besitz. Hast Du ein Bewusstsein für Liebe, dann bist du im spürbaren Besitz von Liebe. Verspürst du aber einen Verlust, zum Beispiel von Geld, dann prüfe, ob du dein Bewusstsein auf Reichtum und Wohlstand konzentriert hast oder ob es sich schon zerstreut hat, was zum Ergebnis den spürbaren Verlust hat.

Du musst in dir einig sein, nichts darf dich aus deinem Konzept bringen, dann hast du auch eine Zunahme an Gewinn in deinem Leben. Wechseln deine Gedanken aber kontinuierlich hin und her, sodass sie sich an keinem festen Ort befinden, dann wirst du statt Zunahme nur noch das Erleben des Wegnehmens haben und wirst Verluste erleiden, weil du nichts halten kannst.

Was sind denn die wichtigen Naturgesetze?

18. Dein geistiger Einklang, deine Harmonie, bringt dir den größtmöglichen Nutzen, aber wenn du wider den Naturgesetzen versuchst, dein Gedankengut aufzubauen, dann wirst du in dir Zerstreuung und Fehlschlag zum Resultat bringen.

Es gibt eine Reihe von Naturgesetzen, die dir in diesem Arbeitsbuch vorgestellt werden. Eines der ersten, das ich dir hier vorstelle, ist deine Konzentration auf einen Gedanken. Diese Konzentration auf einen Gedanken und auch das Halten dieses Gedankens wird dir am besten im Einklang zwischen dir und deiner Harmonie gelingen.

Was ist der bewusste Verstand für mich?

19. Dein bewusster Verstand ist die Verbindung zur erlebten äußeren Welt. Über das Nervensystem halten wir Kontakt zu unseren Organen und Empfindungen, wie heiß, kalt und so weiter. Das Organ dieses bewussten Verstandes ist das Gehirn.

Deine beiden Bewusstseinsebenen – Unterbewusstsein und bewusster Verstand – bilden hier das Thema. Dein bewusster Verstand ist die Verbindung zwischen deiner erlebten Welt und deinem Unterbewusstsein. Diese Verbindung gelingt dir durch die Gedanken, ob du diese nun kontrollierst oder nicht. Dein Gehirn ist der Sitz deiner Gedanken, sodass dieses nun als Organ des bewussten Verstandes bezeichnet wird. Dein zentrales Nervensystem ist es, das eine Kommunikation mit den Organen deines Körpers ermöglicht.

Was ist das Wichtigste für den bewussten Verstand?

20. Denkst du positiv und konstruktiv, das heißt förderlich zum Wohle der Allgemeinheit, dann sind deine Empfindungen angenehm und voller Harmonie.

Das zu erreichen ist eine Übung, die Kontinuität erfordert. Du willst dir schon den angenehmen Zustand halten, in dem du dich befindest. Du möchtest diesen Zustand auch noch steigern und deine angenehmen Gefühle behalten, sie nicht aufgeben. Das Ganze gelingt dir ausschließlich, wenn du klare, konstruktive Gedanken von deinem Gehirn durch dein Nervensystem sendest.

Was muss ich tun, um Stärke, Vitalität und konstruktive Kräfte aufzubauen?

21. Die Anstrengung, die du nun hast, ist die, zerstörerische Gedanken fernzuhalten, da du weißt, dass dein Verstand auch schlechte Gedanken produziert, Gedanken, die nicht konstruktiv sind, die nicht Förderliches mit sich bringen. Deswegen ist es so, dass du jetzt, bedingt durch diese Denkweise, negative Gefühle und negative Ereignisse und Erlebnisse haben wirst.

Versuche durch Beharrlichkeit und Kontinuität, in deinen guten Gedanken zu bleiben. Dein bewusster Verstand, der noch ungezähmt ist, ist gewohnt, auch in die andere, negative Richtung zu denken. Dein bewusster Verstand ist noch nicht eingestimmt auf deine Weise, bewusst zu denken und wird versuchen, sich dir immer noch zu widersetzen.

Wodurch bin ich mit der inneren Welt verbunden?

22. Betrachten wir die Tür zu deiner Schatzkammer, die ich als Solarplexus bezeichne. Diese Schatzkammer ist dein Raum im Haus des Universellen, des Göttlichen. Was deine persönlichen Gefühle betrifft, so hast du deinen Verwalter, das vegetative Nervensystem, dafür.

Zu Beginn dieses Kapitels erwähnte ich, dass du ein Unterbewusstsein hast. Dieses beinhaltet alle vorgefertigten Möglichkeiten, um ein angenehmes, harmonieerfülltes und wohlhabendes Leben zu führen. Da du ausschließlich über dein Denken diese Möglichkeiten aktivieren kannst, durch die Benutzung deines Gehirns und das Versenden deiner Gedanken, bist du dir auch bewusst darüber, dass du in Harmonie und Einklang mit deinem bewussten Verstand und deinem Unterbewusstsein sein musst. Dies gelingt dir, wie schon erwähnt, durch Harmonie.

Wie bringe ich den bewussten Verstand und das Unterbewusstsein zu einer bewussten Zusammenarbeit?

23. Die beiden in Unordnung geratenen Bewusstseinsebenen, die deines bewussten Verstandes (das Endliche) und die deines Unterbewusstseins (das Unendliche), bringst du nun durch dein Wissen in eine Harmonie, in einen Einklang zur Gestaltung deiner Zukunft durch dich.

Mit dieser Harmonie gelingt dir eine ewige Verbindung zwischen deinem bewussten Verstand und deinem Unterbewusstsein, dem Endlichen und dem Unendlichen.

Was bin ich als Individuum im Verhältnis zum Unterbewusstsein?

24. Dir sollte klar sein, dass deine Schatzkammer Teil des Universellen, des Göttlichen ist und sich auf jeder Ebene des Seins ausdrückt. Somit sind du, dein Unterbewusstsein und das Universelle **eins.**

Diese universelle Energie ist in gleicher Qualität, in gleicher Intensität, in gleichem Umfang, mit gleicher Kraft und Macht überall zu finden, nicht nur bei dir, sondern auch bei allen anderen Lebewesen. So ist klar, dass es nur ein Prinzip gibt. Dieses Prinzip, auch Bewusstsein genannt, ist überall, weiß alles und beinhaltet jedes Wissen. Alle Gedanken und Dinge sind in ihm selbst – es ist alles in allem.

Ist das universelle Bewusstsein, das denkt, auch in mir?

25. Da dein Unterbewusstsein und das Universelle eins sind, gibt es auch nur einen Gedanken, denn wenn du denkst und dein Unterbewusstsein diesen Gedanken empfängt, dann empfängt diesen Gedanken auch das Universelle, da ja dein Unterbewusstsein ein Teilstück des Universellen ist. Dieser Gedanke drückt sich nun durch dich als Individuum aus. Das Universelle und somit auch dein Unterbewusstsein sind allgegenwärtig.

Der Umkehrschluss folgt: Es ist ein Bewusstsein, ein Universum vorhanden. Über deinen bewussten Verstand (= das Endliche) kannst du dein Unterbewusstsein (= das Ewige) beeinflussen. Dieser bewusste Verstand, der seinen Sitz im Gehirn hat, wird, nachdem das Gehirn gestorben ist, durch dein Unterbewusstsein wieder zu einem Teil des Ganzen. Das Endliche, du als Individuum bist nun der Ausdruck des Unendlichen. Du und das Unendliche, ihr seid **eins.**

Was ist eine zwingende Schlussfolgerung des universellen Bewusstseins und dir?

26. Jetzt hast du erfahren, dass alles **eins** ist und weißt, dass in dem Haus des Universellen mehrere Schatzkammern sind von anderen Individuen, von anderem Bewusstsein. Diese Bewusstseine sind auch Teil des Universellen, und somit schließt sich der Kreis – es existiert nur ein Bewusstsein.

Da du nicht alleine auf dieser Welt bist und das Universelle sich durch jedes Individuum ein Ventil geschaffen hat, stehen alle Individuen mit dem Unendlichen in Verbindung. Die Schlussfolgerung dafür ist: Egal welches Individuum etwas denkt, diese Gedanken dringen über sein Unterbewusstsein auch in das universelle Bewusstsein ein und suchen dort ihresgleichen und alle vorhandenen Möglichkeiten, um sich auszudrücken.

Was bedeutet es, eine Individualisierung des universellen Bewusstseins zu sein?

27. Feststellen kannst du mit deinem Wissen nun, dass, egal welches Bewusstsein sich wo auch immer ausdrückt, dieses Bewusstsein immer nur ein individueller Ausdruck des universellen Bewusstseins ist.

Du bist immer der Ausdruck des universellen Bewusstseins, genauso wie ich, Thorsten Gabriel, der Ausdruck des universellen Bewusstseins bin, durch das ich mit meinem Unterbewusstsein verbunden bin. Die Möglichkeiten, die ich habe, sind die gleichen, die auch du hast. Du kannst das universelle Bewusstsein und dein Unterbewusstsein beeinflussen durch deinen bewussten Verstand.

Warum sind das Individuum, also ich, und das universelle Bewusstsein eins?

28. Das universelle Bewusstsein ist ein Bewusstsein ohne Bewegung; es steht und ist nur. Es ist starr. Ausdruck verleiht sich das universelle Bewusstsein ausschließlich durch das Individuum und umgekehrt.

Diesem Bewusstsein hauchst du nun Leben ein. Dieses Leben bekommt es durch Gedanken, aber nicht durch irgendwelche Gedanken, sondern durch jene, die konstruktiv sind, durch Gedanken, die sich nach den Naturgesetzen richten und die dynamisch sind und Gefühl haben. Das bedeutet: Wenn du dich über das universelle Bewusstsein ausdrücken willst, dann kannst du das nur über deine Gedanken und Gefühle. Und wenn das universelle Bewusstsein sich ausdrücken will, dann kann es das nur durch dich oder ein anderes Individuum.

Wodurch kann ich auf das universelle Bewusstsein einwirken?

29. Um sich ausdrücken zu können, muss das starre Gebilde, das sich Bewusstsein nennt, Gedanken bekommen, die es in Schwung bringen. Gedanken bringen das Bewusstsein in Bewegung und treiben es an, dem Gedanken Ausdruck zu verleihen. Je kräftiger, je intensiver ein Gedanke ist, umso stärker und intensiver wird sein erlebter und spürbarer Ausdruck.

Den richtigen Schwung bekommen deine Gedanken durch das entsprechende Gefühl, durch die entsprechende Intensität, mit der du denkst und deinem Gedanken die Dynamik verleihst, die er benötigt, um vom Gehirn (Ort der Entstehung) über den Solarplexus bis zum Unterbewusstsein (Produktionshalle) zu gelangen. Hat der Gedanke zu wenig Dynamik oder ist nicht kräftig genug, dann ist er wie ein Samenkorn, das du auf Stein wirfst. Es wird nicht wachsen. Und ohne gezieltes Säen wird dann auch Unkraut entstehen (verworrene Gedanken – unklare Gedanken = negativer Ausdruck).

Was bedeutet es für mich, dass das allgegenwärtige Bewusstsein die Gesamtheit aller Attribute und Eigenschaften enthält?

30. Du hast gelernt, dass dein Bewusstsein ein Teil des universellen Bewusstseins ist. Gleichwohl hast du auch erfahren, dass dein Unterbewusstsein ein Teil des Universellen, des Göttlichen ist. Da deine Schatzkammer ein Teil der universellen Schatzkammer ist, sind die Schätze, das Wissen, die Macht, die Möglichkeiten und Lösungen des Universellen auch in dir. Da nun all dieses Universelle durch die Dynamik deiner Gedanken angeregt wird, ist der Gedanke durch das Universelle gezwungen, sich in einem Zustand spürbar auszudrücken.

In dir sind die gleichen Kräfte, Weisheiten, Energien und Antworten enthalten wie auch in deinem Unterbewusstsein, das ja die Verbindung zum Universellen ist. Da du ein Teil des Universellen bist und gelernt hast, dass du durch deine Gedanken das Unterbewusstsein lenken und beeinflussen kannst, verstehst du nun, dass jeder Gedanke, den du denkst, sich seinen Weg durch das Unterbewusstsein und das universelle Bewusstsein sucht. Dort wird der Gedankeninhalt produziert, um dann in der schnellstmöglichen Zeit spürbar in deinem Leben in Erscheinung zu treten.

Warum ist jeder Gedanke eine Ursache und jeder Zustand eine Auswirkung?

31. Jeder Gedanke, der in deinem Verstand auftaucht, wirkt sich durch irgendeinen spürbaren Ausdruck in deinem Leben aus. Somit wird es für dich unerlässlich, Kontrolle über deine Gedanken zu bekommen, damit du für Dich nur angenehme und konstruktive spürbare Ergebnisse erzielst.

Es sollte dir nun bewusst sein, dass du dich nicht mehr der Willkür deiner Gedanken, die unkontrolliert ihren Ausdruck suchen, aussetzen musst, sondern du durch die Kontrolle deiner Gedanken in der Lage sein wirst, dir durch dieses konstruktive Vorgehen nur das Beste, das Schönste und das Wünschenswerteste in deinem Leben zu gestatten.

Was bedeutet es, dass alle Kraft und Macht unter meiner Kontrolle liegt?

32. Du hast festgestellt, dass jegliches spürbare Erleben seinen Ursprung in deinem Unterbewusstsein in deinem Innern hat und deiner Kontrolle unterliegt. Diese Macht und Kraft wiederum unterliegt ganz korrektem und aufrichtigem Wissen.

Du weißt jetzt von der Vorgehensweise deines Unterbewusstseins und wie es zu beeinflussen ist. Du kennst nun die Naturgesetze im Ansatz. Dieses Wissen beinhaltet auch die Erkenntnis, dass du der Kontrolleur deines Unterbewusstseins, deiner Gedanken bist. Und dein Unterbewusstsein beinhaltet alle Macht und Kraft, die benötigt wird, um deine Gedanken mit spürbarem Ausdruck zu versehen.

Wie kann ich eine bewusste Zusammenarbeit mit dem allmächtigen Gesetz beginnen?

33. Je weitreichender und tiefer dein Wissen über diese Macht, dein Bewusstsein und das Unterbewusstsein sind, je mehr du imstande bist, deine Gedanken zu kontrollieren und zu lenken, desto intensiver wirst du dein Unterbewusstsein mit seinen Möglichkeiten nutzen und dir somit eine Basis beziehungsweise die Grundlage schaffen, durch die du in Verbindung mit dem Universellen alle Möglichkeiten haben wirst.

Du hast gelernt, dass du deine Gedanken in deinem Leben so kontrollieren und anweisen kannst, dass du nur wünschenswerte Ergebnisse in deinem Leben erzielen wirst. Dieses Wissen ist so wertvoll für dich, dass du nun ausgestattet damit deine Verbindung zum Universellen halten wirst, um weiterhin diese wünschenswerten Ergebnisse zu erzielen, denn das ist die Basis für jeglichen Erfolg.

Was ist das Lebensprinzip des universellen Bewusstseins?

34. Die einzige Aufgabe des Universellen ist es, sich in deinem Leben spürbar und durch jegliches Lebensprinzip auszudrücken, egal in welcher Form und durch was.

Was bedeutet die innere Welt im Verhältnis zur äußeren Welt für mich?

35. Dir muss klar werden, dass alles, was du erlebst, alles, was um dich herum, seine Entstehung in deinem Inneren, in deinem Unterbewusstsein hatte, sich jetzt in deinem Erleben spürbar ausdrückt. Ebenso sollte dir klar sein, dass die meisten Menschen sich ausschließlich in dieser spürbar erlebten äußeren Welt aufhalten, ohne jemals die innere beziehungsweise das Universelle kennengelernt zu haben.

Dir ist es vermutlich genauso ergangen. Du hast dich weitestgehend mit den Eindrücken deiner äußeren Welt befasst, ohne zu wissen, dass alle Entstehung in dir selbst geschieht, weswegen du auch nicht zu den gewünschten dauerhaften

Erfolgen gelangtest. Dies hat sich nun verändert, da du weißt, das alles, was dir in deiner Welt geschieht, ausschließlich von deinen Gedanken, deinem Inneren, abhängt.

Warum muss ich die Beziehung zwischen der inneren und äußeren Welt verstehen?

36. Was dir das Master Key System bietet ist die Möglichkeit, dir deiner Macht bewusst zu werden, Zusammenhänge zu erkennen und Veränderungen zu bestimmen. Die erste Erkenntnis ist, dass das, was du spürbar erlebst, der Ausdruck deiner Gedanken ist. Deine Gedanken sind also die Ursache für dein spürbares Erleben. Hiermit hat sich ein Kreislauf geschlossen, und immer wenn dir dein spürbares Erleben, ob seelisch oder körperlich, nicht mehr zusagt, ändere die Ursache durch deine Gedanken.

Stehst du morgens auf und fühlst dich, weil du dir deinen Fuß am Bett angestoßen hast, schlecht gelaunt, so denkst du auch über den schlechten Start in den Tag nach: Dieses Denken sinkt nun in dein Unterbewusstsein (hier das Ursacheprinzip). In deinem Unterbewusstsein sind nun Millionen „Arbeiter" am Werke, um schlechte Laune zu produzieren, weil du das in Auftrag gegeben hast. Am Ende der „Produktionshalle" steht nun noch mehr schlechte Laune, die sich als Antwort auf dein Denken spürbar in deinem Leben realisiert. Am nächsten Tag denkst du wieder an das „bloß nicht den Fuß anstoßen", und da dein Unterbewusstsein das Wort „nicht" nicht kennt, also ignoriert, wirst du dir den Fuß anstoßen. Es sagt ganz einfach: „Dein Wunsch ist mir Befehl." Ob dir nun dieser Befehl gefällt oder nicht: Dein Unterbewusstsein stuft deine Gedanken als Wunsch ein und ist nur an deren Erfüllung interessiert. Also überlege dir doch, was du dir wünschst, was du dir denkst.

Wo finde ich die Ursache für Disharmonie, Mangel, Krankheit und Armut?

37. Das Gelernte hier ist ganz klar und liegt nun offen auf dem Tisch. Du kannst es betrachten, und es sagt dir, dass es bei den meisten Menschen und auch bei dir so gewesen sein wird, dass du negative aber auch positive Auswirkungen, die du spürbar erlebt hast, durch von dir im Außen erzeugte spürbare Auswirkungen regeln oder verändern wolltest. Was damit erreicht wurde, ist noch größeres Leid, noch mehr Probleme. Du aber weißt schon jetzt, dass es darum geht, alles, was spürbar im Außen ist, durch die Ursache, den Gedanken, in deinem Innern zu verändern, denn nur so wird sich ein positiver Ausdruck realisieren.

Du wirst dich hüten, so wie bisher in deinem Leben äußere Auswirkungen durch äußeren Einfluss zu heilen, denn du weißt jetzt, dass das, was du im Außen erlebst, seine Ursache in deinem Denken hat, also in deiner inneren Welt, und du weißt auch, dass du durch dein neues Denken die Möglichkeit für dich entdeckt hast, diese äußeren Auswirkungen durch Umdenken, durch neues Denken so zu verändern, dass du nur noch Positives und Wünschenswertes in deinem Leben erlebst.

Woher kommt alles Wachstum?

38. Die Erkenntnis ist, dass jedes Wachstum aus dem Innern kommt. Du pflanzt ein Samenkorn in den fruchtbaren Boden genauso wie du einen Gedanken in das Unterbewusstsein pflanzt, und so wie du deinen Acker bewässerst,

so „bewässerst“ du durch dein Gefühl dein Unterbewusstsein über deine Gedanken. Du kannst deine Frucht nur ernten, wenn du den Samen auch pflanzt.

Damit dein neues Leben wachsen kann, damit du in deinem Leben die Früchte ernten kannst, die dir schmecken, ist es notwendig, dass du den richtigen Gedanken denkst, dass du ihn wässerst und durch deine Gefühle und deine Kenntnisse über die Naturgesetze am Leben hältst. Bevor wir uns kennenlernten, hast du oft versucht, deine Situationen durch äußeren Einfluss zu verändern, weil du noch keine oder zu wenig Kenntnisse von dem Gesetz von Ursache (Gedanke) und Wirkung (spürbarer Ausdruck) hattest.

Wovon hängt meine Fähigkeit ab, die universelle Quelle zu erkennen und zu nutzen?

39. In deinem Inneren findest du das universelle Meer, das Göttliche, das sich dich als Ventil nimmt. Diese innere Versorgungsquelle, diese innere Macht, kann sich allerdings nur dann positiv für dich auswirken und spürbar ausdrücken, wenn du diese Quelle des Universellen gefunden hast. Dieses universelle Meer sucht sein Ventil in jedem Individuum, sodass auch hier wieder deutlich wird, dass jedes Individuum mit jedem verbunden ist, und somit, da die Verbindung im Universellen, im Göttlichen liegt, sind alle Individuen **eins.**

Du als Teil des Ganzen musst offen sein für das Eindringen des Universellen. Das ist vergleichsweise so wie mit der Rohrpost. Ist dieses Rohr, die Verbindung, unterbrochen oder verstopft, dann können die Informationen nicht fließen. Unterbrochen heißt, dass es keine Verbindung mit deinem Unterbewusstsein und somit dem Universellen gibt. Verstopft bedeutet: Du hast deine Gedanken nicht klar und sauber oder hast mal diese oder mal jene. Auch dann wird das Resultat schadhaft für dich sein. Da jedes Individuum mit einer solchen „Rohrpost“ ausgestattet ist, die im Universellen endet, sind demnach alle Individuen durch das Universelle miteinander verbunden.

Was ist das Prinzip von Ursache und Wirkung, und was bedeutet das Zusammenspiel zwischen mir und dem Universellen?

40. Dich auf das Universelle einzustimmen, dich damit zu verbinden, weil du weißt, dass das Universelle alles mit Leben durchdringt und auch bei dir keinen Halt machen wird, ist eine Ursache, und das Universelle, das dich mit Leben durchdringt, ist die Wirkung der Einstimmung. Diese Wirkung wird spürbar im Geistigen und Körperlichen, wird sichtbar durch das, was um dich herum passiert, und wird in deinem Erleben Erfahrung. Diese Entstehung von Ursache und Wirkung hast du ausschließlich in deinem Unterbewusstsein, das du dir wie eine Fabrik vorstellen kannst, in der du durch Gedanken einen Fabrikationsauftrag (Ursache) abgibst und wo dein Unterbewusstsein mit all seinen Möglichkeiten diesem Ausdruck (Wirkung) verleiht.

Deine Teamarbeit mit dem universellen Bewusstsein, das allen Raum durchdringt und alles mit Leben ausfüllt, gründet auf der Aktion, den Gedanken mit Leben zu füllen, und der Reaktion, diesen Gedanken im Unterbewusstsein – deiner Produktionsfabrik – herzustellen und spürbar in dein Leben zu bringen. Genauso ist es auch mit Ursache und Wirkung. Ursache ist der Gedanke und Wirkung das, was sich in deinem Leben durch die Produktion deines Gedankens ausdrückt, sei es in Form von Erfahrungen, Begebenheiten, Erlebnissen oder anderem.

Wodurch kann Leben ausgedrückt werden?

41. Die einzige Möglichkeit, Leben auszudrücken, liegt im Bewusstsein. Ohne Bewusstsein, das alles beinhaltet – das Universelle –, ist Leben nicht möglich. Alles, was du erlebst, alles, was sich durch dich ausdrückt, muss **Bewusstsein** sein, sonst kann es nicht lebendig werden, weil sich Leben nur durch Bewusstsein ausdrücken kann. Bewusstsein erschafft immer und drückt immer aus.

Bewusstsein ist das Lebenselixier für deine Gedanken, für dein Unterbewusstsein, für das Universelle, für dein spürbares Erleben. Ohne Bewusstsein findet all dies nicht statt. Es ist eine Party ohne Gäste. Diese Gäste, diesem Bewusstsein, musst du einen Raum zuweisen, einen Ort in deinem Gehirn, der einen Platz für dein Bewusstsein bietet, für ein Bewusstsein, das du möchtest. Als Beispiel nehme ich das Reichtumsbewusstsein. Befindet sich kein Raum für Reichtumsbewusstsein in deinem Gehirn, kannst du nicht die Empfindungen zum Ausdruck bringen, die Reichtum ausmachen. Dann wird es kein Bewusstsein geben, und da wo es kein Bewusstsein gibt, da existiert nichts. Das, was du erschaffen willst, das, was dir begegnet, das was du siehst und so weiter – all dies hat einen Raum in deinem Gehirn, all das ist mit Bewusstsein ausgestattet, ohne das es kein Leben gibt.

Wodurch verschafft sich die Bewusstseinssubstanz den Ausdruck, den ich will?

42. Da du Ausdruck des Universellen bist, lebst du auch in der Substanz des universellen Bewusstseins. Diese Substanz ist vereinfacht dargestellt eine Masse, die sich entsprechend deiner Gedankenwelt Ausdruck verschafft. Diese Masse ist für das, was du denkst, sehr leicht empfänglich und verschafft sich den Ausdruck, den du durch deine vorherrschenden Gedanken vorgibst. Dies geschieht dadurch, dass du mit deiner Gedankenwelt eine Form vorgibst und die Bewusstseinsmasse alles tut, um sich in dieser Form auszudrücken.

Du bist durch deinen bewussten Verstand der Bäcker, der die Form vorgibt, in der die Masse, angereichert durch deine Gefühle, deine Emotionen, deine Bilder und Staffierung, den Teig für den Kuchen bildet, den du vorgegeben hast. Die Zutaten sind von dir. Dein Kuchen trägt viele Namen, ob es der ist, der Gesundheit heißt, oder jener, der Partnerschaft heißt, oder der, welcher Liebe heißt, oder jener, der sich Reichtum nennt. Wichtig ist, dass die Qualität der Zutaten hoch ist. Das bedeutet für dich, dir ein klares Bild dessen zu machen, was du möchtest und es dementsprechend auszustaffieren.

Warum ist es allein die Anwendung, in welcher der Wert liegt?

43. Wie ein Sportler, so wirst auch du üben müssen, um den Masterkey und seine und damit deine Möglichkeiten zu nutzen. Durch dieses Üben wirst du ein tiefes Verständnis, einen höheren Wert und die Möglichkeit haben, Unkenntnis durch Weisheit, Disharmonie durch Harmonie, Armut durch Reichtum und so weiter zu ersetzen. Dafür gibt es keine größeren Segnungen als diese.

Übung macht den Meister!

Affirmation zu Kapitel 1:

„Ich kann nur die Kräfte zum Ausdruck bringen, die ich auch besitze. Der einzige Weg, mit dem ich mir meine Macht sichern kann, ist der, mir meiner Macht bewusst zu werden, und ich kann mir niemals meiner Macht bewusst werden, bis ich erkenne, dass alle Macht und Kraft aus meinem Innern kommt."

Notizen:

Kapitel 2 – Die Methodik der Wahrheitsfindung

In Kapitel 2 geht es um die Art der Wahrheitsfindung. Du wirst lernen, dass ***ein Gedanke****, der sich auf ein bestimmtes Ziel konzentriert, zu Macht und Kraft wird. Alles hängt davon ab, wie sehr du aufhörst, dich auf deinen Verstand zu verlassen. Das ist wichtig, denn obwohl sich das gesamte Praxishandbuch zum Master Key System darum dreht, geht es darum, deine Gedanken so zur Gewohnheit zu machen und zu konzentrieren, dass diese Gedanken in deinem Unterbewusstsein eingeprägt werden. Dadurch wirst du dir keine Gedanken mehr machen. Es wird für dich zu einer automatischen Handlung. Du bist jetzt der Gedanke, und dadurch wird deine erlebte Wirklichkeit eine andere.*

Sei dir klar darüber, dass dein Unterbewusstsein, das zwar nicht logisch denken kann, aber die ungeheure Macht beinhaltet, dich mit dem Universellen verbindet.

Wie viele gleichzeitig stattfindende Bewusstseinsebenen habe ich? Und was bedeutet das für mich?

1. Dein Geist arbeitet mit verschiedenen Bewusstseinsebenen. Die eine ist dir bewusst, das Bewusstsein, das Spürbare, und die andere ist dir nicht bewusst, das Unterbewusstsein, das Unbekannte, das Unendliche.

Das Bewusste wird auch objektives Bewusstsein genannt, weil es sich mit den Objekten befasst, den Dingen, die wir fühlen, die wir sehen, die wir hören und so weiter, die dir bewusst sind. Dieses Bewusstsein ist auch als bewusster Verstand zu bezeichnen. Mit dem bewussten Verstand bist du in der Lage, durch den richtigen Gedanken, der dir bewusst sein muss, dein Unterbewusstsein zu steuern und damit deinem Leben eine dir wohlwollende Wende zu geben. Dein Unterbewusstsein hingegen, deine zweite Bewusstseinsebene, befasst sich mit den Dingen die im Verborgenen liegen, in deinem „unentdeckten Land“. Dort befindet sich bildlich gesehen deine Produktionsstätte für alles, was in deinem Leben geschieht. Hier werden deine Gedanken produziert, ob du nun bewusst denkst oder nur ein Dahinplätschern der Gedanken erlebst, alles, was du denkst, ob es dir von Nutzen ist oder nicht, denn dein Unterbewusstsein wertet nicht.

Wie ist denn mein Unterbewusstsein beschaffen?

2. Das Unterbewusstsein ist in seinem Ablauf, seinem Vorgehen nicht beeinflussbar. Dieses Unendliche arbeitet mit einer Präzision, die uns keine Erklärung ermöglicht.

Dein Unterbewusstsein arbeitet absolut, es ist perfekt in seiner Ausführung und bedarf keiner weiteren Erklärung. In den folgenden Abschnitten wird erläutert, was es mit der Perfektion auf sich hat.

Warum ist mein Unterbewusstsein die Bühne für die wichtigsten Phänomene?

3. Du solltest wissen, dass dein Unterbewusstsein ausschließlich das fertige Endprodukt deiner Produktionsstätte zum Ausdruck bringt oder anders gesagt: das spürbare Erleben des Ausdrucks deiner Gedanken.

Deine Gedanken sind der Auftrag, deine Gefühle der Wind in deinem Segel, und das Unterbewusstsein mit seinen Millionen von „Arbeitern" ist das produzierende Gewerbe. In dieser „Fabrikationshalle", wird jeglicher Auftrag (Gedanke) ausgeführt und realisiert. Die Wichtigkeit hängt von den Gefühlen ab, mit denen dein Gedanke ausgestattet ist, und die Genauigkeit von der Klarheit, mit dem dein Gedanke gefasst wurde.

Was kann mein Unterbewusstsein denn alles?

4. Durch die Visionen, die du deinem Unterbewusstsein vorgibst, wirst du die Möglichkeiten des Ausdrucks finden, wie es auch schon denen, die wir als Shakespeare, Raphael oder Phidias kennen, gelang. Deine Visionen werden Wirklichkeit.

Du bist der Architekt deines Lebens. Das Haus, das du dir bauen wirst, entsteht zuerst in deinen Gedanken. Dort nimmt es Form und Farbe an. In deinen Gedanken wird die Statik errechnet, die Anzahl der Zimmer und auch die Ausstattung, das Interieur. Sind deine Gedanken perfekt, dann geht es an das Reißbrett. Danach entsteht das Modell und letztendlich dein perfektes Haus.

Wovon hängen Leichtigkeit und Perfektion bei mir ab?

5. Versuche, dir deine unbewussten Kräfte als Fähigkeiten genauso anzueignen als würdest du deine Handlungen automatisch machen wie beim Fahrrad- oder Autofahren. Es wird zu einem Automatismus.

Es erfordert strenge Disziplin von dir, dich mit diesen Kräften und den Möglichkeiten des Unterbewusstseins vertraut zu machen und sie anzuwenden. Die große Schwierigkeit ist, dieser neuen Denkebene treu zu bleiben und sich nicht durch alte festgefahrene Wege und Pfade davon abbringen zu lassen, deine Zukunft und dein Leben neu zu gestalten. Übe für dich in kleinen merklichen Schritten, sodass die neue Denkweise ganz leicht in den Tagesablauf übergeht.

Warum muss ich nicht wissen, wie mein Unterbewusstsein funktioniert?

6. Trotz deines Wissens, dass das Unterbewusstsein dich steuert, wirst du niemals herausfinden, wie das System funktioniert, was du auch nicht musst, denn wichtig ist für dich ausschließlich, dass es funktioniert.

Du gestaltest mit dem Gelernten jetzt dein Leben neu und machst dadurch auch neue, von dir ausgesuchte Erfahrungen, weil du lernst, Gesetzmäßigkeiten, die dein Unterbewusstsein betreffen, zu beachten. Wie dein Unterbewusstsein funktioniert, wie viele „Arbeiter" an deinen Aufträgen beschäftigt sind oder wie schnell etwas geschehen wird, das lässt sich nicht feststellen. Was sich feststellen lässt, ist, dass wenn du dich auf dieses Endergebnis konzentrierst, du auch das Ergebnis präsentiert bekommst. Du musst dich nicht um das **Wie** kümmern, sondern nur um das **Was.** Und das mache, so gut du es kannst.

Wieso ist der Wert meines Unterbewusstseins so groß und enorm?

7. Dein Unterbewusstsein ist deine Versorgungsquelle und bringt dir das, was nichts anderes kann.

Da du dich nur um das **Was** zu kümmern hast, bist du im Vertrauen und in Harmonie mit deinem einen Bewusstsein. In deinem Unterbewusstsein, das für dich die unendliche Quelle ist, befindet sich alles, was du für die Lösung deiner Probleme benötigst. Betrachte dein Unterbewusstsein wie einen riesigen Katalog mit diesen und jenen Erfahrungen, mit diesen und jenen Produkten. Willst du ein Auto, dann suche es dir aus und gib den Gedanken in Auftrag; möchtest du diese Erfahrung machen, dann gib diesen Gedanken in Auftrag; möchtest du jene Begegnung, dann gib jenen Gedanken in Auftrag; du kannst frei auswählen aus deinem Katalog Unterbewusstsein.

Was macht mein Unterbewusstsein für mich?

8. Bewusst obliegt es dir ausschließlich, Aufmerksamkeiten zu lenken und zu steuern, aber über deinen bewussten Verstand schaffst du es nicht, zum Beispiel deinen Blutkreislauf zu regulieren oder deinen Herzschlag zu steuern. Dies sind Aufgaben, die ausschließlich deinem Unterbewusstsein übertragen sind.

Dein Blutkreislauf, dein Pulsschlag, die Funktion deiner Leber und deiner Nieren, dein Herzschlag – all dies steht unter der präzisen und perfekten Überwachung deines Unterbewusstseins, sodass du dich mit deinem bewussten Verstand voll auf das konzentrieren kannst, was du möchtest, und dich nicht auch noch damit auseinandersetzen musst, ob du eben geatmet hast oder nicht und ob dein Herz auch rechtzeitig schlägt. Deine Aufgaben liegen im bewussten Verstand.

Was erkenne ich bei einem Vergleich dieser beiden Bewussteinsebenen?

9. Im Vergleich miteinander kannst du erkennen, dass alle wichtigen Aufgaben, die dein Leben betreffen, der Präzision deines Unterbewusstseins unterliegen.

Alles Lebensnotwendige und Überlebenswichtige obliegt deinem perfekten Unterbewusstsein!

Was ist nun mein bewusster Verstand und was mein Unterbewusstsein?

10. Dein bewusster Verstand ist ein veränderbares Bewusstsein und beschäftigt sich mit äußeren Dingen, während das nicht Veränderbare, das Ewige, das Unendliche, das alle Kraft und Macht besitzt, als dein Unterbewusstsein, deine Schatzkammer bezeichnet wird.

Das, was du verändern kannst, deine Lebensumstände, deine Gesundheit, dein Wohlbefinden, deinen Reichtum, deine Liebe, kannst du durch deinen bewussten Verstand, in dem die entsprechenden Gedanken entstehen, verändern. Alles, was nicht veränderbar ist und dem Überleben dient, untersteht dem Unterbewusstsein.

Warum ist es für mich erforderlich, ein klares Verständnis über diese beiden Bewusstseinsebenen zu haben?

11. Dir sollte jetzt schon deutlich werden, dass du dir mit deinem Wissensstand über die Funktionen dieser beiden Bewusstseinsebenen klar werden musst. Wichtig ist für dich die Wahrnehmung des bewussten Verstandes, der sich mit den Eindrücken von Dingen und dem Außen befasst, dem Veränderbaren.

Dein bewusster Verstand beschäftigt sich mit all dem, was er im Außen wahrnimmt. Er registriert die Informationen und Eindrücke und gibt, nachdem du alles konzentriert gefiltert hast, diese Informationen weiter zur Verarbeitung in deinem Gehirn. Aus den Eindrücken und Informationen entstehen Gedanken, und es ist an dir, jetzt das zu denken, was konstruktiv ist, und alles andere ziehen zu lassen.

Welche Fähigkeit und Verantwortung hat mein bewusster Verstand?

12. Dein bewusster Verstand hat eine wichtige Aufgabe. Er kann Unterscheiden und trägt damit eine große Verantwortung. Er ist der Sitz deines Willens.

Dein bewusster Verstand ist dein Energiezentrum, dein fester und eigener Wille. Hier kannst du das formen, was du sein möchtest, welche Erfahrung du jetzt gerne hättest und welche Begegnung du machen willst. Dein bewusster Verstand ist verantwortlich dafür, wie es dir geht, ob du gesund bist, wohlhabend, glücklich und zufrieden. Das ist die Verantwortung deines bewussten Willens. Dafür muss dein bewusster Verstand unterscheiden, welche Informationen und Eindrücke er in das Unterbewusstsein hineinlässt beziehungsweise welche Gedanken er in Auftrag gibt. Du hast jetzt die Möglichkeit, dieses mit dem Masterkey zu trainieren und dadurch nur noch das in deinem Leben geschehen zu lassen, was für dich konstruktiv ist.

Wodurch wird mein bewusster Verstand zu einem verantwortlichen Machthaber und Wächter meines Unterbewusstseins?

13. Dein bewusster Verstand kann nicht nur auf andere einwirken, sondern er lenkt auch dein Unterbewusstsein, wodurch du dein Leben komplett umdrehen und verändern kannst, weil dein Unterbewusstsein deine Schatzkammer ist.

Du willst nicht mehr so leben wie bisher; du möchtest endlich eine glückliche, harmonische Beziehung; du willst einen passenden Arbeitsplatz; du möchtest die Möglichkeit, dich zu verwirklichen und noch viel mehr? Mit deinem bewussten Verstand kannst du aus dem „Katalog Leben“ aussuchen und durch deinen Willen und konstruktive Gedanken alles komplett verändern und umdrehen.

Was kann mein geübter Verstand verhindern?

14. Falsche Informationen oder Ratschläge, die dein Verstand aussendet und an das Unterbewusstsein in Auftrag gibt, ohne wachsam, schützend oder konstruktiv gedacht zu haben, verursachen Disharmonie, Unwohlsein,

Krankheit, Armut und so weiter. Deshalb ist es für dich wichtig, wachsam zu sein und deine Gedanken durch deinen Verstand zu kontrollieren.

Es ist interessant, dass du die Möglichkeit hast, durch deine kontrollierten Gedanken zu vermeiden, dass du in deinem Leben Schaden nimmst. Es ist natürlich nicht möglich, alle Gedanken zu kontrollieren. Dafür hast du deine Gefühle. Deine Gefühle sagen dir, wie du dich fühlst. Du kannst nachforschen, woher das kommt und welchen Gedanken du gedacht hast. Gleich kommen wir in diesem Kapitel zu Punkt 23, wo es für dich zu einem konstruktiven Gegengedanken kommt, mit dem du die Situation verändern kannst. Hier ein Beispiel: Du entdeckst, dass du plötzlich Angst vor dem Gespräch mit deinem Vorgesetzten hast. Du kannst dir nun sagen, dass das Gespräch für beide konstruktiv ausgehen wird. Natürlich musst du auch daran glauben und dem Gedanken die entsprechenden Gefühle mit auf den Weg geben, denn Gefühle sind die treibende Kraft der Gedanken, die alles in Bewegung setzen.

Was ist der Hauptunterschied meiner beiden Bewusstseinsebenen?

15. Dein bewusster Verstand ist dein Wille, der logisch und begründet ist, während dein Unterbewusstsein Ergebnisse deines bewussten Verstandes liefert.

Stell dir deinen bewussten Verstand als Bäcker vor und dein Unterbewusstsein als den Backofen, in dem dein Teig (deine Gedanken) zur Backware (Ausdruck deiner Gedanken)wird.

Wovor soll mich mein bewusster Verstand schützen?

16. Da dein Unterbewusstsein absolut präzise arbeitet und die Ergebnisse deines bewussten Verstandes liefert, solltest du dir darüber bewusst werden, welche wichtige Aufgabe dieser bewusste Verstand hat, zumal das Unterbewusstsein nicht in der Lage ist zu beurteilen, ob das, was dein bewusster Verstand in Auftrag gibt, zu deinem Vorteil oder Nachteil ist. Dein Unterbewusstsein wertet nicht, sondern nimmt das, was in Auftrag gegeben wird, und ist nur an dem Ergebnis interessiert, wofür es alle Möglichkeiten aus deiner Schatzkammer nutzt.

Nun gut, Chaos in deinen Gedanken bedeutet Chaos in deinem Leben. Du trägst in dir die Produktionsstätte für alles, was du dir im Leben wünschst. Diese Produktionsstätte (Unterbewusstsein) arbeitet ohne Unterlass absolut präzise. Das einzige, was du tun musst, ist, dich vor schadhaften Gedanken zu schützen, und dafür hast du deinen bewussten Verstand. Du musst lernen, deine Gedanken zu kontrollieren, bevor diese den Solarplexus und somit den Zugang zu deiner Produktionsstätte erreichen. Dort werden deine Gedanken (Aufträge) unmittelbar bearbeitet und nicht mehr kontrolliert. Dein Unterbewusstsein verlässt sich darauf, dass du deine Gedanken bereits kontrolliert hast, und liefert dir das entsprechende Ergebnis.

Gibt es eine weitreichende Gefahr für mein ganzes menschliches Wesen?

17. Sobald dein bewusster Verstand Gedanken als wahr einstuft, sendet er den Auftrag, diese Gedanken in deinem Leben auszudrücken, an das Unterbewusstsein, das keiner Wertung unterliegt. Hier wird nun das produziert, was

dein bewusster Verstand gedacht und als wahr eingestuft hat. Deshalb denke über jeden Gedanken nach und wäge ihn ab, weil die Konsequenzen von dir getragen werden.

Du willst Ruhe und Gelassenheit? Dann beauftrage dein Unterbewusstsein damit durch deine Gedanken und dadurch, dass du Ruhe und Gelassenheit ausstrahlst. Du willst eine glückliche Partnerschaft? Dann beauftrage dein Unterbewusstsein mit Partnerschaft und Glück und dadurch, dass du Partnerschaft und Glück erwartest. Nichts anderes verhilft dir zu dem, was du willst. Also denke an das, was du willst, und nicht an das, was du nicht willst.

Wann erhalte ich keinen Schutz mehr für mein Unterbewusstsein?

18. Halte deinen Verstand wach! Sei wie das Leittier einer Herde, das über das Wohl der anderen wacht. Störungen, die dir einen zerstreuten Verstand bringen, sei es durch andere Menschen oder andere Gefühle, sollen immer deinem wachen Verstand unterliegen. Nutze deine Gefühle, um abwägen zu können, ob du nun einem positiven oder negativen Einfluss unterliegst. Wachst du nicht über deinen Verstand, so dringen negative und unbequeme Einflüsse und Gedanken in dein Unterbewusstsein. Du weißt, dass dein Unterbewusstsein nicht wertet, sondern ausschließlich an Ergebnissen orientiert ist, ob diese Ergebnisse dir helfen oder schaden, ob diese Ergebnisse gut oder schlecht für dich sind. Dein Unterbewusstsein produziert das Ergebnis deiner Gedanken.

Das ist oft leichter gesagt als getan. Du sollst nun den ganzen Tag und die ganze Nacht darüber wachen, was für Gedanken sich in deinem Kopf einnisten. Das ist natürlich gänzlich unmöglich. Allerdings hast du einen Gehilfen, dein Gefühl, und durch dein Gefühl bist du in der Lage, Rückschlüsse zu ziehen und deine Gedanken zu korrigieren. Ferner ist es dir durch Übung möglich, deine Gedanken nur noch konstruktiv und für dich zum Wohle zu halten. Gefühle wie Hass, Neid, Groll und anderes sind Gefühle, die dir nicht gut tun und noch mehr von diesen Dingen in dein Leben ziehen. Im Gegenzug sind Gedanken von Glück, Hoffnung und Liebe Gedanken, die dich erheben und dir wohlgesonnen sind, so dass du nun davon mehr in dein Leben holen wirst.

Wodurch wird mein Unterbewusstsein wahrgenommen?

19. Dein Unterbewusstsein nimmst du ausschließlich über deine Gefühle wahr. Es unterliegt keiner eigenen Kontrolle wie dein bewusster Verstand. Somit hat dein Unterbewusstsein keine Möglichkeit, deine eingepflanzten Gedanken zu bewerten, sondern es ist in seiner Perfektion nur an dem Wachstum deines Gedankens, das heißt an seinem Ausdruck interessiert.

Deine Gefühle verraten dir, was sich im Moment in deinem Unterbewusstsein abspielt.

Was macht mein Unterbewusstsein so unverwechselbar?

20. Anders als dein bewusster Verstand, dem es manchmal an Wachsamkeit fehlt, schläft dein Unterbewusstsein niemals. In dieser Schatzkammer deiner selbst wird immer produziert, weil ja auch immer Gedanken in Auftrag

gegeben werden. Du hast auch festgestellt, dass dein Unterbewusstsein ausschließlich an den Ergebnissen, an Resultaten interessiert ist. Es ist die Verbindung des Universellen und beinhaltet alle Kraft und Macht.

Das große Universelle, das universelle Bewusstsein, ist die Allmacht – ist mit dem Unterbewusstsein verbunden. Durch die Benutzung des Unterbewusstseins erschließt du dir die Quelle aller Macht und Kraft, die im universellen Bewusstsein liegt, von wo aus du gespeist wirst. Dein Unterbewusstsein ist deine Schatzkammer.

Was macht die Funktionsweise dieses Unterbewusstseins so interessant?

21. Dieses Prinzip des Master Key Systems ist so interessant in seiner Anwendung, dass du, wenn du dich in einem schwierigen Gespräch befindest, durch deine vorhergehende Anwendung, den Eindruck bekommst, dass du es schon geführt hast. Dein Gespräch ist nun harmonisch, und du hast das Prinzip erkannt, indem du dir eine Zeitverzögerung eingebaut hast, damit das Gespräch zum Wohle der Allgemeinheit verläuft. Du weißt von den Ressourcen, die dir durch dein Unterbewusstsein zur Verfügung stehen.

Alles, was in deinem Leben geschieht, wird von dir angezogen. Du ziehst es an durch die Bilder, die durch deinen Geist in deinem Kopf entstehen, und alles, was in deinen Gedanken vor sich geht, ziehst du an. Einfach ausgedrückt: Gleiches zieht Gleiches an, und das beginnt zuerst auf der geistigen Ebene. Dabei solltest du dich immer an das halten, was du anstrebst. In deinem Geiste muss Klarheit darüber herrschen, was du willst.

Was macht den Unterminierungsprozess so schwierig?

22. Nun beginnt dein zweiter großer Akt. Du weißt, dass dein Unterbewusstsein durch deine Gewohnheiten, deine vergangenen Denkstrukturen und Denkprozesse einem speziellen Schema unterliegt und nach einem eingeprägten Rhythmus funktioniert, an den es sich immer erinnert. Diese Gewohnheit gilt es nun zu durchbrechen und neue Wege zu gehen.

Du hast durch deine Erziehung, durch deine Freunde, durch Bekannte, durch Schule, Beruf und anderes ein eingeprägtes Verhaltens- und Denkmuster in deinem Kopf, deinem Gehirn und vor allem auch in deinem Unterbewusstsein. Es ist so, dass dein Unterbewusstsein vorgegebene Arbeitsschritte auf verschiedene Erfahrungen und Begebenheiten programmiert bekommen hat. Du hast etwas gelernt, und das ist das, was du jetzt umlernen sollst – nicht gezwungenermaßen, sondern deswegen, weil es so der konstruktiven und für dich richtigen Denkweise entspricht.

Warum kann mein Unterbewusstsein nicht kontrovers argumentieren, und wie kann ich mich vor schädlichen Gedanken schützen?

23. Dein Unterbewusstsein spricht nicht mit dir. Es sagt dir nicht, dass dieser oder jener Gedanke in seinem Endprodukt schädlich sein wird. Es produziert nur. Es ist der Sitz deiner Gewohnheiten, ob dir diese nun von Vorteil oder zum Nachteil waren. Es produziert vor allem aus der Erinnerung an diese Gewohnheiten, die angelehnt sind an einen ganz speziellen Denkmechanismus, der dir bis zum heutigen Tage nur bis dahin geholfen hat, wo du jetzt

bist. Willst du dies ändern, dann obliegt es dir nun, deine schlechten Gewohnheiten durch bessere zu ersetzen und deinen schlechten und negativ behafteten Gedanken positive und konstruktive entgegenzusetzen. Dies ist anfänglich keine leichte Übung, jedoch durch hartes Training wird dir diese Denkweise dann zu eigen und löscht alte Muster aus.

Si pregadi chiudere la porta! Wenn du kein Italienisch kannst, dann weißt du nicht, dass dort steht: Schließen Sie die Tür, wenn Sie reinkommen! Gegenargumente sind für dich wie Italienisch. Du hast diesen neuen Gedanken noch nichts Gewohnheitsmäßiges zuzuordnen, und deshalb benötigst du Kontinuität und Training, um deinem Unterbewusstsein die Gelegenheit zu geben, deine neuen Gegenargumente (Italienisch) zu verstehen und zur Gewohnheit werden zu lassen. Dann wird dein Unterbewusstsein in seiner Produktionsstätte unmittelbar das erschaffen, was du ihm als Gegenargument vorgeschlagen hast.

Worin liegen die normalen Funktionen des Unterbewusstseins?

24. Die Aufgabe des Unterbewusstseins ist die Lebenserhaltung, Nachkommen, Gesundheit, alles Leben zu bewahren und die Umstände zu verbessern.

Die Hauptaufgaben sind lebensbejahend, lebensfördernd und deine Lebensumstände zu verbessern.

Was ist das Unterbewusstsein auf der geistigen Seite?

25. Auf der geistigen Seite, ist es der Speicher, das Gedächtnis deiner Gedanken. Hier arbeitet es uneingeschränkt mit Entschlusskraft und ist der Sitz der Gewohnheiten.

Dein Unterbewusstsein beinhaltet deine Trampelpfade und deine Gewohnheiten, deine Schemata, und ist die Produktionsstätte deiner Gedankenboten, deren Aufträge kontinuierlich erledigt werden.

Was ist das Unterbewusstsein auf der spirituellen Ebene?

26. Die spirituelle Seite ist die, dass dein Unterbewusstsein dein Zugang zum Unendlichen, zum Göttlichen ist. Je bewusster dir dies wird und je kräftiger dein Verständnis für diesen Zugang und für diese Kraft ist, beziehungsweise je mehr du dies akzeptierst, desto größer ist der Nutzen und desto intensiver das Resultat, das sich in dir zum Ausdruck bringt.

Über die spirituelle Ebene bist du – um es schön auszudrücken – mit Aladins Wunderlampe verbunden. Du benötigst natürlich den magischen Griff (Italienisch), um den Geist aus der Flasche zu locken, der dir dann deine Gedanken (dein Wunsch sei mir Befehl) erfüllt. Dazu solltest du dein Unterbewusstsein anerkennen.

Wie kann das Unterbewusstsein Umstände verändern?

27. Da dein Unterbewusstsein ein Teil des Universellen ist und Zugang dazu hat, sollte dir bewusst sein, dass es dein Unterbewusstsein ist, durch das du dein Leben neu ausdrücken und Umstände verändern kannst. Da das große

Ganze schöpferisch ist und dein Geist ein Teil des großen Ganzen ist, weißt du, dass auch dein Geist schöpferisch ist. Also muss Denken, da es die einzige Aufgabe deines Geistes ist, schöpferisch sein. Dein Unterbewusstsein ist mit dem universellen Bewusstsein verbunden. Du kannst dir mit diesem wunderbaren Gesetz das Universum zunutze machen. Deine Erfüllungen und Veränderungen der Umstände entwickeln sich entsprechend deiner Gedanken und ziehen das an, woran du am meisten denkst. Deine Gedanken sind schöpferisch, genauso schöpferisch wie das Universelle, weil du ein Teil davon bist. Du kannst aus dem Katalog des Universums bestellen, was immer du möchtest, deine Gedanken benötigen nur genügend Schwung (Emotionalität/Gefühl), um den wünschenswerten Ausdruck zu bewirken.

Was macht den Unterschied zwischen „nur denken" und „bewusstem, konstruktivem und systematischem Denken" aus?

28. Werde dir darüber bewusst, dass es einen Unterschied gibt zwischen bewusstem Denken, das Konzentration verlangt, das systematisch sein soll, das konstruktiv zu sein hat und das du lenken kannst, und dem Denken als solchem, das einem dahinplätschernden Bach gleicht. Das bewusste Denken setzt das universelle Bewusstsein in Bewegung und beginnt mit schöpferischer Kraft, dein in deinen Gedanken enthaltenes Objekt anzuziehen und zur Verwirklichung zu bringen. Es ist das Gesetz der Anziehung. Das, was in deinem schöpferischen Bewusstsein schon entstanden ist, wird nun in das bewusste spürbare Erleben gezogen.

Und ich rede hier nicht von einem so in den Tag fallenden Gedanken oder einem Dahinplätschern irgendeiner Emotionalität. Ich spreche hier von dem lauten und starken Gedanken, der sich unerschütterlich auf das konzentriert, was du wirklich willst, und nicht auf das, was du vielleicht möchtest. Ich spreche von dem Gesetz der Anziehung, das dir das bringt, was dein Eigen ist, was du dir wirklich vorstellen kannst, was du schon in Gedanken hast. Denn wenn du es im Geiste siehst, dann wirst du es in den Händen halten.

Affirmation zu Kapitel 2:

„Ich weiß, dass das große Ganze schöpferisch ist. Es ist der einzige Schöpfer, den es überhaupt gibt. Daraus folgt, dass mein Geist schöpferisch ist, und da das Denken die einzige Tätigkeit ist, die der Geist ausführt, müssen meine Gedanken ebenfalls schöpferisch sein."

Notizen:

Kapitel 3 – Deine Gedanken werden zu Dingen

Du weißt jetzt, hier zu Beginn von Kapitel 3, dass es also nur eine Kraft und somit nur ein Bewusstsein gibt. Und du hast mitbekommen, dass sich diese Kraft, also deine Gedanken, ausschließlich über bewusstes, harmonisches, konstruktives und systematisches Denken in Form ausdrücken kann. Somit werden deine Gedanken zu Dingen.

Die Qualität, die Natur und der Charakter deiner Gedanken entscheiden darüber, welche Dinge in Erscheinung treten und somit deine erlebte Realität ausmachen.

Die Erkenntnis daraus ist, dass nicht andere an deiner Realität schuld tragen, sondern du ganz alleine die Verantwortung dafür trägst.

Gefällt dir diese Realität nicht, dann erschaffe sie dir anhand der Macht deiner Gedanken neu.

Wie wichtig sind die Wechselwirkungen zwischen bewusstem Verstand und Unterbewusstsein für mich?

1. Die Wechselwirkung zwischen dem bewussten Verstand und dem Unterbewusstsein macht sich auch in deinem Nervensystem bemerkbar und zwar zwischen dem somatischen und dem vegetativen Nervensystem. Das somatische Nervensystem hat seinen Sitz im Gehirn und steuert über das Rückenmark die Bewegungsabläufe sowie die Wahrnehmung der physischen Sinne. Das vegetative Nervensystem ist das Organ des Unterbewusstseins.

Wichtig an dem Wechselspiel ist, dass du erst einmal weißt, was wo passiert.

Wo befindet sich der Solarplexus?

2. Organisch findest du das vegetative Nervensystem auf der Rückseite des Magens, was du auch als Solarplexus bezeichnen darfst.

Der Solarplexus befindet sich unterhalb von deinem Brustbein und ist das Tor zum Unterbewusstsein.

Was bildet hier auch physisch eine Einheit?

3. Die Verbindung zwischen den beiden Nervensystemen ist der Vagusnerv. Hier geht es vom somatischen Nervensystem über den Thorax, der teilweise in Herz und Lunge abzweigt und schließlich das Zwerchfell durchstößt, dabei seine Hülle verliert und dann in das vegetative Nervensystem übergeht, so dass sich jetzt auch zwischen den Nervensystemen eine Einheit gebildet hat.

Warum ist es für mich wichtig, meine Gedanken zu überdenken?

4. Du hast festgestellt, dass das Gehirn das Organ des bewussten Verstandes und der Solarplexus das Gehirn des Unterbewusstseins ist. Dein Gedanke wird nun aus dem Gehirn an den Solarplexus geschickt, wo dein Gedanke zu Fleisch wird, das heißt, wo du spürbar deinen Gedanken zum Ausdruck bringst. Dein Unterbewusstsein empfängt diesen Gedanken als wahr und unterzieht ihn keiner Bewertung mehr. Dein Gedanke ist wahrhaft endgültig.

Nochmals: Denke an das, was du willst, und nicht an das, was du nicht willst. Male dir dieses Bild mit den schönsten Farben, versehe es mit den angenehmsten Düften und den wohligsten Klängen. Sei dir aber bewusst darüber, was du denkst. Es gibt, sobald dein Gedanke im Unterbewusstsein ist, kein Zurück mehr. Dein Unterbewusstsein (Backstube) produziert deinen Gedanken (Auftrag) nach deinem Wunsch und mit den Zutaten (Gefühlen), die du dem Teig beigemengt hast. Sobald dein Auftrag (Gedanke) im Unterbewusstsein angekommen ist, wird er in die Tat umgesetzt, ob dir das gefällt oder nicht – also denke nur Gedanken, an denen du wirklich gefallen hast.

Was ist der Solarplexus für mich?

5. Dein Solarplexus – auch Sonnengeflecht genannt – ist dein Verteilungspunkt für die Energie. Dieses Sonnengeflecht ist ein sehr reales Sonnengeflecht, genauso wie auch die Energie eine sehr reale Energie ist. Ebenso sind die Nerven sehr reale Nerven. Sie verteilen die Energie in alle Ecken unseres Körpers und lassen diese Energie um unseren Körper herum ausstrahlen.

Der Solarplexus ist, um es einfach auszudrücken, das Tor zu deinem Unterbewusstsein. Hier geschieht es, dass du den Gedanken loslässt, der nun im Unterbewusstsein unveränderbar ist und sich in deinem Leben ausdrücken wird.

Wann bezeichnet man eine Person als „magnetisch"?

6. Deine Ausstrahlung wird, wenn sie stark genug ist, eine solche Auswirkung auf andere Personen haben, dass man dich als „magnetisch" bezeichnen wird. Von dir wird eine positive Macht ausgehen, die beruhigend und angenehm auf andere wirkt.

Jetzt denke mal an Obi-Wan Kenobi aus der Star-Wars-Saga. Dieser Mann ist anziehend, das heißt er wirkt magnetisch auf seine Umgebung und gleichzeitig auch beruhigend. Er ruht in sich, genauso wie du auch in dir ruhst.

Wie ist es, wenn mein Solarplexus aktiviert ist?

7. Die Aktivierung deines Solarplexus bedeutet für dich, dass dich göttliche Energie durchströmt und sich in dir positive, angenehme Gefühle ausbreiten. In dir eröffnet sich absolute Harmonie und Zufriedenheit, und jede Begegnung mit dir wird für alle Personen zu einer angenehmen Erfahrung.

Das Tor zu deinem Unterbewusstsein ist dein Solarplexus. Je weiter du dieses Tor geöffnet hältst, je tiefer du dich auf dein Unterbewusstsein einlässt, umso mehr Durchlass hast du zu deinem Unterbewusstsein und zu der göttlichen

Energie, die nun ungehindert durch dich fließen kann. In dir kann sich nun die universelle Energie, das universelle Bewusstsein ausbreiten, und du kannst nun diese Harmonie und Zufriedenheit ausstrahlen.

Was passiert, wenn diese Ausstrahlung unterbrochen wird?

8. Lässt du dich in deiner angenehmen Ausstrahlung unterbrechen, und unterbrichst du auch den angenehmen Energiefluss des Solarplexus, so hast du Schlimmes zu erwarten, und tiefes Leid, Frust, Vernachlässigung oder Ähnliches breiten sich dann spürbar aus. Dieses wird zur Ursache jeglichen Leidens.

In dir staut sich nun deine ganze Energie. Da du nicht mehr in Bewegung, im Fluss bist, erlebst du den Stillstand. Du fühlst nun einen toten Fluss, einen ruhenden Tümpel, der wie ein versickernder Sumpf alles in sich begräbt und zu stinken beginnt. Deine Gedanken sind nicht mehr in ihrer Konzentration und ruhen nicht mehr in sich. Sie sind zerstreut und unauffindbar verloren.

Welche körperlichen und seelischen Folgen hat das für mich?

9. Du wirst für dich feststellen, dass sich dieses Leid körperlich und geistig auswirkt. Der Grund des Auswirkens im Körperlichen ist, dass du durch dein Energiezentrum Unterbewusstsein nicht mehr mit genügend Energie versorgt wirst. Im Geistigen erhält dein bewusster Verstand nicht mehr genügend Lebenskraft für die Gedanken. Alles zusammen wirkt sich auch auf die Umgebung aus, weil der Kontakt zwischen dem Unterbewusstsein, deiner Schatzkammer, und dem Universellen unterbrochen ist.

Körperlich beginnst du, wie eine Blume zu welken, und seelisch hast du dann auch ihren Duft verloren. Du bist nun wie totes Laub, das im Wind hin und her weht. Menschen, mit denen du vorher Kontakte hattest, werden gehen. Deine Ausstrahlung ist von Verlust und Armut sowie von Elend und Einsamkeit geprägt. Achte darauf, den Durchfluss deines Unterbewusstseins zum Universellen offen und frei zu halten, und das beinhaltet, dass du den Zugang, deinen Solarplexus für das Schöne geöffnet halten musst.

Was geschieht an der Schwelle, am Tor zum Unterbewusstsein, dem Solarplexus?

10. Deine Tür zu deiner Schatzkammer ist der Solarplexus. Hier gelangst du mit deiner Endlichkeit, mit dem, was endet, in die Unendlichkeit. Hier im Unterbewusstsein wird das Universelle zum Individuum, indem es sich von dort zu dir ausdrückt. Das Unterbewusstsein und auch der Zugang, dein Solarplexus, ist der Ort, wo Leben entsteht und wo du durch das Master Key System Leben entstehen lassen kannst.

An dieser Tür werden deine Aufträge (Gedanken) entgegengenommen, und hier ist es nicht wie beim Zoll, sondern dein Unterbewusstsein freut sich, Aufträge (Gedanken) zu erhalten, damit es diese produzieren kann. Diese Aufträge (Gedanken) werden ohne jegliche Prüfung in die Fertigungshalle, dein Unterbewusstsein, gebracht und dort von Millionen und Abermillionen „Arbeitern" des Unterbewusstseins schnellstmöglich realisiert – immer so schnell wie der Wind (Emotion/Gefühl) diese Gedanken angetrieben hat und unabhängig davon, wie intensiv diese sind. Da hier Neues entgegengenommen wird und dadurch Neues entsteht, ist dein Solarplexus auch der Ort, an dem Leben entsteht.

Wie groß ist die Macht meines Energiezentrums?

11. Dieses Energiezentrum, das Unterbewusstsein, deine Schatzkammer, ist die Verbindung zu der unendlichen Kraft, dem Göttlichen. Betrachte dein Unterbewusstsein als eine Fabrikationshalle, die alle Aufträge, die der bewusste Verstand vorgibt, ausführt. Somit hast du die Macht des bewussten Verstandes erkannt.

Dein Energiezentrum, dein Unterbewusstsein, ist der Geist aus Aladins Wunderlampe, und das einzige was er dir immer und immer wieder sagt ist: „Dein Wunsch ist mir Befehl!" Das bedeutet für dich, dass dein Unterbewusstsein grenzenlos ist. Es gibt keine Beschränkung, dein Unterbewusstsein ist niemals bankrott. Es ist unendlich, und du kannst genauso wie jeder andere aus diesem Universellen schöpfen, und zwar so, dass du dein eigener Schöpfer bist. Du bist der Schöpfer deiner selbst. Du schöpfst aus der unendlichen Quelle, die niemals versiegen wird. Dein Unterbewusstsein, dein Geist aus Aladins Wunderlampe, wird alle Pläne, alle Ideen, die du ihm als Gedanke aufträgst, erfüllen, so wie du es willst, so wie du es in Auftrag gegeben hast.

Wodurch wird mein bewusster Gedanke zum Herrscher über dieses Energiezentrum?

12. Das, was du durch deinen bewussten Verstand denkst, das, was du durch deine Gedanken in Auftrag gibst, herrscht über dein Unterbewusstsein über den Zugang durch den Solarplexus, die Qualität, das heißt, wie hochwertig, intensiv, ausführlich, hängt von deinen Gedanken ab. All dies arbeitet für dich oder gegen dich und macht deine Erfahrungen zu positiven oder negativen Erfahrungen. Was zählt ist also zum einen die Qualität und zum anderen der Charakter und die Natur der Gedanken. Die Qualität kann man mit der Wertigkeit eines Edelsteines vergleichen. Der Charakter ist wie die Wirkung des Edelsteines und die Natur ist die Reinheit.

Deine Gedanken senden ein magnetisches Signal aus, das genau das anzieht, was du dir vorstellst. Es kommt darauf an, was du dir vorstellst und wie du es dir vorstellst. Nehmen wir als Beispiel eine Partnerin oder einen Partner: Welchen Charakter gibst du dieser Person? Welcher Natur soll diese Person sein? Welche Erfahrungen willst du mit dieser Person machen? Welchen Wert gibst du dieser Person? Du siehst, es kommt ganz entscheidend auf die Qualität des Herrschens an und nicht auf die Quantität. Denn das, was du denkst, das heißt, so wie du herrschst, so werden auch deine Untertanen, deine Ergebnisse sein, die in deiner Produktionshalle Unterbewusstsein produziert werden.

Wodurch bin ich in der Lage, unerwünschte Umstände in Quellen des Genusses und Gewinnes umzuwandeln?

13. Wenn du etwas perfekt können möchtest, wenn du deinen Zugriff auf das, was du verändern kannst, verstärken willst, dann ist dir schon jetzt eines klar: Je mehr du üben wirst, umso mehr wird deine Fähigkeit, Licht erstrahlen zu lassen, und auch deine Fähigkeit, mehr Energie auszustrahlen, wachsen. Durch deine Übung wirst du dann besser in der Lage sein, unangenehme Situationen zu verändern.

Je weiter du dich dem Universellen öffnest, umso mehr wird das Gefühl und das innere Sehen, das Umwandeln, zu einem weit offenen Tor, durch das sich die Kraft des Universellen zu entfalten beginnt. Das einzige, was wichtig ist für dich, ist: Du erkennst nicht, was diese Kraft ist, doch du weißt, dass diese Kraft existiert. Es geht für dich nicht darum zu begreifen, wie es geht. Das **Wie** wird durch die Hingabe und den Glauben an das **Was** erscheinen.

Was hindert mich daran, diesen wunderbaren Erfahrungen zu folgen?

14. Stelle dir vor, dass jedes negative Gefühl, jeder negative Gedanke ein Widerstand für dein freies neues Denken ist, etwas, das dir deinen Solarplexus zusammenzieht und die Tür zu deiner Schatzkammer schrumpfen lassen wird. Angenehme Gedanken wie die von Mut, Macht, Kraft, Vertrauen und Hoffnung vergrößern dir den Zugang und den Einlass in deine Schatzkammer des Unendlichen. Dir muss klar sein, dass der „Feind", das, was dich behindern will, deine persönliche Angst vor allem und jedem ist. Sie versperrt dir den Durchgang zu deiner Schatzkammer, um die Oberhand behalten zu können. Deine Aufgabe ist es, diese Angst zu vernichten, damit in deinem Solarplexus wieder die Sonne scheint.

Wenn du dies alles dem Universum, dem Unterbewusstsein überlässt und du ohne Widerstand denkst, dann wirst du erstaunt sein und überwältigt von dem, was dir das universelle Bewusstsein aufgrund deiner Gedanken liefert. Es passieren dann für dich magische Dinge und Wunder. Wichtig ist, dass du dabei deine Angst und Zweifel verlierst und dass du dich wohl fühlst. Je wohler du dich fühlst, umso größer und weiter ist der Zugang zu deinem Unterbewusstsein und umso mehr kann das Licht über dich strahlen. Dies alles muss dich mit Glücksgefühlen erfüllen und dich euphorisch machen. Du musst dich in Harmonie und Einklang mit dem universellen Bewusstsein versetzen. Dadurch verlierst du deinen Feind, die Angst, die immer versucht, dich in Zweifel und Schwermut zu drücken.

Was erwartet mich, wenn ich meine Angst zerstört und eliminiert habe?

15. Diese Angst ist es, die dich die Gegenwart, die Vergangenheit und auch deine Zukunft fürchten lässt. Diese Angst ist in dir personifiziert, sie zeigt sich in unterschiedlichen und individuellen Bildern und will weiterhin über dich regieren. Ob es die Angst ist, die sich zeigt in dem Mantel „keine Veränderung", in dem Mantel „bleibe lieber allein", dem Mantel „du brauchst nicht mehr Geld" oder dem Mantel „das schaffst du nicht", sie will verhindern, dass du Kraft und Mut bekommst und die Quelle des Unendlichen, des Göttlichen, die Macht, die Energie des Lebens nutzt.

Es ist Freiheit für dich, und du bist es nun, der den offenen Zugang zu der unendlichen Quelle seiner Macht und Kraft hat. Du bist jetzt der, welcher Herrscher über sein Leben ist und nicht mehr von den Zweifeln und Ängsten gedrückt wird. Selbst wenn du bei Nichts anfängst – aus dieser großen Orientierungslosigkeit werden sich Wege ergeben, die dir dein Unterbewusstsein vorgibt, weil du nun offen für das Neue, offen für deine Quelle der Macht und Kraft bist.

Wenn ich die Einheit zwischen mir und der Macht erkannt habe, was geschieht dann mit mir?

16. Du wirst so sehr geübt haben, dass du herausgefunden hast, dass du eine Einheit mit dem Unendlichen, deiner Schatzkammer geworden bist. Wenn dir dies gelingt, und das ist nicht einfach, dann wirst du im Stande sein, alles, was du dir nicht wünschst und was dir unangenehm ist, mit der Kraft deiner Gedanken zu verändern, sodass ausschließlich Wünschenswertes auf den Plan kommt. Dadurch hast du deine Angst vertrieben und bist zu deinem Geburtsrecht des Göttlichen gekommen.

Lass dich einfach auf das unendliche Bewusstsein ein, auf dein Unterbewusstsein. Die Möglichkeiten, die dir geboten werden, sind dann grenzenlos. Du kannst nun aus dem Vollen schöpfen und dir Kraft deiner Gedanken, das in dein Leben ziehen, was du willst. Ob Reichtum, Wohlstand, Gesundheit oder Liebe – dir sind keine Grenzen mehr gesetzt und es gibt nichts mehr, was dich aufhält oder hindert.

Was bestimmt die Erfahrungen in meinem Leben?

17. Du bist jetzt im Besitz des Wissens, das dich erkennen lässt, dass du mit der Haltung deiner Gedanken das anziehen wirst, was dir die eine oder andere Erfahrung bringen wird. Deine Einstellung zu deinen Gedanken wird dir mitteilen, ob du viel oder wenig zu erwarten hast, was von deiner Haltung gegenüber deinen Gedanken abhängt. Du weißt, dass du dir den Raum für deine Ideen und Veränderungen geben musst, damit du nicht untergehst und deine Ideen das Tageslicht erblicken.

Was willst du wirklich? Willst du vielleicht ein bisschen Liebe? Willst du ein wenig Geld? Willst du nur am Wohlstand schnuppern? Was willst du? Dein unerschütterlicher Glaube, deine Haltung und Einstellung deinen Gedanken gegenüber zeigt dir an, ob du in den vollen Besitz dessen kommen wirst, was du denkst, oder ob du nur einen Teil davon in Anspruch nehmen kannst.

Was wird sich bei mir ändern?

18. Da du jetzt von deinem Zugang zu deinem Unterbewusstsein weißt, wirst du nun Kraft, Mut, Vertrauen und Macht ausstrahlen, was dir eine andere Haltung und Einstellung geben wird. Du wirst durch deine neue Einstellung jegliches Hindernis überwinden.

Du wirst zu einem Unbesiegbaren, einem Menschen des Mutes, des Vertrauens und kannst deine Fähigkeiten anderen und dir selbst praktisch demonstrieren. Du wirst verbunden sein mit deinem Tor zum Unterbewussten, zu deiner Schatzkammer.

Warum gibt es nichts mehr, wovor ich mich zu fürchten habe?

19. Du wirst für dich jetzt Ruhe und Gelassenheit gefunden haben, du wirst ab nun Gesundheit, Stärke und Harmonie ausstrahlen. In dir wirst du die Erkenntnis gewinnen, dass es für dich nichts mehr zu befürchten gibt, und du spürst die Verbundenheit zu deinem Unendlichen, deinem Göttlichen.

Du bist nun eins mit dem Unendlichen und weißt, dass du, wann immer du willst, Gesundheit, Harmonie, Liebe, Wohlstand und Reichtum erwerben kannst.

Wodurch werde ich in meinem Wissen gestärkt?

20. Du wirst dieses Wissen ausschließlich durch kontinuierliches Üben verstärken können, was sich ausschließlich durch das praktische Anwenden verstärken wird. Durch dein Tun wirst du mehr Kraft und Stärke gewinnen.

Du bist wie ein Sportler am trainieren. Es macht dir Spaß und bereitet dir große Freude. Du trainierst deine Muskeln, weil du weißt, dass die Olympiade näherrückt. Du lernst durch das Tun und wirst so in deinem Gedankengang und deinem Ablauf perfekt. Du trainierst dein Wissen durch praktisches Üben.

Was muss ich tun, um mein Unterbewusstsein zu verändern und konstruktive Ergebnisse zu erzielen?

21. Du alleine hast die Macht und Kraft, dein wahres Licht scheinen zu lassen. Du hast die Macht, dein Tor zur Schatzkammer zu öffnen, und du hast die Macht, dein eigenes Leben zu schreiben.

Da du nun übst und trainiert bist, wirst du dein Unterbewusstsein dahingehend verändern, dass es dir Resultate liefert, die dir angenehm sind. Und dies wird ausschließlich dadurch geschehen, dass du diszipliniert und kontinuierlich deinen Übungen und deinem Training nachgegangen bist.

Was ist denn der Weg, um die gewünschte Prägung zu erhalten?

22. Die einfachste Übung ist es, sich auf das Gewünschte zu konzentrieren, dem Gewünschten das entsprechende Gefühl, die richtige Qualität, den richtigen Charakter, die richtige Natur zu geben. Das ist die einfachste Art und die erste wichtige Übung, um intensiv auf dein Unterbewusstsein einzuwirken, um die Schätze aus deiner Schatzkammer zu bergen und den ersten Ausdruck zu erleben.

Du ziehst an, was du denkst. Dein Gedanke muss sich auf das gewünschte Objekt, den gewünschten Zustand konzentrieren. Es ist für dich kein „Zufall" mehr, weil du das Geheimnis kennst. Am einfachsten kannst du dir das so vorstellen: Betrachte dich als einen Magneten, der Dinge anzieht, und zwar dadurch, dass du die richtigen Gedanken aussendest, wodurch du dein Unterbewusstsein prägend beeinflusst. Du gibst deinem Unterbewusstsein durch deine Gedanken vor, was du wirklich willst. Also konzentriere dich!

Was ist der einfachste und effektivste Weg?

23. Es ist die für dich schönste Übung, die als Methode absolute außerordentliche Ergebnisse spürbar erleben lässt, sodass du meinst, es würde jetzt in deinem Leben ein Wunder geschehen.

Konzentriere dich auf das gewünschte Ziel, den gewünschten Zustand, die gewünschte Erfahrung! Durch die Konzentration des Gedanken und das Ausstaffieren durch Gefühle werden in deinem Leben Wunder geschehen.

Was erreiche ich durch diese Methode?

24. Dadurch bist du jetzt in der Lage, die unsichtbaren Kräfte zu aktivieren, die deinen Wunsch durch Glauben und Vertrauen in deiner objektiven Welt zu konkreten Tatsachen werden lassen.

Du erhältst das, was du als Wunder bezeichnest. Du wirst aus deinen Gedanken Bilder machen, aus deinen Bildern Gefühle, aus deinen Gefühlen Emotionen, und das Unsichtbare wird für dich greifbar werden.

Ist mein Unterbewusstsein gleich mit dem universellen Bewusstsein?

25. Du weißt, dass dein Unterbewusstsein ein Teil des universellen Bewusstseins ist und dass ein Teil, also dein Unterbewusstsein, dem Universellen gehört. Das Universelle ist schöpferisch, und genauso schöpferisch, ist dann auch deine Schatzkammer, in der du grenzenlose Möglichkeiten hast. Du kannst unendlich schöpferisch sein.

Du bist gleich dem universellen Bewusstsein. Du malst dir mit deinen Farben das Bild, was du willst, und die Farben werden dir durch das universelle Bewusstsein in deinem Unterbewusstsein zur Verfügung gestellt. Dieses Unterbewusstsein ist dein Atelier, in dem du mit den Farbpaletten so spielst, wie es deine Gedanken wollen. Du lässt dort auf der Leinwand erscheinen, was du dir bereits in deinen Gedanken ausgemalt hast. Der einzige Unterschied ist, dass du es auf die Leinwand bringst, es also begreifbar machst – durch dein Unterbewusstsein. Du wirst dort zum Schöpfer deiner eigenen Wirklichkeit.

Durch was wird die unbeschränkte schöpferische Kraft des universellen Geistes kontrolliert?

26. Durch dein Wissen, ist dir nun klar, dass du schöpferisch auf dein Unterbewusstsein einwirken kannst, und zwar durch die Kraft deines bewussten Verstandes.

Du wirkst durch deinen bewussten Verstand auf deine schöpferische Kraft ein, dadurch **werden Gedanken wahr.**

Worauf muss ich mich konzentrieren, wenn ich das Gewünschte erreichen möchte?

27. Beim Üben wirst du folgendes Prinzip beachten müssen: Es hat dich nicht zu interessieren, wie du das Gewünschte erreichen wirst – dein Interesse gilt ausschließlich dem Endprodukt, das die Fabrik deines Unterbewusstseins, deiner Schatzkammer verlässt.

Du wirst dich ausschließlich auf das konzentrieren, was du willst, und nicht darauf, wie du es bekommst. Dein Unterbewusstsein hat ein solch großes Repertoire, dass es den für dich kürzesten und sichersten Weg wählen wird und du dich unbesorgt auf dein Endergebnis festlegen kannst. Du entwickelst dich entsprechend deiner Gedanken und ziehst auch das an, was du in deinem Leben erreichen willst. Richte also deine Gedanken und Konzentration auf das, was du willst, und überlasse den Rest vertrauensvoll deinem Unterbewusstsein.

Warum sind das Universelle und das Individuum, also ich, eins?

28. Dir wird jetzt klar, dass du ein Kanal des Göttlichen bist, dass du am Schöpfungsprozess teilnimmst und dadurch alles in Bewegung setzt, dass das Universelle sich durch dich ausdrücken darf, dass du das Universelle, das Göttliche, nutzen kannst, und dass du die Erkenntnis von Ursache und Wirkung erkannt hast.

Ihr seid eins, weil du ein Teil davon bist, und ein Teil ist immer ein Stück vom Ganzen und schöpft daraus mit all seiner Macht und Kraft. Mach deine Bestellung beim universellen Bewusstsein! Lass es wissen, was du willst, und es wird dir auf deine Gedanken antworten. Das Universelle Bewusstsein kann sich nur durch dich ausdrücken. Wie es sich durch dich ausdrückt, liegt daran, was du dem universellen Bewusstsein für Gedanken in Auftrag gibst, denn du und das universelle Bewusstsein, ihr seid eins.

Affirmation zu Kapitel 3:

„Ich kann mit meinem Verstand mein Unterbewusstsein prägen. Damit präge ich mein Leben. Ich mache es ständig, egal ob ich mir dessen bewusst bin. Entspannen macht mein Unterbewusstsein empfänglicher. Wenn ich meine Gedanken kontrollieren kann, kann ich mein Leben kontrollieren."

Notizen:

Kapitel 4 – Dein wahres „Ich“

Dein wahres **Ich** *ist tief in deinem Unterbewusstsein verborgen. Das, was du in deiner realen Welt erlebst, ist dein Ego. Dieses Ego hat mit deinem Körper und deinem Verstand zu tun, und diese wiederum sind nicht dein wahres* **Ich**. *Dies verbirgt sich hinter deinem Ego, und du wirst in diesem Teil zulassen, dein wahres* **Ich** *zu erkennen.*

Das wahre **Ich** *ist geistiger Natur. Du wirst erkennen, dass durch dein Ego Dinge angezogen hast, die dir nicht das gebracht haben, was du wirklich wolltest. Da aber dein wahres* **Ich** *geistiger Natur ist und du hier lernen wirst, dass im Geistigen also im Universellen, alles gleich ist und Gleiches immer Gleiches anzieht, kannst du nach Kapitel 4 auf der Ebene deines wahren* **Ichs** *das in dein Leben ziehen, was zu dir gehört. Du hast dich von deinem Ego befreit*

Alles hängt aber von der Berücksichtigung des Gesamtinteresses ab. Das, was du erhalten wirst, steht in direkter Verbindung mit deiner Anstrengung. Du bist der Kanal für den Ausdruck in deinem Leben.

Was ist mein „Ich“?

1. Dein **Ich** bist nicht du oder deine Persönlichkeit, dein **Ich** ist das, was dich nutzt, was dein Denken nutzt, was dein Verstand ist. Dein **Ich** ist auch nicht deine Haut, ist nicht deine Organe. Das sind alles Hilfsmittel für dein **Ich**, um sich in deiner objektiven Welt auszudrücken, sich zu zeigen.

Ganz einfach ist das nicht zu erklären. Dein **Ich** ist das, was ganz tief in dir deinen Charakter bestimmt, was dich ausmacht. Es ist nicht das, was du von außen siehst, denn dein **Ich** ist tief in dir verborgen, und in diesem Kapitel kannst du lernen, es zu befreien.

Was muss ich tun, um das Gefühl von Macht zu erkennen?

2. Dein **Ich** ist etwas, das deinen Verstand und auch deinen Körper lenkt, um sich dadurch auszudrücken. Du wirst in dem Moment, in dem du dein wahres **Ich** erkennst, Macht genießen wie noch niemals zuvor.

Dein wahres **Ich** ist der Kapitän, der Steuermann, das, was dir sagt, wohin deine Reise geht, das, was dich lenkt, deine Schritte zu tun. Dein wahres **Ich** erteilt deinem Körper die Weisungen, die es benötigt, um durch dich seinen Ausdruck über das Universelle zu finden. Dieses wahre **Ich** zu finden bedeutet für dich, die Macht über das Unterbewusstsein zu erhalten und zu erkennen, wer du wirklich bist.

Was hat nichts mit meinem wahren „Ich“ zu tun?

3. Dein jetziges Leben, deine jetzige Persönlichkeit drückt unzählige Eigenschaften, Besonderheiten, Gewohnheiten und Charakterzüge aus. Diese gehören zu dir durch die Rückschlüsse auf deine Denkweisen und Denkgewohnheiten. All das hat aber nichts mit deinem wahren **Ich** zu tun.

Deine jetzigen Denkweisen, Denkgewohnheiten und Charakterzüge sind angeeignete und angelernte Ausdrucksformen, die wie eine Maske über deinem wahren Ich liegen.

Was ist die Quelle für die wahre Kraft und Macht?

4. Dein wahres **Ich** steuert dein Vorgehen, es steuert dein Denken, deinen Verstand, deinen physischen Körper. Dein wahres **Ich** ist geistiger, spiritueller Natur und begründet auch dort seinen Charakter. Dein wahres **Ich** ist es, das dort deine Quelle von Macht und Kraft nutzt. Es sitzt in deinem Unterbewusstsein.

Du darfst deinen Körper und ebenso deinen Geist als ein Hilfsmittel deines wahren **Ichs** bezeichnen. Das Erkennen des wahren **Ichs** ist schwierig, weil es geistiger und spiritueller Natur ist.

Was ist die großartigste und wunderbarste Kraft, die dem Ich gegeben wurde?

5. Die Kraft, die all diese Wunder geschehen lassen kann, ist das Denken. Das Denken ist die Kraft, die Einfluss nimmt auf alles, was du willst. Das Denken verleiht dir die Kraft und die Macht. Doch Vorsicht ist hier angebracht, denn du hast bis zum heutigen Zeitpunkt nicht gewusst, wie man konstruktiv denkt. Dein Denken muss immer auf das Wohl alle Beteiligten und zum Wohle der Allgemeinheit sein, sonst wird sich das Selbstsüchtige in dir zu deinem Nachteil rächen.

Das Wunderbarste ist das **Denken**. Die meisten Menschen verstehen nicht, dass Gedanken eine Frequenz haben. Vielleicht weißt auch du nicht, dass man Gedanken messen kann. Gedanken senden ein magnetisches Signal aus, das genau das anzieht, was du dir denkst beziehungsweise vorstellst. Wenn du einen Gedanken immer und immer wieder denkst, wenn du dir diesen Gedanken vorstellst, dann sendest du diese Frequenz des Gedanken ständig aus. Und er schwingt gleich mit dem, was du willst.

Wann wirkt sich mein Denken nachteilig auf mich aus?

6. Wäge deine Gedanken ab, denke über deine Gedanken nach, und beachte, wer an deinem Gedankengang beteiligt ist und wer mit deinem Endprodukt in Berührung kommen wird. Wer ist an der Produktion deines Gedankens, den du zum Tor deines Unterbewusstseins, deiner Schatzkammer geschickt hast, beteiligt, oder wer kommt damit in Berührung? Wäge ab zum Wohle der Allgemeinheit.

Stelle dir eine Stimmgabel vor. Der Ton deiner Stimmgabel ist F-Dur und entspricht dem Gedanken einer Partnerschaft, die mit diesen und jenen Eigenschaften ausstaffiert ist (zum Wohle der Allgemeinheit und aller Beteiligten). Dieser Ton F-Dur ist nun dein Gedanke, den du in Schwung bringen, also anstimmen willst. Dies geschieht ausschließlich durch deine Emotionalität, dein Gefühl. Deine Gefühle bringen deine Stimmgabel zum Schwingen und senden jetzt den Ton F-Dur aus. Dieser Ton schwingt nun durch dein Unterbewusstsein über die Verbindung in das universelle Bewusstsein und trifft auf mehrere Stimmgabeln. Nur die Stimmgabel, die deinem Ton entspricht, beginnt im gleichen Ton zurückzuschwingen und begibt sich in dein Unterbewusstsein und wird dann dort in deiner „Fabrikationshalle" zum spürbaren Ausdruck gemacht.

Warum gelingt das nur so?

7. Da du der Ausdruck deines Unterbewusstseins, deiner Schatzkammer, bist und dieses Unterbewusstsein ein Teil des Universellen, des Göttlichen, ist, kann nicht ein Teil versuchen, das Ganze zu vergiften. Kein Teil kann gegen das Ganze sein, und das Ganze ist immer der Ausdruck im Individuum. Du als Teil des Ganzen kannst nur im Gesamtinteresse sein.

Du kannst die Dinge also positiv sehen, und wirst dann positive Ereignisse, Umstände und Menschen in dein Leben ziehen, weil dies zum Wohle der Allgemeinheit und aller Beteiligten ist. Wenn du aber nicht zum Wohle der Allgemeinheit und aller Beteiligten denkst, dann wirst du auch ärgerliche Dinge, Ereignisse und Menschen in dein Leben ziehen. Alles hängt auch davon ab, inwieweit du das Gesamtinteresse berücksichtigt hast.

Welchen Vorteil habe ich, wenn ich dieses Prinzip erkannt habe?

8. Wenn du dies nun beherrschst und anwendest, wirst du den Vorteil haben, dass du negative Gedanken, die in dir Zerstreuung hervorrufen, abstellen und ziehen lassen kannst. Du wirst keine Energie verschwenden, wo es keinen möglichen Nutzen für alle gibt.

Für dich ist klar geworden, dass du dich besser ausschließlich auf das konzentrierst, was du wirklich willst, und nicht mehr auf das, was du nicht willst. Diese Gedanken (an das, was du nicht willst) haben dir die Energie genommen, die du benötigst, um die Dinge in deinem Leben geschehen zu lassen, die du wirklich willst. Wenn du dein Leben und deine Verhältnisse ändern willst, dann musst du erst dein Denken ändern. Wenn du deinen Briefkasten immer in der Erwartung leerst, eine Rechnung vorzufinden, wird auch eine da sein – jeden Tag, an dem du eine Rechnung befürchtest. Jeden Tag bestätigt sich damit dein Gedanke. Tue dir selbst einen Gefallen und erwarte eine Nachzahlung! Die meisten betrachten ihre derzeitige Situation und sagen: „So bin ich eben."

Das bist du nicht, sondern das warst du!

Warum ist die Affirmation „Ich kann sein, was ich sein will" am stärksten?

9. Wenn dir dies noch nicht gelingt, wenn du diese Strecke noch nicht gehen kannst, wenn du noch kein Gelingen damit hast, dann nur deswegen, weil du noch keine Übung hast oder noch nicht genug geübt hast. Deine Resultate entsprechen immer der Anstrengung und der Übung. Wenn deine Übungen nur oberflächlich sind,

wenn ihnen das Herz fehlt, dann sind auch deine Resultate nur Oberflächlich und herzlos. Was dich stärkt, ist die Affirmation: „**Ich** kann sein, was **Ich** sein will".

Nehmen wir an, du hast nicht viel Geld auf dem Konto oder nicht die Beziehung, die du dir wünschst. Das ist das Ergebnis deiner früheren Gedanken und deiner früheren Taten. Du lebst also permanent mit den Auswirkungen der vergangenen Gedanken und Taten. Alles, was du bist, ist das Resultat dessen, was du gedacht hast. Im Grunde ziehst du also in dein Leben, worauf deine Gedanken und Gefühle sich richten, ob du das nun wünschst oder nicht. Das ist zwar schwer zu akzeptieren, aber es bedeutet dass, was auch immer Gedanken in deinem Leben bewirkt haben, rückgängig gemacht werden kann, und zwar, indem du dein Denken veränderst. Im Laufe der Zeit erschaffst du dir dann dein eigenes Bewusstsein, in dem dein **Ich** sein kann, was dein Ich sein will.

Warum muss ich zu einem grundlegenden Verständnis der wahren Natur meines Ichs kommen?

10. Du solltest dir auch hier darüber klar sein, dass dieses **Ich** nicht deine Persönlichkeit, deine Person ist. Deine Person, deine Persönlichkeit ist lediglich der Ausdruck des wahren **Ichs**. Begib dich auf die Reise, und entdecke dein wahres **Ich**. Entdecke die wahre Natur von diesem **Ich**, und du wirst unbezwingbar, weil du es geschafft hast, im Einklang mit der Schöpfung, dem schöpferischen Prinzip und dem Universellen, dem Göttlichen, zu sein.

Wenn du anfängst, dein wahres **Ich** zu verstehen und zu meistern, dann wird dir auch ganz klar, wie du deine Realität erschaffst. Dann beginnt deine ganz große Freiheit, deine ganze Macht, weil du erkennst, dass du dein Leben bewusst gestalten kannst. Dann wirst du ein Leben haben, das alles übertrifft, was du dir vorstellen kannst. Die wahre Natur deines wahren **Ichs** kann sein: Einheit, Rücksicht, Eins sein, Liebe, Überfluss, Hoffnung, Vergebung und so weiter.

Warum soll ich die Affirmation „Ich kann sein, was Ich sein will" jeden Tag wiederholen?

11. Benutze diese Affirmation jeden Tag! Beginne nach dem Aufstehen, und mache es so oft, wie du kannst, so oft es geht über den ganzen Tag verteilt. Schlafe damit ein und wache damit auf, damit dieses wahre Ich wieder zu dir gehört.

Worauf habe ich mich da eingelassen?

12. Warnung: Hast du nicht den Willen, hast du nicht die Kraft, dich auf die Reise zu begeben, dann bedenke, dass dein Unterbewusstsein durch Anweisungen deines Ego deine vorhergehenden Anstrengungen über die Jahre hin kennt. Es weiß, wie du bist und wie stark du bist. Es wird sich erinnern und dir Bilder vorhalten. Es wird versuchen dir den Mut und die Kraft zu nehmen, weil es weiß, wer du bist. Es kennt deinen Ablauf und deine Handlungen schon so lange wie du alt bist. Dein Unterbewusstsein, geprägt von falscher Denkweise, und deine gespeicherten Informationen werden in dir Ängste schüren. Sei mutig und gehe deinen Weg auf der Reise zu deinem wahren Ich, auch wenn der Himmel über dir zusammenbricht. Am Ende des Weges ist dein Ziel. Das Ich in dir will entdeckt werden, es hat so entschieden.

Wenn du hier aufhören möchtest, dann tue es sofort, verschenke dieses Buch, und denke nicht mehr an das, was du mal hattest. Möchtest du nicht aufhören, sondern weitermachen, dann gibt es ab jetzt kein Zurück mehr. Das Wissen, das du ab jetzt haben wirst, ist so intensiv, dass es dir, wenn es dir nicht gelingt durchzuhalten, schmachvoll ergehen wird und du dich nach diesem Kapitel für jedes Scheitern schämen wirst.

Wann finde ich heraus, dass ich mich selbst kontrollieren kann?

13. Beginne, um nicht an der Schwierigkeit der Übung zu verzagen, erst mit kleinen, überschaubaren und von dir beherrschbaren Ideen, und sei es nur eine Tasse Kaffee. Du wirst feststellen, dass, je mehr du übst, je mehr du beginnst, der Herr über dein **Ich** zu sein und je mehr du beginnst, es zu kontrollieren und diese Kontrolle durch Aufmerksamkeit nicht abgibst, wirst du feststellen, dass du dich selbst kontrollieren wirst.

Für dich ist wichtig, dass du dich gut fühlst, denn ein positives Gefühl ist dein Signal an das Universelle, und das Universelle bringt dir dann noch mehr davon zurück. Je öfter du dich gut fühlst, umso öfter wirst du dabei Dinge anziehen, die dir helfen, dich gut zu fühlen. Wenn du anfängst, deine Gefühle wirklich zu verstehen und zu meistern, dann wird dir auch klar, wie du deine eigene Realität erschaffst, und dann beginnt deine ganze Freiheit, deine ganze Macht, indem du erkennst, dass du dein Leben bewusst gestalten kannst, weil du dich selbst kontrollierst.

Wann werde ich unaufhaltbar?

14. Wenn du in deiner Perfektion gelernt hast, dich selbst zu kontrollieren, dann hast du deine innere Welt gefunden, die Welt, die Schatzkammer, die deine spürbare äußere beherrscht. Du bist unaufhaltbar geworden.

Da du dein Leben bewusst gestalten kannst, hast du ein Leben, das alles übertrifft, was du dir vorstellen konntest. Das Leben ist wirklich wunderbar und soll es auch sein. Wenn du dein Geheimnis nutzt, wird es auch für dich wunderbar sein, weil du gelernt hast, dich selbst zu kontrollieren.

Warum ist es nicht so seltsam oder unmöglich wie es scheint?

15. Das ist nicht unmöglich oder seltsam. Da du ein Teil des Universellen, des Göttlichen bist und dein bewusster Verstand dein Unterbewusstsein lenken kann, ist es nur die Übung, die du benötigst.

Denke doch mal an Aladin und seine Wunderlampe – du hast schon davon gehört: Aladin (also du) nimmt seine Lampe, wischt darüber, und dann kommt ein Geist aus der Lampe (dein Unterbewusstsein), der feststellt, „dein Wunsch ist mir Befehl" – „dein Gedanke ist mir Befehl".

Warum ist das keine bloße Behauptung oder Theorie?

16. Das ist eine Tatsache. Akzeptiere sie!

Dein dienstbares Unterbewusstsein stellt immer das gleiche fest: „Deine Gedanken (dein Wunsch) sei mir Befehl!"

Was ist meine Gegenwart?

17. Mache dir bewusst, dass du in ständiger Gegenwart dieser Energie lebst.

Du wirst feststellen, dass du in dieser unendlichen und ewigen Energie lebst, dass diese Energie stets deine Gegenwart ist.

Wo befindet sich Gott?

18. Mache dir gleichzeitig ebenfalls bewusst, dass das Göttliche, die ewige Energie, das Unendliche, also Gott, in dir verweilt und durch dich ist.

Da alle Kraft und Macht aus deinem Innern kommt, kann es nur so sein und ist es auch nur so, dass Gott, das Universelle, in dir ist.

Worin liegt das Geheimnis der wundervollen schöpferischen Macht und Kraft der inneren Welt?

19. Werde dir darüber bewusst, dass du in deinem Innern der Tempel des lebendigen Gottes bist. Da liegt das Geheimnis der wundervollen schöpferischen Macht und Kraft deiner inneren Welt, die dir keine Wissenschaft bieten kann, denn die Wissenschaft findet vielleicht diese Energie, aber die Religion hat die Macht sie zu nutzen.

Was diese Kraft ist, vermagst du nicht zu sagen. Du weiß nur, dass sie existiert! Wenn du alles dem Universum überlassen wirst, dann wirst du erstaunt und überwältigt sein von dem, was dir das Universum, das Göttliche liefert. Dann passieren magische Dinge und Wunder.

Wo ist das Geheimnis über Macht und Meisterschaft?

20. Bedenke jetzt, dass du nicht geben kannst, ohne zu erhalten; dass du nicht helfen kannst, ohne stark zu sein. Du musst reich sein, um Geld geben zu können, und das Unterbewusstsein, das Göttliche, ist nicht bankrott, sondern du musst der Meister über diese Macht werden. Dann kannst du das Geheimnis nutzen. Du musst Reichtum sein, um Geld geben zu können; du musst Liebe sein, um Liebe geben zu können und so weiter. Das, was du bist, das ziehst du an, das, wovon du gibst, das bist du bereits.

Der einzige Unterschied zwischen den Menschen, die diese Magie erleben, und jenen, die es nicht tun, besteht darin, dass die Menschen, die diese Magie erfahren, sich bestimmte Gewohnheiten angeeignet haben. Sie haben sich angewöhnt zu sein und zu tun, damit sie empfangen. Sie tun dies ständig und nicht nur zu einem bestimmten Anlass. Mache dir genau dies zu eigen!

Warum muss ich mehr geben, um dann mehr zu erhalten?

21. Je mehr du gibst, umso mehr Aufmerksamkeit bekommt das große Ganze, das Universelle. Es weiß, dass du, weil du gibst, mehr davon benötigst, und weil du mehr davon benötigst, wirst du auch mehr davon empfangen. Denn bedenke: Es ist genug für alle da!

Du hast dir nun angewöhnt, das Gesetz der Anziehung zu nutzen. Das Gesetz der Anziehung bedeutet für dich herauszufinden, wie du das Gefühl des bereits Besitzens erzeugen kannst. Tue, was immer du tun musst, damit du dieses Gefühl in dir erzeugen kannst, und merke dir, dass dir dieses helfen wird, das Gewünschte anzuziehen.

Warum muss ich meine Aufmerksamkeit nach innen lenken?

22. Je mehr du dich auf das Endergebnis, konzentrierst, umso mehr kann sich dein Unterbewusstsein auf die Produktion konzentrieren. Beginnst du aber, dir Gedanken darüber zu machen, wie etwas zu funktionieren hat, wodurch du zu Reichtum und Wohlstand kommst, wie du eine neue Liebe leben wirst, dann gibst du der Unendlichkeit deinen Plan vor. Dein Plan ist aber begrenzt, und somit wird dein Unterbewusstsein deinen Gedanken mit Begrenzung und Beschränkung als Endprodukt fertigen, und du wirst unzufrieden sein. Überlasse es dem Universellen, Wege zu finden, und konzentriere dich ausschließlich auf das Ergebnis. Du hast die Macht über den Zugriff.

Es kann sein, dass du eines Morgens aufwachst, und dein Traum ist Wirklichkeit geworden, oder du bekommst plötzlich einen Geistesblitz, der dir zeigt, was du tun musst. Sage dir aber nie, du könntest es ja auch so oder so machen, denn dann bist du auf dem falschen Weg. Halte dich nicht im Voraus für schlauer, zweifle nicht. Wenn sich die Gelegenheit ergibt, wenn der Impuls da ist, dann handele. Das ist deine Aufgabe, und das ist auch alles, was du tun musst.

Warum ist das, was ich mit meinem Geist erschaffe **Existenz**?

23. Visualisiere dir deine Ergebnisse, deine Gefühle, deine Resultate in deinem Geist. Damit hauchst du deinem Gedanken Leben ein. Wenn dein Geist Leben ist, dann hat alles, was dein Geist erschafft, **Existenz.**

Imagination ist alles; sie ist die Vorschau auf die künftigen Attraktionen des Lebens. (Albert Einstein)

Warum muss ich meine geistige Tätigkeit auf meine innere Welt beziehen?

24. Deine geistige Tätigkeit bezieht sich auf die Ursache. Die Ursache ist dein Gedanke und findet in der inneren Welt, deinem Unterbewusstsein, deiner Schatzkammer, statt. Daraus ergibt sich die spürbare Wirkung in deiner äußeren Welt, wodurch du zum Schöpfer deines Lebens wirst. Je nobler, höher, erhabener deine Ideale sind, umso wichtiger ist deine Arbeit.

Manche Menschen beherzigen das eine Zeitlang und werden wirklich gut darin, und dann sagen sie: „Wissen sie was, ich bin total begeistert, ich verändere jetzt mein Leben". Und doch zeigen sich keine Ergebnisse. Man sieht keine Resultate. Der Keimling des Samens ist knapp unter der Oberfläche, ganz kurz davor herauszukommen, und dann sieht sich der Mensch das oberflächlich an und sagt: „Das funktioniert einfach nicht." Und weißt du warum? Das Unterbewusstsein sagt: **Dein Wunsch ist mir Befehl!** Und das war es dann.

Warum ist Denken das Geheimnis meines Erfolges?

25. Übe für dich in deiner Stille. Suche dir Ruhe, und mache deine Übungen mit ruhigem Verstand, ruhigem Geist, ruhigem Körper, denn wenn du in übermäßiger Aktivität bist, hast du wenig Möglichkeiten, dich zu konzentrie-

ren, und du wirst unter Verwirrung leiden, und deine Übung wird sich zerstreuen und unwirksam werden. Denken ist das Geheimnis allen Erfolges.

Du wirst anziehen, was du benötigst. Wenn du Geld brauchst, dann erhältst du es. Wenn du Menschen um dich brauchst, dann findest du diese. Wenn du ein bestimmtes Buch brauchst, dann ziehst du es an. Deshalb achte immer darauf, wovon du angezogen wirst. Denn wenn du das Gewünschte im Geiste vor Augen hast (visualisierst), ziehst du die Dinge auch an.

Warum ist Denken eine Form von Bewegung?

26. Dein Denken ist Bewegung, und diese Bewegung verursacht Schwingungen. Diese Gedanken erhalten jetzt stärkere Schwingungen, das heißt mehr Lebenskraft durch Gefühle und das Gesetz der Liebe. Dadurch finden sie mehr Ausdruck durch das Gesetz des Wachstums und sind, weil sie von dir sind, ein Produkt deines wahren spirituellen **Ichs** und somit göttliche, geistige und schöpferische Natur.

Entscheide dich, was du erreichen möchtest und glaube daran, dass du es verdient hast, dass es für dich erreichbar ist.. Stelle dir vor, dass dein Wunsch bereits erfüllt ist, und empfinde, wie sich das anfühlt. Lasse los und konzentriere dich dann auf das, wofür du dankbar bist. Dadurch sendest du Schwingungen aus, und diese schwingen gleich mit dem Universellen und ziehen es in dein Leben.

Was muss ich einbringen, um den Gedanken Form zu verleihen?

27. Damit dein Gedanke Form annehmen kann, damit dein Unterbewusstsein in dieser Form arbeiten kann und das Endprodukt, das Resultat, liefern kann, benötigt dein Gedanke Emotionen und Gefühl, und zwar konstruktiver Art und Gefühl, das wachstumsfördernd ist.

Ich möchte dir etwas vorschlagen, das du gleich tun kannst, um dein Leben umzuwandeln. Es ist Dankbarkeit, welche eine gewaltige Wirkung auf dich haben kann. Es ist das Gefühl, das die Anziehung bewirkt, nicht nur das Bild oder der Gedanke. Viele denken es würde ausreichen, wenn sie positiv denken oder wenn sie sich nur einfach vorstellen, was sie haben wollen. Wenn sie sich dabei nicht reich fühlen, wenn sie nicht voller Liebe oder Freude sind, dann reicht das nicht aus, um die notwendige Anziehung zu erzeugen. Beginne die Liebe in dir zu fühlen.

Wodurch erreiche ich diese geistige Kraft?

28. Dies geschieht nur durch Übung. Zuerst wird es so sein, dass du nur einen kleinen Gedanken hast, ähnlich einem Wassertropfen, der in ein Behältnis tropft. Und je mehr, je intensiver du denkst, je mehr Gefühl du hineinlegst, je mehr Schwingung dieser Gedanke bekommt, umso stabiler wird seine Form und umso mehr Wasser kommt in das Behältnis, das sich langsam füllt und dann ausreichend ist, um die Blume zu pflanzen, weil du diese jetzt mit genügend Wasser versorgen kannst, damit sie wachsen kann. So ist es auch mit deinem Gedanken. Du musst

davon überzeugt sein, dass deine Pflanze wächst, und du musst davon überzeugt sein, dass dein Endergebnis da ist. Du bist dir sicher, du weißt es!

Du wirst dich vielleicht fragen: Muss ich das wirklich so machen? Dann frage ich dich: **Wie sehr möchtest du dieses Auto; diese Beziehung und so weiter wirklich**? Sobald du bereits beginnst, das, was du haben willst, mit anderen Gefühlen wahrzunehmen, wirst du auch anfangen, mehr Positives in dein Leben zu ziehen.

Affirmation zu Kapitel 4:

„Ich kann sein, was ich sein möchte!"

Unsere Verbindung mit der Allmacht befähigt uns zunehmend, Stärke, Mut, Zuversicht und Vertrauen auszudrücken, weil wir schrittweise den Mechanismus entdecken und uns zunutze machen, der dem Ganzen zugrunde liegt.

Notizen:

Kapitel 5 – Das Bewusstsein als zentraler Punkt allen Seins

Du lernst, dass du über deinen Verstand dein Bewusstsein beeinflussen kannst. Durch diese Erkenntnis wird dir klar, dass du das Resultat dessen bist, was du eben gedacht hast. Jetzt bist du bereit, dein Bewusstsein und deinen Verstand so einzusetzen, dass du mit den Resultaten in deinem Leben Zufriedenheit erlangst.

Du erschaffst aus den besten Materialien deine innere Welt, die sich dann in deinem erlebten Äußeren zeigen wird. Je besser du die Materialien (deine Gedanken und Formulierungen) auswählst, mit denen du deine innere Welt, dein inneres Haus baust, umso wertvoller und schöner sind deine erlebten Ausdrücke.

Wieviel Prozent des geistigen Lebens ist unbewusst?

1. Für dich wird jetzt klar, dass 90 % des geistigen Lebens unbewusst ist. Die meisten Menschen nutzen nur 10 % der Möglichkeiten, die sie haben, um aus ihrer Schatzkammer zu schöpfen. Du kannst dich von den Einschränkungen durch dein Bewusstsein über die Fähigkeiten, die du gelernt hast, befreien.

90 % deines Lebens geschieht unbewusst, und du hast nun die Gelegenheit, dir diese 90 % nutzbar zu machen.

Willst du dich einfach nur dahintreiben lassen, oder möchtest du aktiv an den Tätigkeiten deines Unterbewusstseins beteiligt sein?

2. Dir wird bewusst, dass dein Unterbewusstsein kontinuierlich in Bewegung ist. Es arbeitet 24 Stunden am Tag, 365 Tage im Jahr, ein Leben lang. Dadurch stellst du fest, ob du nur passiver Empfänger verschiedener Resultate sein willst oder ob du bewusst gelenkt empfangen darfst.

Dein Leben kann wirklich wunderbar sein. Du musst nur dieses Wissen nutzen. Du musst dir dessen bewusst werden. Und wenn du dir dessen bewusst geworden bist, dann entdeckst du einen kreativen Prozess, mit dem du dein Bewusstsein nutzen kannst, um es zu steuern. Dann wirst du zum Kapitän.

Durch welchen Teil des Körpers wird mein Bewusstsein angewiesen und beeinflusst?

3. Durch den dominanten Teil des Geistes, denn deinem Willen ist es möglich, dein Bewusstsein zu beeinflussen.

Dein Wille ist es, der deinem bewussten Verstand Anweisungen zum Denken gibt und dir somit erlaubt, dich zu steuern und Geschehnisse, Ereignisse und dein Leben zu beeinflussen.

Wie kann ich nicht wünschenswerte Charakterzüge verändern?

4. Dein Bewusstsein ist beeinflusst durch Erziehung, durch deine Familie, deine Eltern und durch die Vererbung. Hinter diesem Vorhang brauchst du dich nicht zu verstecken, sondern du hast andere Möglichkeiten, die für dich nicht wünschenswerten Ergebnisse zu verändern.

Das Problem ist, dass die meisten Menschen an das denken, was sie nicht wollen, und dann wundern sie sich, dass es ihnen immer wieder begegnet. Also beginne mit dem, was du willst.

Wodurch kann ich die unerwünschten Dinge zurückhalten und nur die wünschenswerten durchlassen?

5. Sei wachsam in deinem Denken, und du kannst bewusst alles Wünschenswerte in dein Leben holen und Unerwünschtes von dir fernhalten.

Du ziehst das an, was deinen vorherrschenden Gedanken entspricht. Also denke an das, was für dich wünschenswert ist.

Woher kommen diese negativen Ergebnisse in meinem Leben?

6. Dein Bewusstsein durchdringt deinen Körper und ist mit allen Erfahrungen aus deiner Vererbung, aus dem Einfluss deiner Erziehung ausgestattet. Was dein Bewusstsein bis jetzt ausmachte, ist, dass niemals geprüft wurde, ob es zu Vor- oder Nachteilen geführt hat oder ob es Folgen des Denkens gegeben hat. Du hast doch alles, was du bisher dachtest, niemals geprüft. Du hast einfach deine Gedanken in dein Unterbewusstsein einfließen lassen und warst dann überrascht, dass es in deinem Leben negative Resultate gibt.

Ich bin mir sicher, dass du das nicht gerne hörst. Du wirst sagen: „Das habe ich nicht in mein Leben gezogen, und das habe ich nicht verursacht. Dieses wollte ich nicht und an jenes worüber ich mich beklage, habe ich doch nicht gedacht. Ich muss dir sagen: „Du hast es angezogen!“

Wieso sind meine Gedanken Realität – also sichtbar – geworden?

7. Da du nichts geprüft hattest, da du jeden Gedanken so angenommen hattest wie er kam, konnte jeder Gedanke durch dein vegetatives Nervensystem in dein Unterbewusstsein geleitet werden, um dann dort zu Realität geworden aus deinem Unterbewusstsein zu erwachen.

Du ziehst also alles an und du kannst das Gesetz der Anziehung überall erkennen. Du selbst ziehst alles an. Die Menschen um dich herum, den Arbeitsplatz, die Lebensverhältnisse, die Gesundheit und so weiter: **Alles hast du angezogen** wie ein Magnet. Das woran du denkst, geht in Erfüllung.

Warum bringt mir das Gesetz der Anziehung nur mein Eigenes?

8. Durch diese Weise erschaffen wir uns kontinuierlich neu, und das immer und immer wieder. Du wirst durch dein Denken, durch deine Gedanken von gestern zu dem, was du heute bist. Du hast den Auftrag an dein Unterbe-

wusstsein abgegeben, du hast dein Unterbewusstsein aufgefordert, aus deiner Schatzkammer das bestmögliche Resultat deiner Gedanken, deines Auftrages, zu produzieren. Dein Unterbewusstsein bringt dir dadurch nicht die Dinge, die du gerne hättest, sondern die, die du vorherrschend und mit Nachdruck denkst. Und oft ist es so – da du nachlässig und mit wenig Aufmerksamkeit denkst – dass du vieles erlebst, was du dir unbewusst erschaffen hast.

Das Gesetz der Anziehung besagt, dass du immer genau das anziehst, worauf du dich konzentrierst. Du ziehst also das an, was deinen vorherrschenden Gedanken entspricht. Im Grunde erschaffst du dir durch dein Denken von gestern das Leben von heute. Dadurch erhältst du auch das, was zu dir gehört, weil du es zu einem größeren Anteil denkst.

Wieso ist der Bau meines geistigen Heimes so wichtig?

9. Die Schwierigkeit, die du hier zu bewältigen hast, ist, dass du dir deine Form, mit der du deine Schatzkammer füllen wirst, aus ausgesuchtem Material erschaffen solltest. Hier geht es um die Sorgfalt, mit der du dein geistiges Zuhause, deine Schatzkammer baust.

Du kannst dir auch sagen: Ich habe nicht den Wagen, den ich gerne hätte; ich habe nicht das Haus, was ich will; ich habe nicht die Beziehung, die ich möchte; ich bin nicht gesund. Das ist genau das, was du nicht möchtest! Konzentriere dich lieber darauf, was du haben willst. Ich möchte dir noch etwas vorschlagen, das dein Leben verändert. Das Visualisieren! Wenn du dir etwas vorstellst, dann verwirklicht es sich.

Was macht die Beschaffenheit dieses Materials aus?

10. Was mit dem Begriff Material gemeint ist, ist, ob du klare Gedanken hast, ob deine Gedanken zum Wohle der Allgemeinheit sind, ob du nobel denkst oder ob du unklare Gefühle hast, Gefühle wie Angst, Bekümmerung oder Sorge. Du benötigst ganz klare Linien und saubere Strukturen des Denkens.

Wenn du visualisierst, wenn die Bilder vor deinem geistigen Auge ablaufen, dann konzentriere dich einzig und allein auf das Endergebnis. Das ist ein holografisches Erlebnis. Das ist so echt, dass du im Moment gar kein Verlangen nach einem neuen Auto, nach einem Haus hast, weil du es ja schon besitzt.

Wieso brauche ich keine Sorge mehr um die Zukunft haben?

11. Gedanken des Mutes und Optimismus sind die positive Grundlage in deiner Gedankenwelt. Damit erschaffst du dir das wertvollste, stabilste und sicherste Material, mit dem du arbeiten kannst. Es ist kein Pfuschwerk und nichts, was du verstecken musst.

Das Gefühl ist es, was die Anziehung bewirkt, nicht nur das Bild oder die Gedanken. Viele meinen vielleicht, es würde ausreichen, wenn sie positiv denken oder sich einfach nur das vorstellen, was sie haben möchten. Wenn sie sich dabei aber nicht reich fühlen, wenn sie nicht voll Liebe oder Freude sind, dann reicht das nicht aus.

Was macht diese Denkvorgänge so einfach?

12. Es ist eine für dich einfache Formel, die einfachste überhaupt: Halte deinen Geist sauber, deine Schatzkammer frei von moralischer und physischer Unreinheit. Dies ist absolut unerlässlich, wenn du irgendwie vorwärtskommen willst.

Mache deine Bestellung beim Unterbewusstsein! Das ist als wäre das Unterbewusstsein ein Katalog. Deine Bestellungen müssen einen klaren Ausdruck haben und frei von jeglichem Negativen sein.

Wann beginnen meine Vorstellungen, sich zu verwirklichen?

13. Wenn du deine Reinigungsarbeiten abgeschlossen hast, wenn du jeglichen „Müll" beiseite gelegt hast, dann bist du in der Lage, jedes Ideal und jede geistige Vorstellung zu verwirklichen.

Ist dein Geist befreit von deinem „Müll", dann bist du frei, deine Ideale zu verwirklichen, denn dann hast du Platz dafür.

Was muss ich tun, damit ich meinen Besitz nicht verliere?

14. Durch das, was dir jetzt gelungen ist, erwartet dich das Größte, was bisher in deinem Leben Einzug erhalten hat. Das einzige, was du dafür zu tun hast, ist es anzunehmen, das heißt Gebrauch von deinen Möglichkeiten, deinem Unterbewusstsein, deiner Schatzkammer zu machen. Nur wenn du dein Wissen anwendest und dich in deine Schatzkammer begibst, dann wirst du, wenn du das Gelernte richtig anwendest, mehr und mehr von diesen Schätzen erhalten. Tust du dies nicht, und vernachlässigst du deine Möglichkeiten, dann wird dein Inneres, dein Unterbewusstsein, deine Macht und Kraft verwahrlosen.

Fühle deine Freude, spüre das Glück. Tu es einfach! Es geht nicht um das Begreifen des **Wie**, denn das **Wie** entsteht durch die Begeisterung und den Glauben an das **Was.**

Was ist denn mein Preis?

15. Für die Möglichkeit, dir dieses jetzt nutzbar zu machen, hast du dieses Studium gewählt. Um deinen Abschluss zu machen, musst du nur täglich üben und dir den Möglichkeiten, der Macht und der Kraft bewusst sein. Du bist der Erbe, und es wird von dir kein Opfer verlangt, außer dir darüber klar zu sein, dass es keine Beschränkung mehr gibt.

Du hast nichts zu bezahlen, du musst kein Opfer bringen. Das einzige, was du tun musst, ist das Anerkennen dieser Macht und das Studieren seiner Regeln, die du dir durch Übung verinnerlichst.

Um in den Besitz dieser Macht zu gelangen, muss was ich tun?

16. Du musst sie dir unter den beschriebenen Voraussetzungen wünschen, du musst sie beanspruchen, du musst sie in Besitz nehmen.

Dein Prozess besteht aus drei Schritten: 1. das Bitten, 2. das Glauben, 3. das Empfangen.

Zum Bitten: Lass das Universum wissen, was du willst. Es antwortet auf deine Gedanken. Setze dich hin, und schreibe es auf ein Blatt Papier. Schreibe es in der Gegenwartsform und dann beschreibe, wie dein Leben aussehen soll in allen Bereichen.

Zum Glauben: Es ist deine feste Überzeugung. Glaube daran, dass das, was du haben willst, bereits zu dir unterwegs ist und du es bereits besitzt. Du brauchst unerschütterlichen Glauben. Eine tolle Affirmation ist: „Ich weiß genau, dass das Gewünschte schon auf dem Weg zu mir ist!“

Zum Empfangen: Fange an, dich glücklich zu fühlen. Fühle dich so, wie du dich fühlst, wenn das Gewünschte ankommt. Bei diesem Prozess ist wichtig, dass du dich gut fühlst, dass du glücklich bist, denn wenn du dich gut fühlst, bist du in Harmonie mit dem, was du dir wünschst. Wenn du etwas mit dem Verstand haben möchtest, dir das entsprechende Gefühl dazu aber fehlt, dann hast du wahrscheinlich nicht genügend Kraft, um das Gewünschte in deinem Leben zu manifestieren. Du musst es tief in dir fühlen.

17. **Keine Frage**

Dies sind die Bedingungen, die du zu erfüllen hast.

Das ist dein schöpferischer Prozess.

Woraus ergibt sich die menschliche Vererbung?

18. Du wirst in diesem Kapitel Vererbungen kennenlernen. Betrachte dich, und du siehst, ob du dein Gesicht, deine Haut, deinen Charakter betrachtest, Vererbung erkennst. Das ist die menschliche Vererbung.

Daraus ergibt sich deine Existenz

Welche Vererbung haben die Wissenschaftler noch nicht erfasst?

19. Es gibt auch die geistige, die göttliche Vererbung. Du als Individuum bist mit dem Unterbewusstsein deiner Schatzkammer ausgestattet. Dieses Erbe gilt es anzutreten und zu nutzen.

Dies ist die Vererbung des Göttlichen und die Anerkennung, dass du der Erbe des Universellen bist.

Was bestimmt über die Urschöpfung?

20. Dieses Erbe anzutreten bedeutet, sich mit dem Göttlichen vertraut zu machen und von ihm Gebrauch zu machen. Mache dir bewusst, dass dieses Erbe durch die Urschöpfung entstanden ist und in dir zum Leben erweckt wurde.

Es ist die milde und gütige Kraft, die über die Urschöpfung bestimmt.

Was ist das Geheimnis dieses Erbes?

21. Das Geheimnis dieses Erbes ist, dieses Erbe durch Nutzung anzunehmen und sich dieses Erbe nutzbar zu machen.

Dieses unendliche Leben fließt durch dich, und der Zugang ist das Tor deines Bewusstseins.

Wo finde ich diese Macht und Kraft?

22. Die Quelle zu Macht, Stärke, Kraft und Einsicht wirst du nur in deinem Innern finden, wo dein Erbe ist.

In deinem Innern findest du diese Macht und Kraft, denn woran du denkst und wofür du dankbar bist, das verwirklicht sich.

Warum benötige ich stabile Grundlagen?

23. Lasse dich bei deinem Vorgehen nicht täuschen und bleibe deiner stabilen Grundlage, die du dir geschaffen hast, treu. Denke daran, dass die unendliche Quelle in dir ist und dass du ein Abbild davon bist.

Bleibe dem Universellen treu. Es verwirklicht sich dadurch, dass du ein Teil des Universellen bist und dieses Universelle drückt sich durch dich aus.

Warum waren mir meine Fähigkeiten nicht bewusst?

24. Jetzt, da du dein Erbe angetreten hast, wirst du nie wieder so sein, wie du einmal warst. Du hast das Gespür für diese Macht, du kannst nicht mehr eingeschüchtert werden und weißt nun, dass in dir eine Kraft ist, eine Schatzkammer, die von dir genutzt werden will.

Du hast das Prinzip und das Geheimnis verstanden. Du hast den Weg zu deinem inneren Schatz gefunden und dein Wissen nun durch Übungen angewendet. Du bist mit dem Wissen ausgestattet, das dir erlaubt, in Überfluss, Wohlstand, Liebe und so weiter zu leben.

Was muss ich tun, um mehr von dieser Kraft zu erhalten? Was ist das Geheimnis?

25. Deine Kraft kommt aus deinem Unterbewusstsein und wird dir vermehrt zuteil, wenn du mehr von ihr gibst, denn wenn du gibst, dann weiß das Göttliche in dir, dass du davon benötigst, und wird dich mit Segnungen überhäufen. Du bist der Kanal, der Durchlass der universellen Energie für jede Form der Existenz. Wenn Du beispielsweise ein Sportler bist, dann musst du mehr Kraft aufwenden, um noch mehr Kraft geben zu können, und du wirst noch mehr Kraft erhalten, als du geben wirst.

Visualisiere alles! Entscheide dich, was du erreichen möchtest und glaube daran, dass du es verdient hast und es für dich erreichbar ist. Nutze deine Emotionen Begeisterung, Freude, Dankbarkeit und Liebe. Stelle dir vor, das wäre jeden Tag so. Du fühlst dich gut. Du verhältst dich so und tust so, als hättest du bereits empfangen, und das signalisierst du ins Unterbewusstsein, das dir das, was du bereits gibst und lebst und glaubst, im Überfluss bereitstellt und in dein Leben sendet.

Warum muss ich im Geist beginnen?

26. Werde dir der Handhabung dieser Macht und Kraft bewusst, damit du ihren Gebrauch zu schätzen weißt und dir darüber bewusst bist, dass es möglich ist, für jede Unternehmung und jede Lebenserfahrung diese Kraft und Macht zu nutzen. Du weißt, dass jegliche Entstehung zuerst im Geiste entsteht und auch das ist wahr, denn nimmst du den Geist weg, dann bleibt nichts.

Das Gesetz der Resonanz besagt, dass du immer genau das anziehst, worauf du dich konzentrierst. Ich spreche nicht von Wunschdenken. Die Quantenphysik nimmt sich heraus, dass es ohne Geist kein Universum geben kann und dass der Geist tatsächlich das formt, was er wahrnimmt. Bedenke: Du bist ein Teil des Universellen. Was bleibt also, wenn es den Geist nicht mehr gibt? Nichts!

Was geht von uns aus?

27. Durch deinen Geist, durch deine Gedanken bist du in der Lage, Macht und Kraft zum Ausdruck zu bringen, ob körperlich, mental oder auch geistig. Durch deinen Geist bist du der Erbe und demnach auch dein Schöpfer.

Dein Geist ist alles, und du bist durch deinen Geist der Schöpfer deiner selbst.

Was bedeutet mein Zauberstab?

28. Aller Besitz, egal von was, ist eine Ansammlung von Haltungen des Bewusstseins. Für Reichtum benötigst du ein Reichtumsbewusstsein mit der entsprechenden Einstellung. Für Liebe benötigst du ein Liebesbewusstsein mit der entsprechenden Einstellung und so weiter. Dadurch wirst du Pläne und Ideen erhalten, die dir absolute Freude bei der Ausführung bereiten werden und vor allem Genugtuung und Gewissheit beim Erreichen des Ergebnisses.

Dein Denken ist die Antwort auf alles, was war, was ist und was je sein wird!

Affirmation zu Kapitel 5:

„Was diese Kraft ist, vermag ich nicht zu sagen, ich weiß nur, dass sie existiert!“

Notizen:

Kapitel 6 – Erfolg kommt durch deine Aufmerksamkeit

In Kapitel 6 geht es um Konzentration und Aufmerksamkeit. Durch Aufmerksamkeit erreichst du unwillkürlich die Erweiterung deines Bewusstseins, mit dem du dann Energien freisetzt, die in Verbindung mit deiner Konzentration alles andere um dich herum ausschließen. Du bist nur noch auf eine Sache fixiert.

Hierdurch wird dein Gedanke zu aktiver und konzentrierter Energie, die dir das Gewünschte in dein Leben zieht, weil du dich ja aktiv darauf konzentrierst.

Stelle dir in diesem Vergleich ein Radio vor, wo du 103,5 empfangen willst. Durch das Einstellen des Senders (aktive Aufmerksamkeit und Konzentration deines Gedankens) gelingt dir auch der Empfang des Senders. Anders ist es hingegen, wenn du passiv und ohne Konzentration denkst. Dann bekommst du den Sender vorgesetzt, den du nicht willst (du hörst Musik, die du nicht magst).

Wenn du dich auf den Sender aktiv konzentrierst, den du willst, gibst du den nicht wünschenswerten Denk- und Verhaltensmustern keine Aufmerksamkeit mehr.

Hierdurch prägst du deinem Unterbewusstsein ein neues Verhaltensmuster auf. Dadurch wirst du zu dem, was du willst.

Warum ist es schwierig, das Unterbewusstsein zu verstehen?

1. Etwas, das so groß ist wie dein Unterbewusstsein und das so wunderbar ist, lässt sich nur schwer erklären und sollte als das genutzt werden, was es ist: deine Schatzkammer.

Dein Unterbewusstsein ist schöpferisch, wundervoll und unbegrenzt, es ist ein Geheimnis.

Was ist dieses universelle Bewusstsein?

2. Das universelle Bewusstsein ist nicht nur alle Intelligenz, sondern auch alle Materie. Dein Unterbewusstsein ist die Fabrikationshalle, in der deine Aufträge, die du durch deine Gedanken an den Solarplexus geschickt hast, produziert werden. Sie lassen sich spürbar durch dein Erleben in Form von Materie ausdrücken.

Das universelle Bewusstsein ist so etwas wie der große Bruder deines Unterbewusstseins.

Wovon hängt die Wirkung des universellen Bewusstseins ab?

3. Die Wirkung des universellen Bewusstseins wie auch deines Unterbewusstseins, der göttlichen Energie, hängt davon ab, wie stark deine Verbundenheit damit ist.

Wenn du etwas nicht verstehst, solltest du es nicht gleich ablehnen. Verstehst du zum Beispiel Elektrizität? Beinahe niemand weiß genau, was Elektrizität ist oder wie diese entsteht. Ich weiß, dass wir sie nutzen können, zum Beispiel, um damit zu kochen. Die Wirkung des universellen Bewusstseins hängt davon ab, wie stark deine Verbindung zum Universellen ist.

Welche Wirkung kann durch Denken produziert werden?

4. Die Wirkung, die durch Denken verursacht werden kann, ist vergleichbar mit der Wirkung, die durch bewegte Luft erzielt werden kann. Je mehr Verbundenheit existiert, umso stärker ist der Wind. Genauso ist es mit deinen bewegten Gedanken.

Die Wirkung ist das Gefühl, die Intensität und die Kraft, die du in den Gedanken oder das Denken legst. Je stärker und kraftvoller, umso größer ist die Auswirkung und der Ausdruck, den der Gedanke in deinem Leben findet.

Was ist das Geheimnis aller geistigen Macht?

5. Das Geheimnis ist, dass alles voll und ganz von dem Mechanismus abhängt, mit dem wir uns und das universelle Bewusstsein verbinden.

Das Geheimnis liegt in dir und der Intensität, mit der du deine Verbindung aufrechterhältst.

Was ist das für ein Mechanismus?

6. Es ist ein besonderer Mechanismus für die Umwandlung deiner Gedanken in Energie und von Energie in Materie.

Dieser Mechanismus ist größer als alle Erfindungen überhaupt. Dies ist der göttliche, spirituelle Mechanismus.

Welchen Namen trägt dieser Mechanismus?

7. Machen wir uns also an den geheimnisvollen und großartigsten Mechanismus heran. Es ist dein Gehirn.

Wir untersuchen den Mechanismus, um ein Verständnis davon zu erlangen.

Dieser Mechanismus wird dein Gehirn genannt.

Wann werden meine Vorsätze Wirklichkeit?

8. Weil du glaubst, wird dir gegeben. Das kennst du vielleicht, und doch ist hier in diesem Satz die Wahrheit verborgen. Deine Welt, in der du lebst, reagiert unmittelbar auf dich und auf das, was du denkst, was du tust und das was du sagst und so weiter. Du wusstest vermutlich nicht, dass diese Welt allgegenwärtig, allwissend und allmächtig ist. Dieses Manko, dieses Nichtwissen, wurde nun aufgehoben. Das, was du dir in deinen Gedanken vorstellst, sollte auch zu dir passen, es sollte mit dem höchsten ausgestattet sein, was es gibt. Sei dabei im Einklang mit dir und den Naturgesetzen. Beachte aber, dass du nur das spürbar in dein Leben bekommst, was du auch glauben

kannst, und je mehr, je stärker du glauben kannst, umso klarer wird das, was du denkst, in deinem Leben Ausdruck finden.

Das Gesetz der Anziehung sagt, dass du genau das anziehst, worauf du dich konzentrierst. Das, woran du glaubst, wird dir gegeben.

Warum sind die Auswirkungen in meiner äußeren Welt das Ergebnis des Universellen?

9. Das, was du als Auswirkung erlebst, was du spürst, ob geistig oder körperlich, ist nun das Ergebnis deines Denkens. Dein Gehirn ist der Ausgangspunkt für diesen Denkvorgang, und jede Gehirnzelle, die einen Bezugspunkt zu irgendetwas herstellt, was du denkst, was du siehst oder fühlst, lernst du nun zu schätzen, und zwar in dem Ausmaß, wie stark dein Bezugspunkt, deine Beziehung dazu ist. Hast du keine Beziehung, beziehungsweise keinen Bezugspunkt zu irgendetwas, dann hat es keine Existenz in dir.

Jetzt, wo du zu verstehen beginnst, bekommst du vielleicht Angst vor deinen negativen Gedanken. Eins ist für dich wichtig:

Wenn du dem Gedanken keinen Raum und dem Bild keinen Platz für seine Entstehung gibst, dann hast du keinen Bezugspunkt in deinem Gehirn (in deinem Bewusstsein), deswegen gibt es dann auch keine Entstehung.

Gibt es etwas, was ich mit meinem Gehirn nicht ausdrücken kann?

10. Das schönste Naturgesetz ist, dass du mit deinem Gehirn alles ausdrücken kannst, was du willst. Du kannst allem deinen Ausdruck verleihen – ein Mechanismus, mit dem du außerordentliche Ergebnisse erzielen wirst.

Du kannst alles in deinem Leben ausdrücken. Beginne mit dem Vertrauen auf den nächsten Schritt und bleibe im Glauben an dein Ziel.

Wo findet all dies seinen Weg?

11. Der Weg für diesen Mechanismus, für die Energie befindet sich in deinem Nervensystem, deinen Zellen.

Benötige ich ein organisches Bild?

12. Was ich dir verdeutliche ist, dass dein gesamter Körper an deiner Energieverteilung beteiligt ist.

Du benötigst kein organisches Bild wenn du deinen gesamten Körper betrachtest und das Rückenmark als Kanal erkennst.

Was ist der Tempel des lebendigen Gottes?

13. Dies alles wird als der Tempel des lebendigen Gottes bezeichnet. Dein wahres Ich ist es, das diesen Mechanismus im Tempel Gottes steuert und kontrolliert, und je besser es dem wahren Ich gelingt, umso bessere Ergebnisse werden erzielt.

Du bist der Tempel des lebendigen Gottes, alles in dir und an dir.

Wie funktionieren meine Gedanken?

14. Ein Gedanke stößt im Gehirn auf die Gehirnzellen und aktiviert diese, die noch träge darauf reagieren. Wenn du jedoch öfter und intensiver diesen Gedanken denkst, dann kann dein Gehirn nicht anders als diesen Gedanken nach allen Abwägungen für wahr zu erklären und ihn auf perfekte Weise durch dein Unterbewusstsein zum Ausdruck zu bringen.

Stelle dir vor, dass dein Gedanke auf graue, unbewegliche Masse trifft und versucht, diese Masse zu durchdringen beziehungsweise in sie zu gelangen. Die Konzentration auf diesen einen Gedanken ist wie der stete Tropfen, der den Stein höhlt. Der Gedanke dringt in das Bewusstsein ein und ist nun dort bereit, sich durch Emotionalität in deinem Leben zu verwirklichen.

Wie kann ich jede unerwünschte Folgeerscheinung beheben?

15. Durch deinen Geist kannst du jede nicht erwünschte Folge, auch deinen Körper betreffend, beheben, indem du deine Gedanken auf deine jeweiligen Organe oder Extremitäten richtest.

Was ist für mich von unschätzbarem Wert?

16. Durch dein Verstehen und deine Auffassungsgabe hast du einen unschätzbaren Wert erreicht. Du hast nun mehr Macht zu unterscheiden und wirst Zusammenhänge und Begebenheiten besser verstehen.

Die perfekte Auffassung und das perfekte Verständnis über die Gesetze der geistigen Welt sind für dich von unschätzbarem Wert.

Was bestimmt meinen Lebensweg und bringt mir das Beste, Stärkste und Wünschenswerteste?

17. Du! Da du nun gelernt hast nach innen zu schauen, weil du weißt, dass sich in deinem Innern deine Schatzkammer befindet und dass du dadurch deinen spürbaren Ausdruck bekommst. Dies stimmt dich auf das Beste für dich ein und wird dir das Stärkste und Wünschenswerteste bringen.

Es geht ausschließlich um die Verbindung zu deinem Inneren.

Was ist das Wichtigste bei der Kultivierung des Bewusstseins?

18. Das, was dir hilft, dein Bewusstsein aufzubauen, ist Aufmerksamkeit und Konzentration, ich meine Konzentration auf das Bewusstsein und Aufmerksamkeit auf das Bewusstsein.

Das Wichtigste ist deine richtig gelenkte Aufmerksamkeit.

Warum ist die Aufmerksamkeit ein machtvolles Instrument, und durch was mache ich sie dazu?

19. Deine Konzentration und deine Aufmerksamkeit sind deswegen so machtvolle Instrumente, weil du sie auf einen Punkt lenkst und dort dabei verweilst. Erst dann, wenn es deinem Leben Ausdruck verleihen soll, kannst du dich einer neuen Aufmerksamkeit, einer neuen Konzentration widmen.

Du machst deine Aufmerksamkeit machtvoller, indem du sie nicht von einem Punkt zum anderen bringst, sondern diese Aufmerksamkeit auf eine Stelle, einen Punkt fixierst beziehungsweise konzentrierst.

Wann zeigt sich bei mir ein Ergebnis?

20. Damit dir nichts unmöglich wird, halte deinen Gedanken konzentriert, lasse ihn nicht zerstreuen und dich nicht ablenken. Bleibe in deiner Aufmerksamkeit, und nichts wird unmöglich bleiben.

Dich interessiert sicher, wie lange es dauern wird. Wie lange dauert es, bis das Auto, die Beziehung, das Geld, der Wunsch oder was es auch sein mag erfüllt wird? Es geht darum, wie sehr du dich im Einklang mit dem Göttlichen befindest.

Warum dauert mein Erfolg so lange?

21. Der Erfolg, dein Erfolg kommt mit der Übung. Übung heißt, den Gedanken auf deinen einen Punkt, das eine Bewusstsein zu konzentrieren, nicht von einem Punkt zum anderen zu wandern, sondern deinen Gedanken stetig auf das eine Ziel auszurichten.

Größe spielt für das Universelle keine Bedeutung. Es nicht schwieriger, etwas Großes anzuziehen als etwas Kleines. Im Universellen geschieht alles ohne großen Aufwand. Es geht nur darum, was in deinem Kopf vor sich geht, was du in Gang setzt.

Wie überwinde ich Hindernisse?

22. Allein durch die Übung mit deiner Aufmerksamkeit, durch deine Konzentration auf dein Ziel, das eine Ziel, bist du in der Lage, Hindernisse zu überwinden und aus dem Weg zu räumen. Je höher deine Konzentration ist, umso höher ist deine Aufmerksamkeit und umso weniger Hindernisse gibt es.

Wenn du dir sagst: „Das ist groß, das wird wohl einige Zeit dauern. Das ist klein, das dauert nur eine Stunde“, legst du die Regeln fest. Im Plan des Universellen gibt es deine Regeln nicht. Schaffe in dir das Gefühl, etwas bereits zu besitzen, und es wird darauf reagieren.

Wieso diese Übung?

23. Die Übung aus diesem Kapitel ist dazu da, deinen Boden fruchtbar zu machen, um den Samen einzupflanzen.

Schaffe dir fruchtbaren Ackerboden für dein Gedankengut.

Welche Rückschlüsse kann ich daraus ziehen?

24. Um dieses Kapitel zusammenzufassen: Zuerst kommt das Mentale, dann Wahrnehmung und Gelegenheit, jetzt Eingebung und dann Handlung, nun Wissen und Wachstum – diesen folgerichtigen Ablauf gilt es zu erkennen.

Es gibt grenzenlose Möglichkeiten für deinen Erfolg.

Was bin ich als Individuum?

25. Du bist der Kanal, durch den sich das Universelle präsentiert und ausdrückt. Demnach sind deine Ausdrucksmöglichkeiten unerschöpflich.

Du bist der Weg, durch den sich das Universelle ausdrückt.

Wodurch erreiche ich den Masterkey?

26. Durch dein Denken nimmst du die Macht in Anspruch und kannst das Ergebnis in deinem Innern halten, bis es ein Teil deines „normalen" Bewusstseins geworden ist. Die Methode, dies zu erreichen, lernst du mit diesem Buch, du entdeckst deinen Masterkey, deinen Generalschlüssel, der dir Zugang zu deiner Schatzkammer, dem Speicher der universellen Wahrheit verschafft.

Dies erreicht du durch die Prinzipien und das richtige Denken.

Was sind die großen Ursachen, die mich hindern können?

27. Dieses Wissen hilft dir, deine Wolken zu vertreiben und das Leid von Krankheit und mangelndem Bewusstsein zu beenden.

Es sind immer körperliche Krankheit und geistige Besorgnis, die dich hindern, mit den Naturgesetzen zu arbeiten.

Affirmation zu Kapitel 6:

„Weil ich glaube, wird mir gegeben!"

Notizen:

Kapitel 7 – Deine Vorstellungskraft als größte Macht

Die Vorstellungskraft, auch Phantasie genannt, ist die Verbindung zwischen dem Individuellen, also deinem Unterbewusstsein, und dem Universellen. Die Steuerung dieser Vorstellungskraft hast du in den vorhergehenden Kapiteln gelernt.

Wichtig zu wissen ist, dass dieser Ablauf systematisch ist.

1. *Idealisierung*
2. *Visualisierung*
3. *Gefühl*
4. *Vertrauen*
5. *Glauben*

Du erschaffst dir dein Ideal. Diese ***Idealisierung*** *hat nur mit dir zu tun und wird für dich zu einer großartigen Vision. Indem du dein Ideal so genau wie möglich ausmalst, erhältst du nun die* ***Visualisierung*** *und beginnst in deinem Individuellen, deinem Unterbewusstsein zu* ***fühlen,*** *wodurch du ein* ***Vertrauen*** *zu deinem Ideal entwickelst und an den Erhalt zu* **glauben** *beginnst. Hierdurch wird dein Wort zu Materie.*

Wie heißt der Vorgang, sich mental Bilder zu erschaffen?

1. Durch dein Visualisieren erschaffst du dir die Form, welche die Schätze deines Unterbewusstseins ausfüllen wird. Diese Form dient der unendlichen Kraft, um aus ihr den spürbaren Ausdruck hervorzubringen. Es ist ihre Vorlage.

Es ist das Visualisieren, durch das du dir Bilder und Form schaffst.

Bin ich durch Kosten oder Material eingeschränkt?

2. Mache dir diese Vorlage so herrlich, so schön, so vollkommen wie du kannst. Es gibt für die Vorlage und die Vorstellung davon keine Beschränkung. Du darfst alles so üppig ausstatten, wie du es willst.

Du kannst dir das, was du dir als Bild visualisierst, so bunt und üppig malen, wie du möchtest. Staffiere es mit dem Wertvollsten aus, was du kennst, und bedenke: Die einzige Person, die dich beschränkt und einengt, bist du selbst.

Was ist denn für mich die beste Affirmation?

3. Mache dir diese Vorlage, und ein absolutes klares Bild wird entstehen. Du wirst wissen: Du kannst sein, was du sein möchtest. Der Punkt ist, dass es keine Beschränkungen mehr gibt. Willst du Reich sein? Dann sei es! Willst du verliebt sein? Dann sei es! Willst du Hoffnung sein? Dann sei es! Willst du gesund sein? Dann sei es, denn du kannst sein, was du sein möchtest.

Warum reicht mein Wissen nicht aus?

4. Das, was du bis jetzt getan hast, hat dir sicherlich das eine oder andere als Veränderung gebracht. Immer hast du versucht, durch neues Anlesen und Auswendiglernen perfekter zu werden. Was ist passiert? Vielleicht zu wenig, das liegt an dir. Du kannst nicht durch lesen dein Leben verändern. Du musst dich mehr anstrengen, du musst üben, doch nur wenige sind bereit, dies in Kauf zu nehmen. Doch du hast dich entschieden, du willst mehr und übst und übst und übst und...

Du bist Sportler, und wenn du die 5000 Meter laufen willst, dann kannst du nicht nur lesen, wie das geht, sondern du musst dir durch Training Kondition, Ausdauer, Kraft, Technik und so weiter aneignen, damit du dein Ziel, die 5000 Meter, erreichst.

Wie viele Schritte oder Trainingseinheiten benötige ich?

5. Was Wichtigste für dich ist die Bildung eines Ideals. Was das bedeutet, ist sehr schwer und doch sehr einfach. In deinem Geist, deinem bewussten Verstand lässt du dein Ideal entstehen, dein Endprodukt, deinen Endzustand, den du erreichen willst. Hierfür gebe ich dir mehrere Beispiele: Siehst du dich in deinem Endzustand glücklicher und liebevoller Familie, dann ist dein Ideal Liebe und Glück. Siehst du dich in deinem Endzustand im Besitz einer Villa, dann ist dein Ideal Wohlstand. Siehst du dich in deinem Endzustand in einer Badewanne voller Geldscheine, dann ist dein Ideal Reichtum. Wichtig bei der Bildung eines Ideals ist die Vorstellung von dem Endzustand.

Der erste Schritt ist die Idealisierung. Dies ist der für dich wichtigste Schritt, weil er den gesamten Bauplan enthält.

Warum soll ich mich an dem Endzustand festhalten?

6. Du musst dir bei der Bildung deines Ideals den Endzustand vorstellen. Am Anfang mag dir das noch nicht so gelingen und die Dinge werden nur schemenhaft in Erscheinung treten, jedoch: Je häufiger, je öfter und intensiver du an deinem Ideal arbeitest, umso klarer wird das Bild davon. Dadurch bist du in der Lage anhand deines klaren Bildes, des Ideals, Pläne zu erarbeiten, da du ja weißt, was dich am Ende erwartet: dein Ideal.

Du fokussierst deine ganze Konzentration auf das, was du willst, und nicht darauf, wie du es bekommst. Dein Unterbewusstsein ist für das **Wie** verantwortlich, genauso wie das universelle Bewusstsein. Beide werden dich dahingehend führen, dass du das **Was** erhältst, und zwar so, wie du es dir ausgemalt hast.

Was ist der zweite und der dritte Schritt?

7. Jetzt geht es los, und du beginnst zu visualisieren. Das bedeutet, dass du Umrisse wahrnimmst, du nimmst die Umgebung wahr. Personen werden dein Ideal umringen und du wirst Möglichkeiten entwickeln, dies alles zu realisieren, wodurch sich für dich jetzt Handlungen aufzeigen. Du wirst aktiv an deinem Prozess der Visualisierung teilnehmen. Es werden sich jetzt Umstände entwickeln, die deinen Gedanken von der Idealisierung über das Visualisieren jetzt verwirklichen.

Der zweite Schritte ist das visualisieren, das Vorstellen im gesamten Bild und Umfang. Und der dritte Schritt ist das Verwirklichen, das durch das **Wie** entsteht.

Was ist denn der Unterschied zwischen meinem Unterbewusstsein und dem universellen Bewusstsein?

8. Du bist der Architekt, der Planer deines Ideals. Du hast gelernt, dass deine Schatzkammer, dein Unterbewusstsein, ein Teil des Universellen ist, dass dein Geist ein Teil des großen universellen Geistes ist. Da du dir dein Ideal mit deinem Geist erstellst, ist es auch so, dass dein Teil des universellen Geistes dein Ideal erstellt – also mache es perfekt, da dir die gleichen Möglichkeiten geboten sind wie dem Universellen.

Der einzige Unterschied liegt im Grad der Bewusstheit.

Kann man das zusammenfassen?

9. Zuerst ist dein Ideals in deinen Gedanken, dann auf dem Papier, danach ist es Realität.

Erstens das Idealisieren, zweitens das Visualisieren, drittens das Verwirklichen.

Wie mache ich mehr aus meinem Leben?

10. Mache dich zum Erfinder deines neuen Lebens und gehe es durch. Erschaffe es neu und konstruiere es dir so, wie es sein soll.

Du machst mehr aus deinem Leben, indem du dir alles so erlaubst, wie du es haben willst und dir alles, in den Farben die du magst, ausmalst.

Was bringt mir diese Anleitung?

11. Durch diese Vorgehensweise wirst du in dir Vertrauen entwickeln zu dem, was du visualisiert hast. Du erschaffst in dir Glauben, der zu einem unerschütterlichen Glauben werden muss, damit du dein Ideal verwirklichen kannst. Du musst Kraft, Ausdauer und Konzentration haben, die dich mit deinem einen Gedanken an dein eines Ideal binden.

Diese Anleitung bringt dir einen unerschütterlichen Glauben. Für dich wird die Zeit stillstehen. Du wirst ein Bild malen wollen – den ganzen Tag lang. Glauben – das ist alles was du tun musst. Du wirst alles anziehen, was du benötigst. Deshalb achte darauf, wovon du angezogen wirst. Wenn du das Gewünschte im Geist vor Augen hast, ziehst du die Dinge an, genauso wie du von diesen Dingen angezogen wirst. Es verwirklicht sich tatsächlich durch dich – das ist ein Naturgesetz!

Wie kann ich göttlicher Denker meiner eigenen Gedanken werden?

12. Es ist Gesetz, dass Gedanken Gestalt und Form annehmen. Das hast du bereits gelernt. Dann sei dir auch bewusst darüber, dass du, wenn du deine Gedanken so wie in den bisherigen Kapiteln lenkst und steuerst, in der Lage sein wirst, dein eigener Meister zu sein und du auch die entsprechende Autorität haben wirst.

Du kannst göttlicher Denker deiner eigenen Gedanken werden, indem du die Naturgesetze und das Gelernte in tiefem Glauben anwendest.

Wie kann ich mein Bild klarer und genauer machen?

13. Zum Üben wirst du dir das Bild immer und immer wieder vor Augen halten müssen. Du wirst es immer und immer wieder vor dein geistiges Auge rufen. Dieses kontinuierliche Vorgehen erlaubt dir, Klarheit und Genauigkeit, und einen ebenso starken Glauben an dein Ideal zu erhalten, so dass du dieses Ideal sicher in deinem Hafen, deiner Schatzkammer, verankern kannst. Achte hierbei unbedingt und unablässig darauf, dein Ideal, dein Bild, nur mit den besten und saubersten Gedanken auszustatten, da diese Gedanken dein Material sind, aus dem deine Schatzkammer, dein Unterbewusstsein, produzieren wird.

Mache eine Probefahrt, besichtige dein Traumhaus, und tue, was immer du tun musst, um das entsprechende Gefühl zu erzeugen. Je tiefer und fester es ist, umso klarer und ausdrucksstärker wird es in der Wirklichkeit.

Durch wen wird es in Form gebracht?

14. Diese sauberen Gedanken, dieses Material wird von Millionen von „Arbeitern" in deiner Schatzkammer verwertet und bearbeitet. Es wird von diesen „Arbeitern" zu deinem Idealbild verarbeitet.

Dein Idealbild entsteht in deinen Zellen, in deinem Blut, in deinen Organen. Es wächst überall in dir, sodass es sich dann ausdrücken kann.

Warum ist meine Macht zu denken unbegrenzt?

15. Denke nach! Du hast festgestellt, dass dein Unterbewusstsein niemals schläft. Es produziert immer – 24 Stunden am Tag, 365 Tage im Jahr, ein Leben lang. Zum einen hast du schon die Millionen „Mitarbeiter", die dort tätig sind. Dazu kommt eine Reserve von nochmal der gleichen Anzahl an „Mitarbeitern" der Produktionsstätte. Mache dir bewusst, dass du damit die unbegrenzte Macht des Denkens und damit die unbegrenzte Macht deiner Ideale hast.

Durch deine Gehirnzellen bist du nunmehr in der Lage, dir alles zu erschaffen, jegliche Art der Beziehung zu führen, dein Leben in Wohlstand zu genießen und so weiter. Du hast diese Millionen von „Arbeitern", die wie Bildhauer sind und das Bild aus Stein meißeln, was du ihnen vorgegeben hast. Es muss klar und deutlich sein.

Habe ich bei Arbeitsausfall eine Reserve?

16. Zur Verstärkung hast du noch die Millionen „Mitarbeiter" in deinem Körper, die genügend Intelligenz besitzen, die Aufträge deines bewussten Verstandes auszuführen und dich somit bei der Herstellung deines Ideals zu unterstützen. Sie alle unterstützen dich auch dabei, jegliche Substanz, jegliches Material anzuziehen, das sie benötigen, um deinen Auftrag gemäß dem Ideal auszuführen.

Warum tun sie dies?

17. Dies Ganze hat ein einfaches Prinzip, wie es überall in der Natur vorkommt. Bist du eine Lilie, so wird alles, was eine Lilie ausmacht, und alles, was du als Lilie benötigst, von dir in dein Lilienbewusstsein gezogen, um sich auszudrücken. Bist du eine Eiche, dann wird alles, was eine Eiche ausmacht, und alles, was du benötigst, um eine Eiche zu sein und auszudrücken, in dein Eichenbewusstsein gezogen werden. Bist du Millionär, so wirst du alles, was einen Millionär ausmacht, in dein Millionärsbewusstsein ziehen, um den Millionär auch auszudrücken. Bist du Gesundheit, so wirst du alles, was Gesundheit ausmacht, und alles, was Gesundheit benötigt, in dein Gesundheitsbewusstsein ziehen. So funktioniert der vollkommene und perfekte Ausdruck jeglichen Bewusstseins.

Es ist ausschließlich das Prinzip Leben.

Was ist das für ein Gesetz?

18. Mache dein geistiges Bild vor deinem inneren Auge klar und deutlich, sodass dann in dir der aufrichtige Wunsch nach Erfüllung des Ideals entsteht, was deiner Erwartungshaltung entspricht, durch die du ein ständiges Verlangen nach Erfüllung bekommst. Unterstütze den Wunsch durch das Gefühl, was du dabei hast; die Erwartungshaltung stütze durch den konzentrierten Gedanken, und mache aus deinem ständigen Verlangen den festen Willen. Anders ausgedrückt: Dein Gefühl gibt dem Gedanken Lebenskraft, und dein Wille hält ihn beständig fest.

Es ist das Gesetz des Wachstums

Warum hatte ich bisher keine Ahnung davon?

19. Es wird für dich eine große Freude sein, jetzt endlich festgestellt zu haben, dass du nicht mehr im Außen zu suchen brauchst, nicht mehr bei anderen schauen musst, sondern, dass alles aus deiner eigenen Schatzkammer zu bewerkstelligen ist. Alles ist in dir!

Du hattest bisher keine Ahnung davon, weil du immer versucht hast äußeres durch äußeres zu verändern und nicht erkannt hast, dass die Quelle allen Lebens in dir ist.

Warum ist es mir nicht möglich, dieses Gesetz in die Tat umzusetzen?

20. Es ist dir ausschließlich über dein Inneres möglich, deine gewünschten äußeren Bedingungen zu erschaffen. Das, was du außen erlebst, ist ausschließlich der Ausdruck dessen, was du in dir geschaffen hast, um es dann in deine spürbare Welt zu ziehen. Und das alles, was du in deine spürbare Welt gezogen hast, das ist, was du zuerst denken musstest. Alles, was du denkst, ist das, was sich in deinem spürbaren Erleben ausdrückt. Darüber sei dir im Klaren!

Du hast angefangen, in deinem Inneren zu suchen und durch dein Inneres die Umstände zu verändern. Meistens jedoch bist du frustriert, wenn das Gewünschte nicht erscheint. Wir sind entmutigt und fangen an zu zweifeln, und Zweifel erzeugen ein Gefühl der Enttäuschung. Du musst das Gefühl erkennen und durch ein Gefühl des unerschütterlichen Glaubens ersetzen.

Wie wird die Wahrheit ihren Ausdruck finden?

21. Du wirst den äußeren Bedingungen keine Beachtung mehr schenken und dich ausschließlich noch mit deiner Schatzkammer, deinem Unterbewusstsein befassen. Dann wirst du in edlen Zielen und mutigen Handlungen Ausdruck finden.

Wenn du dein Leben bewusst gestaltest und dir das Gesetz der Anziehung zunutze machst, dann wirst du ein Leben haben, das alles übertrifft, was du dir vorstellen kannst.

Was muss ich dafür tun?

22. Mache deine innere Welt zu dem, was sie sein soll. Mache sie üppig und schön. Erschaffe dir deine Ideale durch das, was du gelernt hast, und diese Ideale werden Ausdruck finden in deiner äußeren spürbaren Welt.

Warum ändert sich dennoch nichts?

23. Da du weißt, dass Gedanken Ursachen sind, wirst du auch wissen, dass du dir dein Ideal in höchster Konzentration halten musst, nicht abweichend von deinem Gedanken, um jetzt das Gesetz der Anziehung für dein Leben zu nutzen. So wird es dir gelingen, dass Gleiches Gleiches anzieht und dass mehr zu noch mehr führt.

Wenn du beispielsweise Schulden hat, dann wirst du ständig über deine Schulden nachdenken und darüber, wie du Rechnungen bezahlen kannst. Deine ganze Konzentration ist dann auf die Schulden gerichtet. Deine Gedanken kreisen um Schulden, und das universelle Bewusstsein sagt: Du denkst an Schulden und deine Gedanken sind Schulden. Dann produziere ich dir Schulden. Dein Wunsch ist mir Befehl!

Wie kann ich das verändern?

24. Konzentriere dich auf die Dinge, die du haben willst, und nicht auf die Dinge, die du nicht haben willst. Konzentriere dich auf Liebe, und du wirst Liebe erhalten. Konzentriere dich auf Reichtum, und du wirst Reichtum

erhalten. Konzentriere dich auf Gesundheit, und du wirst Gesundheit erhalten. Visualisiere die Umstände, die das Gesetz des Überflusses erschafft, und du wirst alles zur Verwirklichung bringen.

Wenn du dich schlecht fühlst, weißt du, wie du das verändern kannst? Höre gute Musik, singe mit und tanze! Das wird deine Gefühle verändern. Oder denke an etwas Schönes! Halte diesen Gedanken fest, und blocke alles andere ab. Ich garantiere dir: Du fühlst dich dann besser.

Warum funktioniert es immer in die falsche Richtung?

25. Du wirst nun in dir eine Zwietracht verspüren. Hattest du vorher immer an Mangel gedacht, so hatte sich dieser erfüllt. Hattest du immer an Armut gedacht, so hatte sich diese Armut erfüllt. Was ich damit sagen will ist: Das Prinzip ist identisch, nur nutzt du die Macht, die dir gegeben wurde, nun konstruktiv für dich, so dass sie dir Überfluss und Fülle bringt und auch Gedanken von Mut und Macht.

Ändere die Richtung, ändere sie sofort! Setze dein Segel neu, und steuere in deine Zukunft mit Liebe, Harmonie und Glückseligkeit.

Was ist für mich das Problem?

26. Jetzt stehst du vor einem schwierigen Problem, einem Konflikt in deinem Innern. Deine Gewohnheit, dein Ego, sagt dir, dass dies nicht funktioniert, dass du es nicht schaffst, dass es bisher unmöglich war und auch jetzt unmöglich sein wird. Es wird versuchen, dich zu untermauern und dein Durchhaltevermögen zu unterlaufen. Lass dich nicht abhalten, bleibe konzentriert!

Nutze diese Affirmation: „Ich weiß ganz genau, dass das Gewünschte schon auf dem Weg zu mir ist!"

Und wenn ich ungeduldig bin?

27. Du hast deinen Gedanken in dein Unterbewusstsein, in deine Schatzkammer gesetzt. Lasse ihn dort gedeihen und sich fruchtbar durch die Kraft und Macht deines Unterbewusstseins entwickeln und entfalten! Während dieser Zeit wirst du beginnen, bessere Arbeit zu leisten. Neue Türen werden sich öffnen und alles, was du dafür benötigst, ist dein offener, klarer Verstand, damit du bereit bist, zum gegebenen Zeitpunkt zu handeln.

Du kannst nicht den Samen einpflanzen und alle paar Minuten ein Loch buddeln, um zu sehen, ob er wächst. Es gehören Vertrauen und Glaube dazu, und der Glaube muss stark und fest wie eine uneinnehmbare Festung sein. Lass dich durch dein Unterbewusstsein leiten, damit du zur rechten Zeit am rechten Ort handeln kannst.

Was ist mein machtvollstes Werkzeug?

28. Alles, was du benötigst, um die Wirkung und Macht deiner Gedanken, deiner Vorstellungskraft auszuüben, ist harte Arbeit. Durch diese harte Arbeit wirst du die Lösung aller Probleme sein. Diese Vorstellungskraft ist das machtvollste Werkzeug.

Dein machtvollstes Werkzeug ist die Macht deiner Gedanken.

Wovon hängen meine Erfahrungen ab?

29. Ähnlich einer Dampfmaschine sind deine Gedanken der Dampf, der die Maschine antreibt, aus deren Tun sich dann deine spürbaren Erfahrungen entwickeln.

Die Erfahrungen sind abhängig von dem Wind im Segel deiner Gedanken und natürlich davon, wie stark der Wind dein Rad antreibt.

Was kann ich noch tun?

30. Stelle dir nun selbst einige Fragen: Lässt du dich durch die Mehrheiten verunsichern und führen? Folgst du deinem Ideal – spürst du es vielleicht sogar?

Vertraue, und mache den ersten Schritt!

Affirmation zu Kapitel 7:

„Ich weiß genau, dass das Gewünschte schon auf dem Weg zu mir ist!“

Notizen:

....

....

....

....

....

....

....

....

....

....

....

Kapitel 8 – Der Wert des aufrichtigen Denkens

Wenn dein Denken nicht aufrichtig ist, was für Ergebnisse erwartest du dann? Was diese Aufrichtigkeit ist, hast du in den letzten Wochen lernen können. Dir wird klar, dass du als Teil des großen Ganzen ein Ergebnis von Gesetzen bist. Du bist das Individuum, durch das sich das Universelle ausdrückt. Dieser Ausdruck, den du spürbar in deiner Realität erlebst, hängt damit zusammen, wie sehr du im Einklang mit den Naturgesetzen stehst und wie groß deine Anstrengungen im Denken sind.

Die Wichtigkeit des aufrichtiges Denkens wirst du verstehen, wenn du gleichzeitig für Verständnis von Ursache (Gedanken) und Wirkung (spürbarer Ausdruck deiner Realität) entwickelst.

Was beinhalten alle Gedanken?

1. Alle Gedanken beinhalten ein grundlegendes Prinzip. Sie verbinden sich mit anderen gleichartigen Gedanken und sind das Schöpfungsprinzip des Universums.

Deine Gedanken sind Schwingungen, die du aussendest, und diese Schwingungen suchen gleichschwingende Gegenüber, die mit dir beziehungsweise deinen Gedanken gleich schwingen. Wir alle nutzen ein und dieselbe Kraft, wir alle richten uns nach ein und denselben Gesetzen, den Naturgesetzen des Universums. Diese sind so exakt und vor allem auf Leben ausgerichtet, dass diese Gesetze dir als Schöpfungsprinzip dienen. Wir alle nutzen eine Kraft, ein Gesetz – die Anziehung.

Worauf ist die Absicht des Lebens ausgerichtet?

2. Die Absicht des Lebens und deines Unterbewusstseins, deiner Schatzkammer, ist wegen des Prinzips der Schöpfung immer auf Wachstum ausgerichtet. So kommt es Zustande, dass sich jeder Gedanke zum Ausdruck bringen muss, dass jeder Gedanke Gestalt annimmt.

Gedanken haben ein ausschließliches Ziel: sich zu verwirklichen. Dazu durchläuft dein Unterbewusstsein, deine Schatzkammer, einen Schöpfungsprozess, in dem deine Gedanken, so wie du es willst, Gestalt annehmen und zu wachsen beginnen. Alles, was in deinen Gedanken vor sich geht, ziehst du zu dir heran. Es findet in deinem Leben einen Ausdruck, ein Gefühl, ein Ereignis, eine Begegnung, eine Begebenheit.

Wonach richtet sich das Ergebnis meines Denkens?

3. Du alleine bestimmst, was du denkst, und jeder aufrechterhaltene und beharrliche Gedankengang wirkt sich bei dir auf deine Gesundheit, deinen Charakter und deine Lebensumstände aus. Wie du ja bereits weißt, richtet sich die Auswirkung deines Denkens nach den unveränderlichen Naturgesetzen. Nun weißt du auch für dich, dass die wünschenswertesten, die konstruktivsten Gedanken jene sind, die positive Auswirkungen auf dich haben, und das sind die Gedanken von größter Bedeutung für dich. Deswegen wappne dich mit Rüstzeug, um bei entsprechender Gelegenheit oder bei entsprechender Denkgewohnheit, mit von dir gelernten Methoden Unerwünschtes zu ersetzen. Als Beispiel etwa bei Geldverlust: Ich bin Reichtum und Wohlstand.

Deine auf einem Gedanken liegende Konzentration lässt dich in deinem spürbaren Erleben fühlen, welchen Ausdruck dein Gedanke gefunden hat. Ein Beispiel: Du fährst morgens zur Arbeit, und nachdem du von zu Hause losgefahren bist, fällt dir ein, dass dein Chef heute mit dir an einer wichtigen Besprechung teilnehmen wird. Diese findet um 9 Uhr statt, und es ist jetzt 7:30 Uhr. Deine Fahrzeit beträgt immer 45 Minuten, sodass du dir keine Gedanken machen musst über zu spät kommen. Doch was tust du? Du fängst an, darüber nachzudenken: Hoffentlich komme ich *nicht* zu spät; jetzt brauche ich *keinen* Stau, ich will *nicht* zu spät kommen.

Und was passiert? Du kommst zu *spät,* weil dein Unterbewusstsein das Wort *nicht*, *keine* oder auch ähnliche Wörter ignoriert und diese keine Zuordnung bekommen. Deswegen kommst du zu spät.

Wann muss ich meine geistige Haltung neu ausrichten?

4. Am besten beginnst du jetzt sofort damit, deine geistigen Gewohnheiten zu kontrollieren, deine Denkgewohnheiten zu kontrollieren und ihnen deine Aufmerksamkeit zu schenken. Überdenke jeden Gedanken und mache es dir zur Gewohnheit, mit dem Hilfsmittel Gefühl Gedanken zu kontrollieren. Prüfe, ob diese Gedanken zum Wohle der Allgemeinheit sind oder ob sie bei ihrem Ausdruck gegen das Wohl anderer verstoßen. Wichtig ist, dass du im Einklang mit den Naturgesetzen bist, im Einklang mit dem Unendlichen, damit du Wachstum erlebst, das dann hundertfach zu dir zurückkommt. „Lerne, deine Tür geschlossen zu halten, halte alles aus dem Kopf, deiner Welt fern, was Einlass zu dir sucht, aber kein gutes Ende mit sich bringt"

Das Korrigieren deiner ungewollten und für dich nicht nützlichen, geistigen Einstellung besagt nur, dass Gleiches Gleiches anzieht. Und es geschieht natürlich auch, dass, wenn du Gedanken an etwas dir nicht wohlgesonnenes hast, du auch dieses in dein Leben ziehst. Bestimmt kennst du den Satz: Du erntest was du säst. Deine Gedanken sind wie Saatgut. Wenn du Mais säst, dann wirst du Mais ernten; säst du Roggen, dann wirst du Roggen ernten. Möchtest du etwas anderes ernten, dann musst du anderes Saatgut auswerfen, andere Gedanken denken.

Was wird mir dabei eine großartige Hilfe sein?

5. Trainiere deine positiven und konstruktiven Gedanken, um mehr Positives, Liebevolles oder Konstruktives zu denken. Trainiere, aufbauende Gedanken zu haben. Benutze dazu dein Vorstellungsvermögen und deine Vorstellungskraft, die richtungsweisend sein wird und mit dir zusammen dein Ideal bauen wird.

In deinem Geiste muss Klarheit herrschen über das, was du willst, dann kannst du dir das Gesetz der Anziehung zunutze machen. Du entwickelst dich dann entsprechend deiner Gedanken, und du ziehst auch an, woran du am meisten denkst. Dies alles ist der Weg, der dich zu deinem Ideal führt.

Worüber wird das Material angesammelt, mit dem ich meine Zukunft gestalte?

6. Helfen wird dir etwas aus der letzten Übung, nämlich das Vorstellungsvermögen. Mit deiner Vorstellungskraft stärkst du die Entwicklung von deinem Ideal. Du kannst mit deinem Wissen mittlerweile so kräftig visualisieren, dass Negatives sich in Positives wandelt. Tue es!

Wenn du es in dir siehst, wirst du es in Händen halten.

Was geschieht durch die Vorstellungskraft?

7. Durch deine Vorstellungskraft sammelst du in dem von dir gemachten Bild in deinen Gefühlen viel an positivem und brauchbarem Material, mit dem dein Geist dann deine Zukunft kleidet.

Deine Vorstellungskraft ist deine Leinwand, auf der du mit den Farben das malst, was du dir als Bild vorstellst. Es sind die bunten Farben, die du möchtest, es ist der Pinselstrich, den du willst – dein Bild.

Warum ist die Vorstellungskraft ein so machtvolles Werkzeug?

8. Nimm deine Vorstellungskraft und mache aus ihr einen Scheinwerfer, der deine Zukunft ausleuchtet und beleuchtet und dir somit Einblicke gibt, damit deine Visualisierungen noch stärker werden.

Gedanken haben eine Frequenz. Wenn du dir vorstellst, dass du einen neuen Wagen hast, du ein neues Geschäft hast, deine Seelengefährten findest und so weiter, dann ist es so, dass du deine Vorstellungskraft genutzt hast wie einen Scheinwerfer, der dir dein Unterbewusstsein ausleuchtet und dir dann die passenden Möglichkeiten präsentiert.

Was tut meine Vorstellungskraft?

9. Deine Vorstellungskraft ist dein mächtigstes Werkzeug. Es wird dir den Weg ebnen von der Eingebung bis hin zur Erfahrung, das heißt bis hin zum spürbaren Ausdruck deines Gedanken. Dann kannst du dir sagen: „Es ist geschafft!“

Dieses Prinzip kannst du in drei Worte fassen: Gedanken werden wahr!

Was muss meiner Handlung vorausgehen?

10. Stelle dir vor, dass deine Vorstellungskraft eine Kraft ist, die dir wahrnehmbare Dinge in eine Form gießt, und du hast deine Schatzkammer, die alle Möglichkeiten hat, diese Form zu füllen mit dem Besten, was es gibt. Du hast diese Form durch das Master Key System mit den besten Materialien ausgestattet, mit der man eine Form ausstatten kann.

Denke doch einfach konstruktiv und deine Handlungen werden dementsprechend sein – alles zum Wohle der Allgemeinheit.

Was erlebe ich durch die Vorstellungskraft?

11. Deine Vorstellungskraft, die sich nach den Naturgesetzen richtet, ist die konstruktive Form, die dir den Gedanken ausdrückt, die der Handlung vorausgeht, die du dann durch den Ausdruck spürbar erlebst.

Für deinen Plan, dein Ideal bekommst du alle Möglichkeiten.

Was werde ich durch meine Vorstellungskraft erhalten?

12. Deine Schatzkammer, das Universelle, benötigt natürlich deinen Auftrag, deine Pläne, um die Millionen und Milliarden „Arbeiter“ anzuweisen. Diese Pläne bekommt das Unterbewusstsein, deine Schatzkammer durch deine Visualisierung, deine Vorstellungskraft.

Wenn du deinen Gedanken immer wieder denkst, dir zum Beispiel vorstellst, einen neuen Wagen zu haben oder das Geld, das du brauchst, damit du ein Geschäft aufbaust, dann gibst du deinem Unterbewusstsein einen solch ausführlichen und detaillierten Auftrag und Bauplan, dass jede Zelle, jeder „Arbeiter“ in deinem Unterbewusstsein, deiner Produktionsstätte ideale Arbeitsweisen und Methoden vorfindet.

Wodurch wird all diese Arbeit bewerkstelligt?

13. Um den Muskel deiner Visualisierung, deines Vorstellungsvermögens zu festigen und ihn athletisch zu bilden, ist ein hartes Training erforderlich. Du bist gezwungen, diesen geistigen Muskel mit entsprechender gesunder Ernährung zu füttern und ihn durch Aufbaustoffe stabil zu halten. Was du in dieser Trainingszeit erleben wirst, ist auch Muskelkater und der innere Schweinehund, der dich zu besänftigen versucht und dir seine warme Decke umwerfen will, um dich in deine alten Gewohnheiten zurückzuholen. Du musst diesen Muskel allen Widrigkeiten zum Trotz mit der richtigen Nahrung versorgen, sonst kann er nicht wachsen.

Wenn du dir vorstellst, wie das, was du denkst, aussieht, dann sendest du diesen Gedanken, diese Frequenz ständig aus, dann bekommst du Gefühl für das, was du willst. Du empfindest und spürst den Gedanken. Das ist das Material, der Nährstoff, den du dem Gedanken gibst, und die Intensität, die Stärke des Denkens und das Gefühl sind das Training.

Womit soll ich die Vorstellungskraft nicht verwechseln?

14. Sei auf der Hut, dass du nicht deine Vorstellungskraft mit Tagträumen oder irgendwelchen Einbildungen verwechselst. Dies würde unweigerlich zum Abweichen von der Visualisierung und zu deinem Nachteil führen. Also sei wachsam!

Bei deiner Vorstellungskraft spreche ich nicht von irgendwelchen Spinnereien, die du dir ausmalst, sondern von echten Gedanken, die du konzentriert denkst und die zum Wohle der Allgemeinheit sind. Es sind Gedanken, die dir deine Reichweite zeigen. Du beginnst mit einem kleinen Muskel, den du trainierst, und wirst bemerken, dass er immer mehr wächst und somit auch deine Reichweite ausbaut. Du hältst deinen Gedanken konzentriert und zerstreust diesen nicht durch Illusionen oder Hirngespinste.

Ist es anstrengend für mich, diese Vorstellungskraft zu trainieren?

15. Diese Vorstellungskraft, die dir ausschließlich nur das Beste und Wertvollste bringt, fordert von dir die härteste Arbeit, die es für dich je gab. Es liegt an dir, ob du diese Arbeit tun wirst, ob du diesen Weg gehen wirst. Durch dieses Tun und durch deine Anstrengung wirst du am Ende deine Träume verwirklicht haben.

Hier gibt es eigentlich nur die Frage an dich: Wie sehr willst du deinen Wagen, wie sehr willst du einen Lebenspartner, wie sehr willst du Gesundheit und so weiter?

Wann spüre ich, dass ich auf dem richtigen Weg bin?

16. Wenn du dir darüber bewusst geworden bist, dass der Geist und damit dein Geist das einzige schöpferische Prinzip ist, dass der Geist und damit dein Geist allmächtig, allwissend und allgegenwärtig ist und dass du und damit dein Geist in Einklang mit der Allmacht und dem Wohle aller sein muss, um an die Macht des Denkens zu kommen, dann hast du den ersten Schritt in die richtige Richtung getan.

Suche einen ruhigen Ort und komme mit dir zur Ruhe, und dann komme mit deinem Unterbewusstsein und dem Göttlichen in Berührung. Eine einfache Übung ist, wenn du dich auf deine Nasenspitze konzentrierst und dann deinen Atem beobachtest – das Einatmen und das Ausatmen.

Was muss ich denn noch tun?

17. Jetzt geht es darum, dass du dich in die Lage versetzen kannst, diese Allmacht zu empfangen. Diese Macht ist allgegenwärtig, und deswegen ist sie auch in dir. Du weißt, dass dies so ist, denn alle Macht – so hast du gelernt – kommt von innen. Diese Macht und Kraft musst du aber entwickeln und trainieren. Dafür musst du einer Aufnahmefähigkeit unterliegen. Diese musst du genauso trainieren wie deine Vorstellungskraft, damit du dort genauso Kraft und Stärke entwickelst wie bei körperlicher Stärke.

Kann ich nicht mal Pause machen, – wenn es anstrengend wird?

18. Hier muss ich dich zurechtweisen: Es ist bei dem, was du trainierst, so, dass du nicht nur ab und zu mal etwas tun darfst, um dich für den Moment zu fühlen, sondern du musst es in einer Kontinuität tun und in einer Konsequenz, die dir alles abverlangen wird. Hier reicht nur mal ab und zu nicht aus. Hier ist der ganze Tag gefordert und dass du dich 24 Stunden darauf trainierst, jeden Tag, das ganze Jahr, ein Leben lang. Dein Unterbewusstsein lässt dich deine vorherrschenden Gedanken als spürbaren Ausdruck erleben. Also sei dir dessen bewusst.

Stell dir vor, du lebst in Überfluss – und du wirst Überfluss anziehen. Es funktioniert jedes Mal. Nur was willst du? Willst du nur fünf Minuten in Überfluss leben und danach wieder eingeengt? Willst du nur fünf Minuten gesund sein und danach wieder leidend? Willst du nur fünf Minuten eine glückliche Beziehung und danach wieder alleine und einsam sein?

Wie lange muss ich das denn machen?

19. Du kannst nicht gegen das Wohl der Allgemeinheit oder gegen das Wohl eines Einzelnen denken, und das für zehn Stunden am Tag, und dann, wenn du das **Master Key System** anwendest, denken, dass damit alles getan sei, und das nach einer Stunde Training. Das wäre das Gleiche, wenn du den ganzen Tag am Essen bist und abends wie nach einem Apfel, meinst du hättest abgenommen.

Wie ich schon einmal fragte. Wie sehr willst du das was du denkst?

Woher kommt meine Kraft?

20. Alle Kraft kommt aus deinem Innern, darüber bist du dir bewusst und darüber musst du dir bewusst bleiben. Bette diese Kraft in dein Bewusstsein ein, denn sie wartet nur darauf, dass du sie anerkennst und nutzt.

Deine Kraft kommt ausschließlich aus deinem Unterbewusstsein, deiner Schatzkammer.

Wodurch werde ich wach und aufmerksam?

21. Entdecke für dich, dass du die Geschmeidigkeit und Schlagkraft der Jugend hast, weil du nicht nur liest und Ritualen hinterherläufst, sondern weil du in deinem Bewusstsein die Quelle aller Macht entdeckt hast.

Das Problem ist, dass du meistens immer an das denkst, was du nicht willst. Und dann wunderst du dich, dass es eintrifft, dass es dir immer wieder begegnet. Dem Gesetz der Anziehung ist es egal, ob du etwas für gut oder für schlecht hältst, ob du es willst oder nicht. Es benötigt dafür kein spezielles Ritual. Es benötigt nur deinen Gedanken und die Kraft, wie sehr du daran denkst, wie stark deine Emotionen sind.

Woher kommen die Fehler?

22. Alles, was dir Negatives in deinem Leben passiert, liegt ausschließlich darin zu begründet, dass du die Gesetzmäßigkeit noch nicht erfüllt hast und noch weiter und härter an dir arbeiten musst. Das Erkennen und Ausführen

von Macht, die dir nun bewusst geworden ist, ist das, was dir hilft zu erkennen, dass dies die Macht ist, die im Herzen aller Dinge liegt und die Seele des Universellen ist.

Wenn du an einen Schuldenberg denkst, dann sendest du all diese Gedanken an das Universelle aus, und wenn du dann auch noch jeden Tag darüber sprichst, dann bestätigst du dir diese Schulden jeden Tag selber. Du handelst nicht gemäß deinem Wissen. Zwar bestätigst du dir, dass das, was du denkst, sich auch verwirklicht – aber du willst doch keine Schulden, du willst doch keine Krankheit und so weiter. Deshalb höre auf damit, und entdecke die Gedanken für dich, die dir zum Vorteil sind.

Was ist das Ergebnis meines menschlichen Denkens?

23. Das Wissen, das du dir angeeignet hast und weiter aneignen wirst, beruht darauf, dass der Gedanke der Keim ist, um dich bewusst weiterzuentwickeln. Wenn du aufhörst, dich weiterzuentwickeln, ob in deinen Gedanken oder Idealen, beginnen deine Kräfte, deine Macht sofort zu verschwinden, was sich negativ auf dein gesamtes Leben auswirken wird.

Du wirst all dies auf jeder Ebene deines Seins spüren. Es wird sich überall bemerkbar machen. Sei nur immer auf der Hut.

Wovon soll ich mir ein Ideal machen?

24. Deine Gedanken sind das Material, mit dem deine „Arbeiter" im Unterbewusstsein arbeiten, und dein Vorstellungsvermögen ist die Werkstatt, in der deine „Arbeiter" tätig sind, um dir großartige Dinge zu formen. Du musst dir zur Aufgabe machen, Ideale von den Umständen zu haben, die du verwirklichen willst. Dies ist die sich ewig bewegende Kraft, die für den Aufbau deines Erfolges notwendig ist.

Das Gesetz der Anziehung gehorcht dir aufs Wort, und du wirst noch mehr davon bekommen. Es wird dir gelingen, für jeden Umstand, für jede Begebenheit ein Ideal zu machen, mit dem dir dann das gelingt, an was du denkst.

Wie genau werden meine Ergebnisse sein?

25. Du musst deinem Ideal treu bleiben, und dann wirst du im Ergebnis die Verwirklichung erleben, die im genauen Verhältnis zu der Anstrengung steht, die du aufgewendet hast, um dein Ideal zu schaffen.

Deine Ergebnisse werden so genau und im gleichen Verhältnis zu der Intensität und der Genauigkeit deiner Gedanken stehen. Du bist der Architekt und der Baumeister. Dein Gebäude wird gemäß deinen Plänen und deinem Material entstehen.

Was kann ich auf diese Weise erreichen?

26. Dadurch wirst du zu jemandem, der Überfluss und Harmonie in sein Leben zieht. Du wirst davor bewahrt werden, Schaden zu nehmen, da du ein Gewebe von Macht und Kraft in deine gesamte Existenz gearbeitet hast.

Auf diese Weise erlebst du, dass das Gesetz der Anziehung immer funktioniert. Immer wenn deine Gedanken fließen, manifestieren sie sich in deinem Leben. Durch dein Training hast du nun aber die Ereignisse und Begegnungen, die dir wohlgesonnen sind.

Was ist das für ein Gedankenmaterial?

27. Dies ist das Material, das sich durch das Allgemeinbewusstsein zieht.

Es ist das Göttliche in dir.

Worauf sollte ich noch achten?

28. Trainiere deine Gedanken, bis zum Ursprung zu gehen und unter die Oberfläche zu schauen. Du weißt, dass alle Auswirkungen ihren Ursprung in den Gedanken haben.

Die Ursache ist immer dein Gedanke!

Affirmation zu Kapitel 8:

„Du kannst sein, was du sein möchtest!"

Notizen:

Kapitel 9 – Deine Tat ist die Entfaltung deiner Gedanken

Die Entfaltung deiner Gedanken ist an das Gesetz des Wachstums angelehnt. Je mehr du tust, umso mehr erhältst du von dem Gewünschten zurück. Durch Affirmationen hältst du deinen Gedanken aufrecht und lässt diesen Gedanken weiter wachsen. Dadurch entfalten sich immer größere Taten in deinem Leben. Du entwickelst so dazu, dass du ohne Angst und Gefahr voranschreiten kannst.

Was finde ich in meiner inneren Welt?

1. Für dich gibt es nur drei Dinge, die du dir in der äußeren Welt wünschst. Jedes davon kann, so wie du weißt, in deiner inneren Welt gefunden werden. Du musst nur den passenden Mechanismus an die allmächtige Kraft binden, zu der du Zugang hast. Das heißt für dich, dass du dir dein Ideal nimmst, und dadurch hast du die Bindung an die allmächtige Kraft, die sich immer durch dich ausdrücken wird.

Schöpfung findet immer statt. Mit kontinuierlicher Denkweise und jedem Gedanken trägst du zu deinem Schöpfungsprozess bei. Denn aus deinen Gedanken wird sich etwas manifestieren. Das Gesetz der Anziehung besagt, dass du immer genau das erhältst, worauf du dich konzentrierst.

Welches sind die wichtigsten Dinge für mich?

2. Diese drei Dinge, die du dir wünschst, sind Gesundheit, Wohlstand und Liebe. Die Reihenfolge ist individuell verschieden. Das, was für dich Wohlstand ausmacht, ist bei jemand anderem Armut; was bei jemand anderem Gesundheit ist, das ist für dich noch Mangel; und was bei dir Liebe ist, das ist bei jemand anderem nur Zuneigung. Du wie auch alle anderen, haben unterschiedliche Wertigkeiten und auch andere Ideale. Und doch ist für jeden Überfluss vorhanden.

Denke nicht an deinen Mangel, schränke dich nicht selber ein, sondern lass dich durch den Überfluss beschenken, sei es in Liebe, Gesundheit oder Reichtum. Es ist genug für alle da, auch du wirst nicht zu kurz kommen. Du wirst von Liebe überhäuft, du bist mit Gesundheit gesegnet, deine Reichtümer quellen über. Schaffe du dir dein Ideal, weil es deines ist und niemand anderer hat das Gleiche.

Wann bin ich vollendet in meinen Wünschen?

3. Für dich wirst du feststellen, dass es wenn du Reichtum, Gesundheit und Liebe hast, nichts mehr gibt, was du noch hinzufügen musst, du bist vollendet.

Dies bedeutet nicht, dass du jetzt am Ende der Fahnenstange angekommen bist, sondern, dass du nun deine Grundlage vollendet hast. Diese drei Wünsche, Reichtum, Gesundheit, Liebe, sind es, die dir deine Erfüllung geben. Die Erreichung dieser drei ist nicht so einfach. In dir muss Klarheit herrschen über das, was du wirklich willst. Du solltest dich immer an das halten, was du anstrebst. Dadurch hast du das Glück, das nicht mehr übertroffen werden kann.

Was bedeutet richtiges Denken?

4. Du hast festgestellt, dass alle Gesundheit, alle Liebe, aller Wohlstand im Universellen liegt und dass der Mechanismus, um in dieses Universelle einzutreten, deine Denkweise, deine Gedanken sind.

Du ziehst an, was du denkst! Wenn du deinen Gedanken im Geist siehst, dann wirst du diesen Gedanken in Händen halten. Das Ganze lässt sich einfach ausdrücken: Gedanken werden wahr! Du musst deine Möglichkeit nutzen, dich mit deinem Unterbewusstsein zu verbinden und dadurch den Zugang zum Universellen zu erhalten. Das richtige Denken ist die konstruktive Konzentration auf das, was du wirklich willst.

Was soll ich denken?

5. Was sollst du denken? Was sollst du denken, damit du den Eintritt in das Universelle erhältst? Es geht hier um den Masterkey, der dich mit dem in Verbindung bringt, was dir deine Gedanken, deine Wünsche erfüllt. Durch den Masterkey, deinen besonderen Generalschlüssel, wirst du feststellen, dass er unabdingbar ist, weil er die zwingende Voraussetzung für richtiges Handeln und damit für Wohlbefinden ist.

Dir wurde nie etwas über die Macht deiner Gedanken mitgeteilt, und es wurde von denen, die diese Macht kannten, geheim gehalten. Du lebst in einem Universum, in dem Gesetze gelten wie das Gesetz der Schwerkraft. Es ist nicht einfach, dieses Denken anzunehmen, aber, wenn du es erst einmal verstanden hast, dann wirst du all das erhalten, all das erreichen, was du denkst. Du hast bisher vielleicht gedacht, dass du keine Kontrolle über dein Denken hast, weil deine Gedanken und Gefühle automatisch funktionieren. So erscheint dir alles als reiner „Zufall". Du merkst an dem, wie du dich fühlst, womit du dich verbunden hast. Hast du negative Gefühle, dann strahlst du Negatives aus. Hast du positive Gefühle, dann strahlst du Positives aus. Und das, was du ausstrahlst, ist auch das, was du in dein Leben ziehst. Die Antwort ist in dir, und das macht auch für dich die Verbindung zum Universellen aus.

Was ist der feste Halt in meinem Leben?

6. Für deine korrekte Denkweise benötigst du die grundlegende Wahrheit. Diese grundlegende Wahrheit geht allem voraus. Sie gibt dir Halt, Vertrauen und Genugtuung.

Der feste Halt in deinem Leben ist das Vertrauen auf deine Wahrheit.

Was bedeutet, es die Wahrheit zu kennen?

7. Du kennst die Wahrheit. Dies bedeutet für dich, in Harmonie mit dem Unendlichen, dem Allmächtigen zu sein. Die Wahrheit bedeutet für dich, dass du dich selbst kennst, mit dieser Macht und Kraft verbunden bist, und jede Art von Zwietracht, Disharmonie und Zweifel ist wie weggefegt. Die Wahrheit ist mächtig und wird siegen.

Die Wahrheit zu kennen bedeutet, in Vertrauen und Harmonie zu sein.

Bei wem funktioniert dieses Gesetz?

8. Ich will dir einen Vergleich geben: Der geringste Verstand kann den zutreffendsten Ausdruck bringen, wenn er die Wahrheit kennt, während der Klügste sich hoffnungslos verliert, wenn er ohne die Wahrheit arbeitet.

Es ist wie das Gesetz der Schwerkraft: Ob du ein guter oder schlechter Mensch bist – wenn du von dem Hochhaus springst, urteilt die Schwerkraft nicht, sondern du schlägst irgendwann auf. Genauso ist es mit der Gesetzmäßigkeit von der du jetzt lernst. Das Gesetz des Universellen hat auch keine Urteilsfähigkeit, sondern wenn du die Anwendung kennst, wird dir das Resultat geliefert.

Worauf ist bei dem Gesetz zu achten?

9. Jede Handlung von dir, die nicht im Einklang mit der Wahrheit ist, führt in einem erheblichen Maße zu Zwietracht und Fehlentwicklung.

Wenn du dich gut fühlst, dann erschaffst du dir eine Wahrheit, die mit dem übereinstimmt, was du dir wünschst. Wenn du dich schlecht fühlst, dann erschaffst du dir eine Wahrheit, die nicht mit dem übereinstimmt, was du dir wünschst.

Wie erkenne ich die Wahrheit?

10. Jetzt taucht für dich die Frage auf, wie du die Wahrheit erkennen sollst, um die Verbindung zwischen dir und dem Universellen herzustellen.

In jedem Moment des Tages wirkt dieses Gesetz, und es ist jederzeit Ausdruck deines Ist und deines Seins. Es ist zu erkennen, und zwar daran, wie du dich fühlst. Dementsprechend weißt du, ob du in Verbindung mit dem Unendlichen bist oder nicht.

Warum kann ich nichts falsch machen?

11. Ganz klar kann ich dir mitteilen, dass du nichts falsch machen kannst, da die Wahrheit allgegenwärtig und das grundlegende Prinzip des universellen Geistes ist. Erkenne dein Ich als geistig an und wisse, dass alles Geistige eins ist. Siehst du dich zum Beispiel als gesund, dann hat die Wahrheit in dir ein Gesundheitsbewusstsein. Siehst du dich als reich, dann hat die Wahrheit in dir ein Reichtumsbewusstsein und so weiter. Deine Wahrheit und jedes Bewusstsein ist in jeder deiner Zellen. Wenn du Perfektion siehst, dann müssen sie Perfektion zum Aus-

druck bringen. Die Affirmation: „Ich bin Reichtum, Wohlstand, Gesundheit, Liebe, Partnerschaft, Erfolg und Harmonie" wird harmonische Umstände herbeiführen. Das liegt daran, dass sich in dieser Affirmation Wahrheit widerspiegelt, und da wo Wahrheit ist, muss jeder Fehler, jede Disharmonie weichen.

Was ist perfekt?

12. Du hast herausgefunden, dass das Ich geistig ist. Es muss daher perfekt sein.

„Ich bin ganz perfekt, stark, mächtig, liebevoll, harmonisch und glücklich!"

Was ist das Ergebnis meines Denkens?

13. Da nun dein Geist schöpferisch und deine geistige Aktivität Denken ist, muss jeder Gedanke nun Umstände und spürbare Ausdrücke entstehen lassen, die im Einklang mit den Gedanken sind.

Ich muss dir sagen, dass du alles, was in deinem Leben geschieht, alles, was du in deinem Leben erlebst, auch vorher gedacht hast, und je stärker du es gedacht hast, um so effektvoller und intensiver ist es in deinem Leben in Erscheinung getreten.

Wie funktioniert das Gesetz der Anziehung?

14. Wenn du Reichtum benötigst, so weißt du, dass du ein Reichtumsbewusstsein benötigst. Dies bedeutet, dass dein Ich Reichtum sein muss, damit du dem Universellen ausdrücken kannst, das du Reichtum bist. Durch diesen Ausdruck entsteht jetzt das Gesetz der Anziehung, das heißt, Reichtum zieht noch mehr Reichtum an. Durch das Gesetz der Anziehung entstehen nun Schwingungen, die mit Reichtum zu tun haben, und es wird davon noch mehr in dein Leben gezogen, und zwar in direktem Verhältnis zu deiner Affirmation und im direkten Verhältnis zu deiner Visualisierung.

Zuerst musst du dieses Gesetz verstehen, und dann wird es dein Leben verändern. Dies ist ein Teil dieses gewaltigen Geheimnisses. Es ist tatsächlich so, wie Charles F. Haanel schreibt. Um Gesundheit zu haben, musst du zuerst Gesundheit sein. Um Liebe zu haben, musst du zuerst Liebe sein. Um Wohlstand zu haben, musst du zuerst Wohlstand sein. Und wenn du dieses alles zu 100 % bist, dann wirst du es auch zu 100 % bekommen, weil du bekommst im Verhältnis zu dem, was du bist.

Was bedeutet Visualisierung für mich?

15. Deine Visualisierung ist das Bindeglied, der Mechanismus, den du benötigst. Visualisierung ist das Ergebnis der Vorstellungskraft und somit ein Produkt der inneren Welt. Daher verfügt es wie alles in deinem Innern über Lebenskraft und will wachsen, sich spürbar ausdrücken. Alles, was du dir visualisierst wird Gestalt annehmen, wird deine reale Welt ausdrücken, alles! Für noch Unerfahrene heißt es: Ausschließlich Übung macht den Meister.

Meistens ziehst du etwas an, visualisierst du etwas, ohne es zu wollen. Du denkst einfach, dass du keine Kontrolle darüber hast. Deine Gedanken und Gefühle funktionieren automatisch, so erscheint dir alles als reiner „Zufall“.

Zuerst hast du den Gedanken, mit Hilfe des Gedankens visualisierst du dir ein Bild, und dieses Bild erhält Gefühle und Emotionen. Somit ist klar, dass deine Vorstellungskraft über Lebensenergie verfügt. Sie möchte wachsen.

Ist es so, dass ich, je mehr ich gebe, umso mehr empfangen werde?

16. Wenn du Liebe benötigst, dann nutze das Gesetz der Anziehung und verstehe es, lerne, es zu verstehen. Der einzige Weg, um etwas zu erhalten, ist der, es auch zu geben, und je mehr du gibst, umso mehr wirst du erhalten. Jetzt wirst du dich natürlich fragen, wie du etwas geben sollst, was du nicht hast. Dazu hast du die Affirmation, deine Visualisierung, deinen Glauben. Fülle deinen Kelch mit so viel Liebe, dass du zu einem Magneten für die Liebe wirst. Dies ist das Gesetz der Anziehung, und damit gelingt es dir – mit allem.

Vergleiche ich dich mit einem Athleten, einem Sportler! Du willst deinen Bizeps trainieren und beginnst mit einer 5-kg-Hantel, weil dein Muskel zur Zeit noch auf 5 kg trainiert ist. Jetzt setzt du all deine Kraft ein, mit der 5-kg-Hantel zu trainieren, und erhältst schon nach kurzer Zeit und richtiger Anwendung der Übung einen Kraftzuwachs, um mit der 10-kg-Hantel weitertrainieren zu können. Genauso funktioniert das mit dem Gesetz der Anziehung.

Wodurch habe ich das Geheimnis zur Lösung meiner Probleme entdeckt?

17. Da du gelernt hast, die spirituellen Wahrheiten in Verbindung zu bringen mit den Dingen des Lebens, hast du die Lösung deiner Probleme gefunden. Mache dir die Bedeutung noch klarer, indem du begreifst, dass du dich mit etwas befasst, dass unendlich ist – mit der Macht der Wahrheit.

Durch deine Verbindung zwischen deinem bewussten Verstand und dem Unterbewusstsein hast du das Geheimnis zur Lösung deiner Probleme entdeckt.

Was kann mir Ansporn geben?

18. Manchmal inspiriert es, von Menschen zu hören, denen all dies schon gelungen ist.

Frage jemanden, von dem du weißt, dass ihm dieses schon gelungen ist.

Gibt es Beispiele?

19. Vielleicht hörst du von Menschen, denen keine Genesung diagnostiziert wird.

Ich kann dir sagen, dass in den Kursen, die ich halte, Teilnehmerinnen und Teilnehmer sind, die ihre Sehkraft verbessern konnten, bei denen rheumatische Erkrankungen abheilten. Teilnehmerinnen und Teilnehmer, die ihre große Liebe gefunden haben, die wieder einen Arbeitsplatz hatten, denen plötzliches Einkommen zuteil wurde und so weiter.

Muss ich mich sehr anstrengen, um Gleiches zu erfahren?

20. Dir wird gesagt, dass du kämpfen wirst, solange es einen Hauch Leben gibt, um das man kämpfen kann.

Es ist hier doch einfach die Frage, wie sehr du etwas willst und wie stark deine Vorstellungskraft ist.

Was bedeutet das für mich?

21. Dies kann der Anfang einer langen Geschichte sein.

Stell dir vor, dass du Gefühle hast von Gesundheit, von Glück, von Liebe und so weiter. Du hast dementsprechend dann auch die Vorstellung und Visualisierung davon. Dieses sind alles positive Gefühle, positive Emotionen. Natürlich ist es auch das, was du ausstrahlst, das, was du durch deine Ausstrahlung noch mehr in dein Leben hineinziehst. Es ist wirklich so einfach, die Antwort ist in dir.

Werde ich ein neues Leben gewinnen?

22. Dieser Kranke hat gesiegt. Dieser Arme hat gewonnen. Dieser Einsame ist in Liebe.

Deine Gefühle sind dein Feedback, ob du noch auf Kurs bist oder deine Route verlassen hast. Na, wie fühlst du dich? Gut? Bestens, mache weiter so!

Benötige ich eine Affirmation?

23. Jetzt möchtest du keine lange Geschichte, sondern für so einen Fall eine Formel.

Die Affirmation für dich kann anders aussehen. Das, was sie aber ist, ist eine Hilfe, um wieder in deine Vorstellung, deine Visualisierung zu kommen und damit in dein wunderbares Gefühl.

„Ich bin Reichtum, Wohlstand, Gesundheit, Liebe, Partnerschaft und Erfolg!"

Gibt es ein weiteres Beispiel?

24. „Ich bin ganz, perfekt, stark, mächtig, liebevoll, harmonisch und glücklich." Schlafe mit ihr ein, wache mit ihr auf, lass sie dich Tag und Nacht begleiten.

Das ist perfekt.

Warum ernte ich immer das, was ich gedanklich aussende beziehungsweise aussäe?

25. Tue dies nicht nur für dich selbst, sondern auch für andere. Was immer du für dich selbst wünschst, bekräftige es auch für andere, und es wird euch allen helfen. Wir ernten, was wir säen. Wenn wir Gedanken der Liebe und Gesundheit aussenden, kommen sie zu uns zurück. Tue nichts Gegenteiliges!

Wenn du dich gut fühlst, dann schaffst du dir auch eine Zukunft, die dir gefällt. Du hast Visualisierungen, Vorstellungen von dem, was dir gut tut, und strahlst dies aus. In jedem Moment des Tagesablaufs wirkt das Gesetz der Anziehung. Alles, was du denkst, alles, was du fühlst, erschafft deine Zukunft. Wenn du dir Sorgen machst, wenn du Angst hast, ziehst du den ganzen Tag lang noch mehr davon an.

Warum bin ich an dem, was mir passiert, selber schuld?

26. Heute weißt du, dass sich der Mensch und damit du selbst alle elf Monate erneuert und nicht wie angenommen alle sieben Jahre. Wenn dem so ist, dann frage dich, warum du jedes Jahr die gleichen fehlerhaften Bauteile eingesetzt hast. Jetzt weißt du, dass nur du selbst schuld bist.

Was immer du heute denkst und fühlst, erschafft deine Zukunft.

Wie kann ich schlechte Gedanken verhindern?

27. Du bist die Gesamtsumme deiner Gedanken, das Ergebnis deines eigenen Denkens. Hier stellt sich jetzt die Frage: Wie wirst du es schaffen, nur noch gute Gedanken in dir durchzulassen? Du wirst erkennen, dass du die schlechten Gedanken nicht aufhalten kannst, aber du kannst sie ziehen lassen, ohne dich weiter um sie zu kümmern, du musst sie nicht ernähren, ihnen kein Futter geben, damit sie am Leben bleiben. Nutze eine vorgefertigte Affirmation!

Du bekommst genau das zurück, was du fühlst, vielmehr noch als das woran du denkst. Du kannst deinen ganzen Tag, dein ganzes Leben verändern, indem du deine Gefühle änderst. Wenn du deinen Tag positiv beginnst, und dir deine gute Stimmung durch nichts und niemand verderben lässt, dann wirst du mit Hilfe des Gesetzes der Anziehung Situationen und Menschen anziehen, die dieses Glücksgefühl unterstützen. Alles spiegelt das wider, was in deinen Gefühlen überwiegt.

Was tue ich, wenn sich Angst und Sorge einschleichen?

28. Schleicht sich bei dir ein Gedanke von Angst, Eifersucht oder Ähnlichem ein, beginne, deine Affirmation zu bekräftigen und sie zu immer und immer wieder wiederholen. Ablehnung ist nie eine Hilfe. Bestätige das Gute, und das Schlechte wird verschwinden.

Damit du in dieser Stimmung bleibst, hast du dir deine Affirmation zurechtgelegt.

Und wenn ich zu schwanken beginne?

29. Affirmationen sind immer verfügbar, Geist ist allgegenwärtig und stets bereit. Alles, was du benötigst, ist die Anerkennung der Allmacht und der Wille und der Wunsch, der Empfänger der gewinnbringenden Auswirkungen zu sein.

Es ist dein Wille, der dir dabei hilft, dein Leben positiv zu verändern.

Was sollte meine vorherrschende Geisteshaltung sein?

30. Sieh zu, dass deine vorherrschende Geisteshaltung von Macht und Kraft, Mut, Freundlichkeit und Sympathie ist. Du wirst feststellen, dass deine Umgebung Dinge erzeugen wird, die deiner vorherrschenden Geisteshaltung entsprechen. Bleibe dabei!

Du kannst sofort damit beginnen, dich reich zu fühlen, dich wohlhabend zu fühlen. Du kannst die Liebe um dich herum spüren, auch wenn sie noch gar nicht da ist. Und dadurch wird Folgendes passieren: Das Universelle wird sich mit deinen Schwingungen im Einklang befinden. Das Universelle wird mit deinem innersten Gefühl übereinstimmen und sich dir offenbaren.

Was ist der Ursprung von gut und böse?

31. Gedanken sind Ursachen und Gegebenheiten sind Auswirkungen. Dein Gedanke ist schöpferisch, und er will unbedingt mit seinem Objekt zusammentreffen. Dies sind kosmische Gesetze, das Gesetz der Anziehung und das Gesetz von Ursache und Wirkung; die Anerkennung und Anwendung dieser Gesetze wird sowohl Anfang als auch Ende bestimmen; es sind die Gesetze, die Menschen in allen Zeiten dazu gebracht haben, an die Kraft des Gebets zu glauben. So wie du glaubst, wird dir geschehen.

Affirmation zu Kapitel 9:

„Was immer ich heute denke und fühle, erschafft meine Zukunft!“

Notizen:

Kapitel 10 – Dein Leben mit den natürlichen Gesetzen

In diesem Kapitel lernst du, dich an den natürlichen Gesetzen zu orientieren und dir diese nutzbar zu machen. Dein Wissen und das, was du als deinen Besitz ansiehst, hat nur dann einen Wert, eine Macht, wenn dieser Besitz auch zum Allgemeinwohl ist.

Alles ist im Überfluss.

Was ist das Naturgesetz des Universums?

1. Das Naturgesetz ist Überfluss. Wenn du dich umschaust, dann beobachtest du, dass alles in Fülle vorhanden ist. Alles ist ausschweifend und üppig, alles wurde im Überfluss erschaffen. Das alles zeigt die Freigiebigkeit, welche die Natur für dich erschaffen hat. Du darfst aus dem Vollen schöpfen und dir dein Ideal auf die schönste Weise ausarbeiten. Dein Geist ist das aktive Prinzip, durch das du mit den Dingen verbunden bist.

Wenn du anfängst, deine Gedanken und Gefühle zu handhaben, dann wird dir auch klar, wie du deine eigene Realität erschaffen kannst. Damit beginnt deine ganze Macht, deine Freiheit, indem du begreifst, dass du dein Leben bewusst gestalten kannst. Dann hast du ein Leben, das alles übertrifft, alles, was du dir je vorgestellt hast, wenn du weißt, wie du dir das Gesetz der Anziehung zunutze machen kannst. Alles ist im Überfluss. Das Leben wird für dich wunderbar sein.

Woher kommt dies alles?

2. Aller Reichtum kommt von Macht, Besitz ist nur dann etwas wert, wenn er Macht verleiht; Ereignisse sind nur dann von Bedeutung, wenn sie Macht verleihen.

Dies alles gewinnt, an Bedeutung, wenn es Macht verleiht. Nichts hat Bedeutung, wenn es keine Macht verleiht.

Was bedeutet Ursache und Wirkung?

3. Das Gesetz von Ursache und Wirkung, ergänzt durch das Gesetz der Anziehung, ist eines der wichtigsten Naturgesetze.

Die Bedeutung liegt in der Macht. Aber nicht alle Macht ist in der physischen Welt. Es gibt auch die geistig spirituelle Macht.

Was bewirkt die spirituelle Macht?

4. Diese Macht existiert auf einer höheren Ebene und hat den Menschen befähigt, Raum und Zeit aufzuheben. Diese Macht hat den Menschen befähigt, neue Gesetze zu entdecken.

Welche Unterschiede gibt es in der physischen Natur?

5. In der physischen Welt unterscheidet man das Organische und Anorganische.

Wie erwecke ich die anorganische Welt zum Leben?

6. Nur indem sich eine lebende Art in die anorganische Welt begibt, kann dieser Welt Leben gegeben werden.

Willst du Anorganisches lebendig werden lassen, dann musst du aus der organischen Welt in die anorganische hinab und diese berühren.

Warum ist den meisten Menschen der Zutritt verwehrt?

7. Kein Fortschritt kann die Menschen in die spirituelle Welt bringen, weil sie den Zugang zum Universellen verschlossen halten.

Was tut das Universelle in mir?

8. So wie die Pflanze (organisch) in die Mineralienwelt (anorganisch) hinabreicht, so reicht der universelle Geist in deinen Geist hinab und stattet dich mit den fantastischsten und hervorragendsten Qualitäten aus.

Er stattet dich mit den gleichen Fähigkeiten und Möglichkeiten aus, die er selbst hat.

Wie funktioniert die Verbindung zwischen mir, dem Endlichen und dem Unendlichen?

9. Das Denken ist das Bindeglied zwischen dem Unendlichen und dem Endlichen – zwischen dem Universellen und dem Individuellen. Dadurch passierst du die unüberwindbare Grenze, und das Gesetz des Wachstums nimmt seinen Lauf.

Durch deine Gedanken und dein Denken verbindest du dich immer und immer wieder mit dem Unendlichen. Es ist der Same (Gedanke), den du in den fruchtbaren Boden des Unendlichen einpflanzt.

Was passiert mit meinen Gedanken?

10. Jetzt, wenn du einen Gedanken in die Masse des unsichtbaren Geistes hineingibst, erkennst du, dass das Gesetz Wirkung zeigt und du die ersten Wurzeln erkennst und Wachstum beginnt. Und jetzt erkennst du auch, dass die Umgebung und die Umstände nichts anderes sind, als die objektive Form deiner Gedanken.

Dein Gedanke beginnt, wie ein Samenkorn zu keimen. Durch deinen Gedanken verändert sich auch deine Umgebung, dein Umfeld. Alles passt sich dem an, was du gedacht hast. Alles ist jetzt auf Wachstum aus.

Welche Kraft hat mein Gedanke?

11. Dein Gedanke ist aktive, vitale Form, dynamische Energie, die Macht und Kraft hat, Dinge aus dem Unsichtbaren ins Sichtbare zu holen. Das ist das Gesetz, durch das alles zu verwirklichen ist; es ist dein Masterkey, durch den du Herrscher über alle Dinge geworden bist, der dir Zutritt zu dem Allerhöchsten gewährt.

Vergleiche deinen Gedanken mit einer Stimmgabel, die schwingt und sich ihr Gegenüber sucht, das dann in Resonanz auf der gleichen Frequenz von dir angezogen wird, zu dir zurückschwingt.

Tue ich das alles selbst?

12. Nun, wie sollte es auch anders sein? Die Seele des Universums ist das universelle Bewusstsein, demnach ist das Universum die Umgebung des universellen Bewusstseins. Du bist individuelles Bewusstsein, ja du, genau du, und deswegen erschaffst du dir die Umgebung für dein Wachstum selbst, auf genau die gleiche Weise, wie es das universelle Bewusstsein tut.

Wovon hängt das alles ab?

13. Deine schöpferische Macht und Kraft hängt von deiner Anerkennung, von deinem Glauben an die Kraft und Macht deines Geistes ab. Verwechsele das Ganze nicht mit Evolution, wo es darum geht, Bestehendes zu verbessern. Was ich meine ist: etwas Neues erschaffen. Und denke dabei an das Material, aus dem du Neues erschaffen wirst.

Alles hängt ausschließlich von deinem Glauben ab.

Woran muss ich mich bei den wunderbaren Möglichkeiten erinnern?

14. Wenn du die wundervollen Möglichkeiten nutzt, die dir durch die Wirkung des Gesetzes eröffnet wurden, musst du dich daran erinnern, dass du selbst nichts zu seiner Wirksamkeit beigetragen hast. „Nicht ich bin es, der die Tat vollbringt, sondern die Kraft, die in mir weilt. Sie verrichtet die Arbeit“ Dein einziger Beitrag ist das Bewusstsein.

Muss ich mich auf mich selbst verlassen oder auf den universellen Geist?

15. Verlasse dich ausschließlich auf den universellen Geist, der Wege und Mittel finden wird, um jede erforderliche Manifestation zu verwirklichen. Deine einzige Aufgabe ist es, das perfekte Ideal zu erschaffen.

Das einzige was du tun musst, ist, dich auf das Ergebnis zu konzentrieren. Auf das **Was** und nicht auf das **Wie**.

Und wenn ich doch eingreifen möchte?

16. Ein Verständnis für die Gesetze, die in der universellen Welt herrschen, bringt dir die wünschenswerten Ergebnisse. Wenn du diese Gesetze nicht beachtest oder unaufmerksam bist, dann wirst du sehr großen und schmerzhaften Schaden nehmen.

Konzentriere dich auf das **Was**, und du wirst keinen Schaden nehmen.

Was passiert, wenn ich nicht weiß, was das Gesetz ist?

17. Ich habe dir erklärt, dass das Gesetz von Ursache und Wirkung auf Gegenseitigkeit beruht, es muss ein Kreislauf geschlossen werden. Dazu musst du im Einklang mit den Naturgesetzen sein und handeln. Durch Studium und Beobachtung findest du heraus, was dieses Gesetz ist.

Beobachte und studiere, dann wirst du im Einklang mit dem Gesetz bleiben und den Kreislauf geschlossen halten.

Was zieht all das an, was ich brauche?

18. Da das Leben ständig die Umstände anzieht, die das gewünschte Angebot benötigt, muss Leben sein, Harmonie und Wachstum ist, sodass alles, was Leben hat, ständig die Umstände und das Angebot anzieht, die es zum vollständigen Ausdruck bringt, für das, was du denkst.

Das Leben zieht all das an, was du brauchst.

Wann bin ich im Einklang mit dem unendlichen Geist?

19. Du wirst ausschließlich deine Gedanken in Einklang mit dem schöpferischen Prinzip der Natur bringen. Bist du im Einklang mit dem unendlichen Geist, wird der Kreislauf geschlossen, und du wirst nicht ohne Ergebnis bleiben. Bleibe deinem Gedanken treu.

Bleibe in Harmonie und im Vertrauen.

Worum geht es denn genau?

20. Es geht ausschließlich darum, dass du Gedanken hast, die in Übereinstimmung mit dem Unendlichen sind. Sind sie das nicht, dann bist du isoliert und wirst schreckliche Folgen tragen.

Denke ausschließlich Gedanken, die dir wohlgesonnen sind, die positiv sind, und du wirst in der Übereinstimmung mit dem Unendlichen bleiben.

Was ist zwangsläufig schöpferisch?

21. Denkst du konstruktiv, dann ist alles harmonisch, und zerstörerische Gedanken werden ausgelöscht und du erzielst ein positives Ergebnis.

Alles Konstruktive ist schöpferisch – alles Destruktive wirkt zerstörerisch.

Woher kommt alle Macht und Kraft?

22. Du für dich weißt, dass alle Macht und Kraft von innen kommt. Sie bringt dir Weisheit, Stärke, Mut und alle harmonischen Gegebenheiten. Mangel und jede Art Beschränkung oder jeder widrige Umstand, sind das Ergeb-

nis deiner eigenen Schwäche. Deine Lösung, Macht und Kraft zu entwickeln, hat ihren Ursprung darin, dass alle Macht und Kraft nur mit Übung geschaffen wird.

Alle Macht und Kraft kommt aus dem Inneren, dem Unterbewusstsein – dem Universellen.

Warum führt Wissen nicht zum Ziel?

23. Du musst dein Wissen anwenden, da Wissen alleine zu nichts führt, denn es muss angewendet werden. Das Anwenden des Wissens ist Übung, und Übung macht den Meister. Du hast ein bewusstes Verständnis für die Gesetzmäßigkeiten und auch das Gesetz der Anziehung. Wenn dieses Gesetz in Aktion ist, dann wirst du merken, dass die Dinge, Begebenheiten dich suchen. Bist du in dir Reichtum, weil du ein Reichtumsbewusstsein entwickelt hast, dann wird noch mehr Reichtum auf dich zukommen, weil er dich jetzt sucht.

Nur Übung macht den Athleten stark.

Affirmation zu Kapitel 10:

„Ich bin in Harmonie und Harmonie ist die Grundlage meines Ausdruck“

Notizen:

....

....

....

....

....

....

....

....

....

....

....

Kapitel 11 – Deine Schlussfolgerung im Denken

Schlussfolgerungen im Denken bieten dir die Möglichkeit, Veränderungen im Ergebnis zu erzielen.

Du entscheidest, ob du deinem Bewusstsein weiterhin das einprägen möchtest, von dem du weißt, dass der Ausdruck (spürbar erlebt) nicht der ist, den du willst.

Es geht in diesem Kapitel auch um das Bibelzitat: „Was immer du dir auch wünschst, bitte darum, glaube, dass du es bereits erhalten hast, und es soll dir zuteil werden." (Markus 11:24)

Was ist induktives Denken?

1. Das ist einfach erklärt. Dein Denken vergleicht verschiedene Denkvorgänge, um Übereinstimmungen zu finden, gemeinsame Faktoren, die allen Geschehnissen und Einzelfällen zugrunde liegen. Denken ist der Vorgang des bewussten Verstandes. Induktives Denken ist der Wächter zum Tor des Unterbewusstseins.

Du, das heißt dein Gehirn, dein Geist sucht nach Ähnlichem oder nach vergleichbaren Begebenheiten. Diese führen, wenn das von dir Gewünschte nicht in Erscheinung tritt, zu Frustration. Du wirst entmutigt und beginnst zu zweifeln. Und Zweifel führt zu einem Gefühl der Enttäuschung. Du musst das Gefühl erkennen und durch ein unerschütterliches Gefühl des Mutes und des Glaubens ersetzen.

Worauf basiert induktives Denken?

2. Das induktive Denken hat seine Grundlage in dem Vergleichen von Tatsachen. Ein Studieren der Natur mit der Vergleichsmethode, dem induktiven Denken, führt dich zur Entdeckung einer Reihe von Gesetzen und kennzeichnet deinen Fortschritt.

Induktionslogik befasst sich mit der Frage, ob es ein gültiges Schema gibt, das aus einzelnen Beobachtungen und Fakten auf allgemeine Aussagen schließen lässt.

Was ist der entscheidende Unterschied?

3. Induktives Denken ist für dich der Unterschied zwischen Aberglaube und Intelligenz. Dieses Denken hat Ungewissheit und Willkür aus deinem Leben entfernt und durch Gesetz, Vernunft und Gewissheit ersetzt.

Es ist der entscheidende Unterschied zwischen Aberglaube und Intelligenz.

Was ist das Besondere?

4. Das Außergewöhnliche ist durch das induktive Denken geschehen, Scheiben wurden zu Kugeln, leblose Materie in aktive Elemente zerlegt.

Das Besondere ist, das alles, was war und ist, revolutioniert wurde.

Gibt es Vorteile?

5. Es wird durch das induktive Denken ein allgemeiner Austausch zwischen Angebot und Nachfrage aufrechterhalten.

Menschen unterschiedlicher Qualitäten ziehen sich an, Elemente die unterschiedliche Eigenschaften haben klammern sich aneinander.

Was bestimmt meine Handlungen?

6. Bei dir leiten und bestimmen Bedürfnisse, ausschließlich Wille und Wunsch im weitesten Sinne deine letztendliche Handlung.

Was ist unser Privileg?

7. Es ist unser Privileg, dass wir uns dieses Prinzip bewusst machen und in Übereinstimmung damit handeln.

Was muss ich tun, um dieses Prinzip aufrecht zu erhalten?

8. Beobachte vorkommende Störungen und sei aufmerksam.

Wen muss mein Gedanke entsprechen?

9. Die instinktiven Bedürfnisse des Tieres und deine intellektuellen Bedürfnisse, die Bedürfnisse der Natur und die deines Geistes sind gleich, dementsprechend auch die Ergebnisse: hier die Gedanken einer Existenz – dort die Existenz.

Wenn dein Gedanke den Naturgesetzen entspricht, dann lässt sich auch das gewünschte Ergebnis erzielen.

Wovon werden unsere Bedürfnisse und Ziele bestimmt?

10. Wenn du die Antworten der Natur aufgeschrieben hast und dir eines so nahen, mannigfaltigen und tiefen Kontakts mit der äußeren Welt bewusst wirst, erlebst du die Tatsache, dass deine Bedürfnisse und Ziele genauso von den harmonischen Abläufen dieser Ordnung bestimmt werden wie das Leben, die Freiheit und das Lebensglück eines von der Regierung oder durch eine Oberhand bestimmten Bürgers.

Deine Bedürfnisse und Ziele werden deinen tiefen Kontakt mit den Naturgesetzen und dem Universellen bestimmen.

Wodurch werde ich geschützt?

11. Dadurch, dass du dich auf die Allmacht eingelassen hast, dadurch, dass du weißt, dass du den Naturgesetzen unterliegst, bist du in dem Schutz der Allmacht vor niederen und unerwünschten Angriffen.

Die Naturgesetze, nach denen du dich selbst richtest und die du befolgst, schützen dich bei deinem Tun.

Über was muss ich mir klar werden?

12. Dir muss nun klar sein, dass durch deine Visionen, deines Bewusstseins, in dem alle mechanischen Arbeiten, Wiederholungen den Kräften der Natur übertragen wird. Ausschließlich und dessen sei dir bewusst, in dem deine Bedürfnisse einfach über rein geistige Handlungen befriedigt werden, die durch deinen Willen in Bewegung gesetzt werden, und in dem das Angebot über entsprechende Nachfrage geschaffen wird.

Du musst es tief in dir fühlen, damit du Angebot und Nachfrage schaffst.

Welcher Nutzen wurde mir geschenkt?

13. Durch induktives Denken hast du gelernt, näher an deine Visionen und deren Ausdruck zu gelangen.

Wozu verhilft mir dieses Denken noch?

14. Dieses Denken hilft dir, deine Fähigkeiten zu verfeinern und zu stärken und schenkt dir klare geistige Vorgänge in reinster Form für unfehlbare Lösungen.

Es hilft dir, dass aus deinen Wünschen und deinen Gedanken Realität wird. Und wenn daraus dann Realität geworden ist, dann hast du dein Denken dahingehend verfeinert, dass du dir noch bessere und noch größere Wünsche erschaffen kannst. Und das ist dann der schöpferische Prozess.

Worin liegt das Wesen dieser Methode?

15. Du wirst in dem Wesen dieser Methode entdecken, dass du das Gesuchte als bereits vorhanden anerkennen musst.

Das Wesen dieser Methode besteht natürlich aus drei Schritten: dem Bitten, dem Glauben und dem, was das Wesen dieser Methode ausmacht, dem Empfangen.

Fange an, dich glücklich zu fühlen, fühle dich so, wie du dich fühlen wirst, wenn es ankommt. Fühle dich jetzt schon so.

Wie heißt die Magie?

16. „Was immer du dir auch wünschst, bitte darum, glaube, dass du es bereits erhalten hast, und es soll dir zuteil werden."

Es ist dein Glaube, nach dem geschehen wird.

Was ist die genaue Anweisung an das schöpferische Gesetz?

17. Du musst erst glauben, dass dein Wunsch bereits erfüllt worden ist. Die Verwirklichung wird dann umgehend folgen. Dies ist die präzise Anweisung, wie die schöpferische Macht des Denkens eingesetzt werden kann. Du prägst dem universellen und subjektiven Geist das Gewünschte, deine Vision, als bereits bestehende Tatsache ein.

Dabei ist es wichtig, dass du dich gut fühlst, denn nur wenn du dich gut fühlst, bist du auch in Harmonie mit den Naturgesetzen und dir selbst.

Was macht mein Denken absolut?

18. Glauben mach dein Denken absolut! Er verhindert, dass du in deinem Denken gestört wirst oder abgelenkt durch nicht konstruktive Umstände. Lässt du deinen gepflanzten Gedanken in Ruhe keimen, dann wirst du sehen und spüren, dass er im Außen keimt und in Erfüllung geht.

Das Gewünschte als bereits empfangen zu betrachten macht mein Denken absolut!

Kann ich nochmals hören, was genau induktives Denken ist?

19. Einfach noch mal wiederholt: Induktives Denken ist der Vorgang, mit dem wir Einzelfälle vergleichen, bis wir in diesen Einzelfällen endlich gemeinsame Ursachen gefunden haben. Es ist ein Denken des bewussten Verstandes.

Begegnet man einem Objekt, das man als „Hund" klassiert, kann man daraus induktiv schließen „könnte beißen".

Wo kommt die Durchführung sichtbar zum Vorschein?

20. Dieses Denken wird aus dir eine glückliche Natur machen und wird dich in den Besitz der Dinge und Ereignisse bringen, die sich andere mühsam erarbeiten müssen. Du wirst nun zu denen gehören, die nicht mehr mit ihrem Gewissen zu kämpfen haben, weil du nun immer korrekt handelst und nicht mehr anders kannst, als dich immer taktvoll zu verhalten. Du wirst alles leicht erlernen und alles Begonnene mit einer glücklichen Hand zu Ende bringen. Du wirst nie wieder Schwierigkeiten oder Mühen haben und wirst zu einer Frohnatur.

Das Gesetz zu studieren heißt also eine Möglichkeit zu finden, das Gefühl des bereits Besitzens zu erzeugen.

Wie werde ich es erkennen?

21. Du wirst diese wundervolle Macht und Kraft erkennen, die dein Geist unter den richtigen Umständen besitzt. Die Tatsache, dass diese Kraft und Macht von dir genutzt, geleitet und zur Lösung eines jeden Problems verfügbar ist, ist für dich von größter Bedeutung.

Die Lösung wird sich dir zeigen.

Ist alle Wahrheit die gleiche?

22. Alle Wahrheit ist die gleiche.

Das Universelle weiß bereits die Antwort. Das ist die Wahrheit.

Was macht die Wahrheit?

23. Was auf dich zukommen wird, ist Veränderung. Ob du neue Sprachen kennenlernen wirst, ob neue Interpretationen oder ungewöhnliche Perspektiven – dies sind einfach nur Erweiterungen der Wahrheit.

Du wirst alles anziehen, was du benötigst. Wenn du neue Menschen kennenlernen willst, dann wirst du sie kennenlernen. Wenn du ein Buch benötigst, dann wirst du es erhalten. Es sind alles Bausteine, die der Wahrheit dienen.

Was stärkt mich?

24. „Glaube, dass dir gegeben wird, und dir wird gegeben." Für jede Generation wird es andere Worte geben, um die Wahrheit auszusprechen. Den gleichen Inhalt findest du in der Aussage: „Das Gesetz der Anziehung ist das Gesetz, das besagt, dass der Gedanke mit dem Objekt zusammentreffen wird, das in ihm enthalten ist." Alles liegt in der Art der Präsentation, der Art der Aussage. Die Inhalte sind auch für dich gleich.

Achte darauf, wovon du angezogen wirst. Denn alles verwirklicht sich tatsächlich durch dich.

Was geschieht dadurch?

25. Alles ist in Bewegung, all das macht den Weg frei für diese neue Ordnung. Für dich mag es erschreckend klingen, aber es sind nur traditionelle Erscheinungen, die überholt und unnütz geworden sind zerstört worden, aber es ist nichts Wertvolles verlorengegangen.

Das Alte ist vergangen und Neues wird sich dir auftun.

Was ist passiert?

26. Ein Glaube ist geboren worden, dein Glaube ist geboren worden – dein Glaube, der nach neuen Ausdrucksformen verlangt. Dein neu geborener Glaube zeigt sich in einem tiefgreifenden Bewusstsein, das Wirklichkeit geworden ist, und in deiner entdeckten Macht und Kraft, die sich in den gegenwärtigen Aktivitäten wiederfindet, ob spirituell oder in deinem spürbaren Ausdruck.

Dir wird sich ein Weg zeigen!

Was ist die größte Entwicklung des Jahrtausends?

27. Der universelle Geist, mit dem du durch dein Unterbewusstsein verbunden bist, erreicht seine höchste Entwicklung in dir als Mensch. Er ermutigt dich, die Lücke zwischen Sein und Tun, Theorie und Praxis zu schließen, indem du zeigst, dass du verstanden hast, dass dir das Recht zu herrschen gegeben wurde.

Das Schließen der Lücke zwischen Sein und Tun, zwischen Theorie und Praxis, ist die größte Endwicklung des Jahrtausends.

Was ist die größte Entdeckung des Jahrtausends?

28. Die größte Entdeckung und gleichzeitig deine größte Entdeckung ist die Macht des Denkens, die Macht der Gedanken.

Woraus besteht die schöpferische Kraft des Denkens?

29. Deine schöpferische Kraft des Denkens besteht aus dem Erschaffen von Ideen, und diese Ideen wiederum zeigen sich über dein Aneignen, dein Erfinden, dein Beobachten, dein Erkennen, dein Entdecken, dein Analysieren, dein Regeln, dein Herrschen, dein Kombinieren und dein Anwenden von Materie und Kraft. All dies ist möglich, weil dein Denken eine intelligente, schöpferische Kraft ist.

Wo erreichen Gedanken ihre größte Aktivität?

30. Deine Gedanken erreichen ihre größte Aktivität, wenn sie in ihren Tiefen versinken; wenn deine Gedanken den Bereich des Selbst verlassen, dass heißt, wenn sie in dein Unterbewusstsein eindringen und dort von Wahrheit zu Wahrheit in den Bereich des Universellen, des ewigen Lichtes, dem Göttlichen vordringen. Du weißt, dass es da ist, wo alles ist, was ist, was war oder jemals sein wird, in großartiger und einzigartiger Harmonie.

Deine Gedanken entfalten sich und üben ihre größte Kraft in deinem Unterbewusstsein aus.

Was kommt von meinem Unterbewusstsein?

31. Von dort erreicht dich Inspiration, die nichts anderes ist als kreative Intelligenz. Dies ist über jedes Element, jede Kraft oder jedes Naturgesetz erhaben, weil sie zu ihrem eigenen Nutzen verstehen, anpassen, beherrschen oder anwenden und somit besitzen kann.

Von deinem Unterbewusstsein erhältst du zum Beispiel einen Hinweis, dieses oder jenes zu tun, dich dahin oder dorthin zu begeben. Du wirst geleitet und geführt durch das Vertrauen.

Womit beginnt die Weisheit?

32. Deine Weisheit beginnt mit deinem logischen Denken, und dein logisches Denken ist nichts anderes als Verständnis und Kenntnis der Prinzipien, durch die du die wahre Bedeutung der Dinge erfassen kannst. Diese Weis-

heit bedeutet für dich ein erleuchtetes Denken, erleuchtetes logisches Denken, das dich zu Demut führt, und Demut ist ein Teil der Weisheit.

Bleibe in deinem Wissen und deinem Tun um die Kraft und Macht deiner Gedanken. Dadurch wirst du automatisch zu dem geführt, was für dich von Vorteil ist.

Was bekomme ich am Ende?

33. Ich will, dass du das scheinbar Unmögliche erreichst, dass du dir lebenslang Träume erfüllen kannst, dass du dich ändern kannst, dass du die unbezwingbare Macht bestaunst, die immer dann verfügbar ist, wenn du sie am nötigsten brauchst. Du weißt, dass du alles hast, was dazu nötig ist. Du kennst bestimmte, klare und fundamentale Prinzipien, und du kennst auch deren genaue Anwendung.

Am Ende bekommst du das, was du dir gewünscht hast, und immer in der Fülle, welche die Stärke deines Glaubens ausgemacht hat.

Affirmation zu Kapitel 11:

„Ich bin in Glaube und Vertrauen"

Notizen:

Kapitel 12 – Das Erschaffen deines Ideals

Dein Ideal ist mit den prächtigsten, schönsten, wertvollsten und üppigsten Materialien (Gedanken/Gefühlen) versehen, die es gibt. Du musst nicht zaghaft sein. Bedenke immer: Alles ist im Überfluss da, und deswegen darfst auch du dir dein Ideal so groß und mächtig erschaffen, wie ***du es dir vorstellen*** *kannst!*

Du wirst zu Anfang mit den dir erreichbaren Idealen arbeiten, um das Prinzip des Wachstums, später für größere Ideale zu nutzen.

Wie kann ich mein Ziel im Leben erreichen?

1. Es gibt für dich kein Ziel im Leben, das nicht auf beste Weise über die schöpferische Macht deines Unterbewusstseins und der Kraft deines Denkens erreicht werden kann. Dies lässt sich auch durch ein wissenschaftliches Verständnis erklären.

Einzig und allein durch das Verändern deines Denkens.

Wem ist diese Kraft des Denkens gegeben?

2. Sie ist dem Menschen gegeben, also auch dir. Der Mensch ist, weil er denkt – du bist, weil du denkst. Deine Macht und Kraft zu denken, ist unendlich; dementsprechend ist auch deine schöpferische Macht und Kraft unendlich. Du kannst, was du denkst; du schöpfst, was du denkst. Du gibst dem Ausdruck, was du denkst.

Was ist das Schwierige daran?

3. Du weißt, dass das, woran du denkst, von dir angezogen wird. Und jetzt kommt der Knackpunkt: Auf der einen Seite denkst du und schaffst dir die schönsten und üppigsten Bilder; du hast ein unausweichliches Ideal. Doch auf der anderen Seite sind dein Unglaube, deine Angst, deine Ängstlichkeit, deine Entmutigung und noch anderes und zerstören deine Schöpfung und wischen dein Bild des Ideals immer und immer wieder weg.

Du lebst permanent mit den Auswirkungen deiner Gedanken. Wenn du deine jetzige Situation betrachtest und dich dadurch definierst, dann wirst du in der Zukunft genau das haben, was du jetzt bist. Alles, was du bist, ist das Ergebnis dessen, was du gedacht hast.

Wie werde ich zu dem, was ich sein möchte?

4. Du hast nur eine Aufgabe, und zwar das Gegenteil von dem, was du bisher immer hattest: ewige Aufmerksamkeit. Mache sie zu dir selbst! Dabei helfen dir drei Dinge besonders: Wissen über deine Macht zu haben; Mut, es zu wagen; der Glaube, es zu tun.

Erinnere dich: Glaube, dass dir gegeben wird, und dir wird gegeben."

Also, was kannst du tun, um dein Leben zu ändern? Hierzu ein paar Ideen:

Woran du denkst und wofür du dankbar bist, das verwirklicht sich.

Sobald du die Dinge, die du bereits hast, mit anderen Augen siehst, wirst du auch mehr Positives in dein Leben ziehen, für das du dankbar sein kannst.

Konzentriere dich auf das, was du bereits hast, und sei dankbar dafür. Dann visualisiere dir das, was du willst, und spüre es so, als hättest du es bereits empfangen.

Was kann ich mit meiner neuen Fähigkeit anfangen?

5. Du hast deine Schatzkammer geöffnet. Schaffe dir nun, was immer du möchtest. Es gibt keine Beschränkung, keinen Mangel – deine Bank, deine Schatzkammer hat geöffnet. Du kannst in Anspruch nehmen was immer du auch benötigst. Schaffe dir eine ideale Umgebung, ideale Freunde, ein ideales Heim – was immer du willst –, und mache es zu einem Ideal.

Wenn du etwas schon einmal im Geiste umgesetzt hast, dann kann es dein Körper in die Tat umsetzen, einfach deswegen, weil du es schon einmal durchgespielt hast.

Wie muss mein Ideal sein?

6. Du wirst dir zur weiteren Aufgabe machen, dass du ein gestochen scharfes Bild von deinem Ideal haben wirst, nichts Verschwommenes, und zwar ein klares Bild und nicht heute so und morgen anders. Beschreibe dein Ideal genau, benutze das beste und wertvollste Material, das du für dein Ideal benötigst. Achte auf jedes Detail! Kannst du das nicht, so bleibe bei der Überschrift, zum Beispiel Haus, Partner oder Ähnliches, und überlasse es der unendlichen Kraft, dir das zu bringen, was deinen Ansprüchen gerecht wird. Dein Unterbewusstsein wird dich nicht enttäuschen, denn es arbeitet nur mit dem Besten und mit den Besten.

Was für ein Ergebnis kann ich erwarten?

7. Achte darauf, dass es bei dir nicht so ist, wie bei den meisten. Heute haben sie dieses und morgen jenes Ideal, und manchmal vernachlässigen sie es, weil es ihnen zu viel Mühe macht, nicht jedoch dir, der du das Beste für dich und das Beste zum Wohle der Allgemeinheit willst. Du malst dein Bild perfekt und nicht jeden Tag ein neues.

Wenn du von einem Ideal zum nächsten springst, ohne den Prozess zu Ende zu bringen, weiß dein Unterbewusstsein nicht, was du wirklich willst, und produziert dir ein Durcheinander und Chaos.

Was ist das Ergebnis meiner Unentschlossenheit?

8. Das Ergebnis von Unentschlossenheit und negativen Gedanken, die versuchen, dich aus dem Konzept zu werfen, weil du jetzt dabei bist, dein Ego von seinem Thron zu stoßen und zu verbannen, zeigt sich häufig im Verlust. Verspürst du in deinem Tun um dein Ideal, dass sich negative Dinge einschleichen, dann erinnere dich an den täglichen Hausputz. Halte dich an dein praktisch, anwendbares Wissen über deine schöpferische Macht und Kraft, die du durch dein Denken gefunden hast.

Wenn du das Universelle alles machen lässt, weil du darauf vertraust, dann passieren magische Dinge und Wunder. Du wirst erstaunt sein, was Wunderbares um dich herum geschieht. Du musst das Glücksgefühl in dir spüren, du musst in Harmonie und Einklang mit dem Universellen sein. Du wirst eins mit deinem Unterbewusstsein. Nichts kann dich von deinem Gedanken ablenken, du bist entschlossen und voller positiver Gedanken. Dadurch bleibst du in der Macht und Kraft des Denkens.

Was ist meine Belohnung für dieses Verständnis?

9. Du hast dich ausschließlich auf das Universelle einzulassen, auf das Göttliche und seine Prinzipien, die du schon kennengelernt hast. Es reicht, dass du das Verständnis dafür hast, dass du Kenntnisse über die Naturgesetze erlangst. Du stellst dein Denken auf das universelle Denken ein. Dein Erfolg, der sich im spürbaren Ausdruck zeigen wird, ist so stark, wie du bereit bist, mit der Allmacht, dem Göttlichen zu kooperieren. Tust du es nur wankelmütig, vielleicht mit 60 %, dann kannst du keine 100 % im Ergebnis erwarten.

Manchmal sagst du dir: „Das ist genau das, was ich will, ich bin total begeistert. Ich habe dieses Buch gelesen, und ich verändere jetzt mein Leben", und doch zeigen sich keine Ergebnisse. Du siehst keine Resultate. Alles ist knapp unter der Oberfläche, ganz kurz davor hervorzukommen, und dann siehst du dir, dass es nicht funktioniert. Und weißt du, was das Universelle sagt? Dein Wunsch ist mir Befehl! Und es führt diesen Gedanken in deinem Leben aus. Und das war es dann. Tue alles mit einem 100 % Verständnis, damit du in deinem Ergebnis auch 100 % erhältst.

Muss ich vorsichtig sein?

10. Hüte dich davor die Allmacht täuschen zu wollen, es ist dir nicht dienlich, sondern wird dich zurückwerfen.

Achte auf Täuschungen, und bleibe deinem Gedanken treu.

Was kann meine Gedanken vergiften?

11. Du kennst den Satz: Du erntest, was du säst. Wenn du Gedanken von Sorge und Angst produzierst, wenn in deinen Gedanken Negatives entsteht, dann wirst du nicht fortschreiten können, sondern wie ein Stein auf der Stelle liegen bleiben. Achte darauf, dass du nichts Negatives beherbergst.

Welche Täuschungen kann es geben?

12. Bleibe im Göttlichen, auf dass du nicht ins Teuflische gerätst.

Lass dich nicht verführen und provozieren. Manch einer wird von dir Beweise verlangen, die du nicht nötig hast. Andere werden versuchen, dir Hilfsmittel oder anderes Zeugs anzubieten, um gedanklich zum Loslassen zu kommen.

Du aber bleibst in dir und deinem Bewusstsein, in deiner Verbindung zum Universellen.

Was noch?

13. Benutze deine Verbindung zum Universellen, zu deiner Schatzkammer und zum Göttlichen, dass dein Wille bleibe, durch das, was du denkst.

Ich mache es kurz: Es gibt nur einen Gott und der ist in dir.

Gibt es kein Ende?

14. Versende deine Gedanken nicht, und versuche nicht, Gedanken anderer zu empfangen, das verunreinigt dich selbst.

Andere werden versuchen, dich durch Telepathie in andere Welten zu locken.

Noch was?

15. Halte deine Gedanken bei dir, unterwerfe dich nicht einem fremden Willen, und versuche nicht, deinen Willen einem anderen aufzuzwingen, denn dann wird man auch versuchen, dich durch Hypnose zu beeinflussen.

Was schützt?

16. Übe Faszination in dem wahren Verständnis der inneren Welt der Macht und Kraft. Es schützt dich auch im Voraus vor Gefahren; es hilft dir, Fehler zu korrigieren; es ist von Dauer und nicht der Wankelmütigkeit unterworfen.

Dich schützt nur das Verständnis von Kraft und Macht in deinem Innern und das Verständnis der Naturgesetze.

Wie verhält sich das Gesetz, dass Gedanken mit dem Objekt, das sie enthalten, in Beziehung stehen müssen?

17. Ich habe dir bereits mitgeteilt, dass Gedanken mit dem, was die Gedanken enthalten, in Beziehung stehen und sich in der materiellen, in deiner spürbaren Welt verwirklichen werden, und zwar in dem Ausmaß, wie du denkst und glaubst. Daraus erkennst du, dass jeder Gedanke die Wahrheit enthalten muss, damit er durch das Gesetz des Wachstums verwirklicht werden kann.

Als ich verstanden hatte, wie das Gesetz der Anziehung funktioniert, wollte ich es für mich auch entdecken. Ich hatte mir wegen der geschäftlichen Situation, in der ich mich befand, vorgestellt, dass ich am ersten Werktag des nächsten Monats eine Summe von 2.500 Euro auf mein Konto einzahlen würde und zwar so, dass ich mir alles bildlich im

Geiste vorstellte: Wie ich das Geld in meiner Holzbox aufbewahrte, wie ich es herausnahm und zählte, wie ich damit zur Bank ging, ich am Schalter den Beleg ausgefüllt bekam und wie der Kassierer meine Scheine entgegennahm. Ich hatte vorher eine Frequenz, eine Schwingung ausgesendet die der Summe und meinen Gedanken entsprach. Diese Schwingung versuchte nun, mit dem Universellen zu harmonisieren und mir das Gewünschte in mein Bewusstsein zu ziehen. Für mich ging es nur darum, mir vorzustellen, was ich als Ergebnis haben wollte, und das Schöpferische hatte mir dann auch unmittelbar Wege gezeigt, die mich zu dem Gewünschten brachten.

Was ist das Prinzip des Gesetzes der Anziehung?

18. Du wirst erkennen, dass das Prinzip, das dem Gedanken die Dynamik verleiht, das Gesetz der Anziehung ist. Dieses Gesetz der Anziehung ist im Grunde nichts anderes als Liebe. Vor dem Gesetz der Liebe gibt es kein Entkommen, dieses Gefühl verleiht dem Gedanken Lebenskraft. Du wirst erkennen, dass fühlen wünschen ist und wünschen ist Liebe. Gedanken, deine Gedanken, die mit Liebe ausgestattet sind, sind unbesiegbar.

Du kannst darauf vertrauen, dass das Universelle für die Erfüllung deines Wunsches sorgen wird.

Dieses Gefühl verleiht dem Gedanken die Lebenskraft. Fühlen ist wünschen und wünschen ist Liebe. Mit Liebe ausgestattete Gedanken sind unbesiegbar.

Was ist die schöpferische Kraft?

19. Der universelle Geist, mit dem du durch dein Unterbewusstsein verbunden bist, ist Intelligenz, aber auch die Substanz, aus der heraus alles geschieht. Er ist die anziehende Kraft. Er bildet Moleküle, und diese Moleküle nehmen sichtbare Form an, sodass du erkennen wirst, dass das Gesetz der Liebe die schöpferische Kraft hinter alledem ist. Mit ihr erschaffst du Welten, Universen, alles, was du dir in irgendeiner Weise vorstellen kannst.

Liebe ist die schöpferische Kraft von allem, was du dir vorstellen kannst.

Wodurch komme ich zu dem Wesen, das auf mein Bitten und Wünschen reagiert?

20. Es ist der Glaube Gottes.

Durch den Glauben! So wie du glaubst, wird dir geschehen.

Was ist die unbezwingbare Kraft?

21. Du hast entdeckt, dass die Zusammenführung von Gedanken und Liebe für dich die eine unbezwingbare Kraft bildet, die das Gesetz der Anziehung genannt wird. Wenn es Momente bei anderen Menschen gibt, wo dieses Gesetz nicht funktioniert oder nur teilweise, dann heißt das nicht, dass dieses Gesetz außer Kraft gesetzt wurde. Es ist eine Kombination der Liebe und der Gedanken, die das Gesetz der Anziehung bildet.

Wo werden diese Dinge erschaffen?

22. Alles wird in deiner geistigen und spirituellen Welt erschaffen, bevor alles, was du in deiner inneren Welt mit Schöpferkraft hast entstehen lassen, sich in der äußeren Welt ausdrückt. Es wird einfach dadurch sichtbar, dass du heute deine Gedankenkräfte beherrschst. Dadurch trägst du dazu bei, die Ereignisse zu erschaffen, die künftig, vielleicht sogar schon morgen, in dein Leben kommen werden. Lerne, richtig zu wünschen, lerne dieses Gesetz.

Was dein Geist ersinnen kann, dass kann er auch erreichen.

Nehmen wir ein Beispiel: Wie kann ich mehr Geld verdienen? Durch meinen Job ist doch mein Einkommen begrenzt, wie erhalte ich also nun mehr Einkommen? Entscheide dich dafür! Deine einzige Aufgabe besteht darin, zu bestimmen, was du willst, und nicht, was du nicht willst. Wenn Bargeld dazu gehört, dann musst du es bestimmen: „Ich möchte 500 Euro zusätzliches Einkommen aus einer mir nicht bekannten Quelle, und das Monat für Monat.“ Was auch immer du willst – es muss etwas sein, an das du glauben kannst.

Warum ist es für mich so schwierig, diese neue Idee in meinen Kopf zu bekommen?

23. Du bist so konzipiert, dass du dir erst einen Raum für etwas schaffen musst, in den du das Gewünschte hineinbefördern kannst. Du musst dir erst eine Schwingung in deinem Gehirn erzeugen, welche die gleiche Schwingung hat wie das Gewünschte – das nennt sich Glauben! Das wirst du trainieren müssen, zu Anfang mit leichten und kleinen Dingen, so dass du als Trainierender immer Erfolge haben wirst und dadurch dann weitermachst, wobei du an Kraft und Präzision gewinnen wirst.

Du trägst noch den Mantel aus deinem alten Leben und hast noch keinen Platz für dein neues Denken eingeräumt. Schaffe diesen Raum in dir und durch diesen Raum geschehen großartige Dinge.

Was benötige ich um meine Ideen zu halten?

24. Trainiere jetzt, das Vertrauen zu der Allmacht zu empfinden, trainiere jetzt die grenzenlosen Möglichkeiten, die das Universelle bereithält. Begreife die grenzenlose Macht und Kraft, die dir gehört, die dich in die Lage versetzt, Vorteile aus den Ressourcen zu ziehen, wenn du mit den Naturgesetzen arbeitest. Dies erreichst du ausschließlich durch Konzentration und Aufmerksamkeit.

Das was du benötigst sind der Glaube und das Vertrauen.

Liegt es nur am Willen?

25. Dein Wille leitet die Aufmerksamkeit. Und durch die Ruhe in dir kommst du zu Macht und Kraft. Deine tiefgehenden Gedanken erlangst du durch deine Konzentration, wodurch du eine ausgewählte Sprache und alle Kräfte des höheren Bewusstseins erreichen wirst.

Es ist einfach. Wie sehr willst du das gewünschte und wie stark ist deine Konzentration darauf?

Was bedeutet Ruhe in mir?

26. Nur in der Stille kommst du in Verbindung mit der allmächtigen Kraft des Unterbewusstseins, von der alle Macht und Kraft ausgeht.

In der Stille findest du die Verbindung zwischen deinem Gedanken und dem Unterbewusstsein.

Was ist, wenn ich diese Stille nicht herstellen kann?

27. Du wirst deine Weisheit, Macht oder dauerhaften Erfolg ausschließlich in deinem Innern finden. Es ist ein Vorgang der Entfaltung. Den Kontakt mit dem Göttlichkeit Selbst wirst du nur da herstellen können. In dieser Stille wirst du deinen Kanal öffnen und die Einheit zum Universellen fühlen. Durch beständiges Üben und Konzentration wird dieses Verbinden zur Perfektion führen.

Du wirst beständig üben müssen, dabei hilft dir die nachfolgende Affirmation.

Affirmation zu Kapitel 12:

„Ich erkenne jetzt meine Einheit mit der Allmacht."

Notizen:

Kapitel 13 – Das Prinzip von Ursache und Wirkung

In diesem Kapitel lernst du, dass deine Anerkennung der Allmacht und deine Fähigkeit, dich in Einklang mit ihr zu befinden, die Grundlage allen Erreichens ist.

Du machst dir somit deine Kenntnis von den Naturgesetzen zunutze

Wo wurden bisher immer die Erklärungen gefunden?

1. Die Wissenschaft hat dir bisher Erklärungen für deine alltäglichen Geschehnisse geliefert, entweder aus der Notwendigkeit heraus oder verallgemeinernd.

Dein Wissen, das, was du als Gedankengut mit dir führst, gründet auf vielerlei Informationsquellen, zu denen auch die Wissenschaft gehört.

Wo finde ich den Ursprung?

2. In den nachfolgenden Punkten wird auch versucht, dir zu erklären, wie es mit den fossilen Funden oder dem Blitzschlag ist. Darin sind deren Ursprünge zu finden.

Von den Ursprüngen der Geschichte hat man dir anhand fossiler Funde erzählt.

Welchen Vorteil gab es durch diese Verallgemeinerungen?

3. Viele dieser Verallgemeinerungen haben uns aber auch zu verschiedenen Entdeckungen geführt.

Manches hat uns zu den Entdeckungen induktiver Wissenschaften geführt.

Worauf beruht diese Vorgehensweise?

4. Deine Vorgehensweise beruht auf Erfahrung und hat so etwas wie Aberglaube eliminiert.

Sie basiert auf logischem Denken und auf Erfahrung.

Für wen war diese Vorgehensweise von Nutzen?

5. Dieser Teil der induktiven Wissenschaft hat mehr Wissen geschaffen und mehr zum Wohle der Allgemeinheit beigetragen, als wenn das Verlangen nach Wissen unterdrückt worden wäre.

Es war für das Wohl der Allgemeinheit.

Was hat diese Methode miteinander verbunden?

6. Diese Methode hat den Geist und das Ziel miteinander verbunden.

Was hat diese Methode noch geschafft?

7. Sie hat Leben verlängert, Schmerzen gelindert, Krankheiten ausgelöscht. Sie hat Unvorstellbares und Unerreichbares möglich gemacht.

Durch induktives Denken wurde Unvorstellbares vorstellbar.

Ist das die wahre Natur des induktiven Denkens?

8. Ja, das ist die wahre Natur und der Wirkungsbereich des induktiven Denkens.

Wie benutze ich dieses Wissen?

9. Du verwendest dein Wissen, deine Erkenntnisse, um nach dem Abwägen zu entscheiden und Gesetzmäßigkeiten zu sehen.

Wodurch kann ich dem Ganzen volle Aufmerksamkeit schenken?

10. Über den Wert, den du der Wahrheit beimisst, kannst du den seltenen und auch häufigen Erscheinungen deine volle Aufmerksamkeit schenken.

Wodurch sammele ich immer mehr Fakten an, und was mache ich damit?

11. Durch Beobachtung sammelst du Fakten von unterschiedlichem Wert, und so schätzt du die nützlichen und seltenen Qualitäten mehr als die häufig vorkommenden.

Du siebst angesammelte Fakten aus und ordnest diese bestimmten Bedeutungen zu.

Welchen Schluss ziehe ich daraus, dass gewisse Personen eine ungewöhnliche Macht besitzen?

12. Du kannst sagen, dass es nicht so ist – hierbei würdest du einen Mangel an Informationen zugeben. Wenn du dich allerdings mit der schöpferischen Macht beschäftigst, dann hältst du dies nicht für unerklärlich.

Du kannst daraus den Schluss ziehen, dass diese Menschen sich mit der schöpferischen Macht des Denkens vertraut gemacht haben und nun auf andere Menschen wirken.

Was gibt es noch zu sagen?

13. Man kann sagen, dass diese Menschen das Ergebnis übernatürlicher Beeinflussung sind und dass die Ursache ein festes Gesetz ist, das mit absoluter Exaktheit gültig ist, ob es nun bewusst oder unbewusst angewendet wird.

Gibt es noch einen weiteren Punkt?

14. Des Weiteren kannst du noch behaupten, einen verbotenen Bereich betreten zu haben.

Da du dich allerdings mit der schöpferischen Macht des Denkens vertraut gemacht hast, wirst du dies nicht länger für unerklärlich oder verboten halten.

Was wird sich mir offenbaren?

15. Für dich wird sich zeigen, dass mit der schöpferischen Kraft deines Denkens jede mögliche Gegebenheit oder Erfahrung, egal ob körperlich, geistig oder spirituell, erklärt werden kann.

Du solltest jede Tatsache, auf die du aufmerksam wirst, sorgfältig prüfen. Indem du das tust, kannst du schneller die Gesetzmäßigkeit finden, die ihr zugrunde liegt. Dadurch kannst du alles erklären.

Was bewirken konzentrierte Gedanken?

16. Deine Gedanken bewirken Umstände, die deiner vorherrschenden Geisteshaltung entsprechen. Denkst du an Angst, dann wird alles, was Angst macht, als Umstand erzeugt. Denkst du an Armut, dann wird alles als Umstand erzeugt, was Armut verursacht. Denkst du an Verlust, dann wird alles als Umstand erzeugt, was Verlust bringt und so weiter. Es geht um deine vorherrschenden Gedankengänge.

Die einzige Besonderheit bei den Menschen, die das Gesetz von Ursache und Wirkung kennen und anwenden, besteht darin, dass die Menschen, die das Gesetz nutzen, sich bestimmte Gewohnheiten angeeignet haben. Dieses Gesetz und der Nutzen umgibt sie, wo immer sie sind, denn sie denken daran, es anzuwenden. Also los, worauf wartest du?

Wenn ich in irgendeiner Form an Wohlstand denke, kann ich ihn dann auch erreichen?

17. Konzentriere deine Gedanken! Damit bewirkst du, dass die erforderlichen Umstände und Bemühungen entstehen. Manchmal erfährst du dann, dass du Gewünschtes zwar erreichst, aber deine Befriedigung verlorengegangen ist.

Setze dich doch jeden Tag für dich an einen angenehmen Ort, und stelle dir das Ersehnte vor. Du musst dich jenen Zustand hineinversetzen, den du erlebst, wenn du das Begehrte schon besitzt. Dann werden sich, wenn es nicht gleich erscheint, Umstände und Begebenheiten offenbaren, die es dir ermöglichen, dich dem Begehrten zu nähern oder es auf individuellem Wege zu erhalten.

Was ist die richtige Vorgehensweise?

18. Was musst du denken, damit es funktioniert? Was musst du anders machen? Nimm das Glück! Das Größte, was sich jeder wünscht, ist Glückseligkeit und Harmonie. Wenn du selber glücklich bist, dann kannst du auch andere glücklich machen.

Bis zu dem Zeitpunkt, an dem du anfängst, dein Leben zu ändern, erhältst du täglich Rechnungen. Du fragst dich, wie du das ändern kannst. Es ist einfach, denn du bekommst ja immer das, worauf du dich am meisten konzentrierst. Konzentriere dich doch darauf, Zahlungen zu erhalten, und dann wird es geschehen dass du nicht nur Zahlungen erhältst, sondern du von deinem Reichtum auch anderen abgeben kannst.

Welche Ansprüche habe ich?

19. Du kannst nicht glücklich sein, wenn du nicht über Gesundheit, Stärke, wohlwollende Freunde und so weiter verfügst. Es geht um das allgemeine Bild, das Drumherum. Alles muss das Glücklichsein beinhalten, damit du glücklich bist – und ich meine Alles!

Manchmal denkst du vielleicht, dass andere so denken können und du nicht, dabei hast du die Möglichkeit deine innere Einstellung, was Geld, Gesundheit, Stärke und so weiter betrifft, zu ändern.

Du kennst sicher einige Menschen, die viel Geld haben und wohlhabend sind, aber deren Beziehungen im Argen liegen. Das ist kein Wohlstand, wirklich nicht. Du kannst dem Geld nachjagen und auch viel davon besitzen, aber das garantiert dir nicht, dass du Wohlstand hast. Geld ist natürlich auch ein Teil des Wohlstandes, aber es ist eben nur ein Teil davon. Du benötigst deine Harmonie und dein inneres Gleichgewicht, um wirklich glücklich zu sein. Dein Leben sollte voller Überfluss sein, in allen Bereichen.

Wann sind der Vater und ich eins?

20. Du weißt, dass du ein Anrecht auf das Beste von allem hast, dass der „Vater und du eins seid" und dass der „Vater" der universelle Geist, der Schöpfer ist, aus dem alle Dinge hervorgehen – auch dein Glücklichsein!

In deiner Welt hast du festgestellt, dass du nicht durch den äußeren Besitz das garantiert bekommst, was du wirklich willst, denn was du wirklich willst, ist glücklich sein. Du strebst also nach diesen äußeren Dingen und erwartest, dass sie dich glücklich machen. Es ist aber genau umgekehrt: Du musst dich um das Gefühl der inneren Freude bemühen, in dem inneren Frieden, die Vision, und dann erscheinen die äußeren Dinge von selbst. Dieses Innere ist der Augenblick, wo du und der Vater, wo ihr eins werdet, wo der Vater die Ursprungssubstanz und der Schöpfer ist.

Wie soll ich all das in meinem Leben praktisch anwenden?

21. Wenn du dies anerkennst und auch zugibst, weil es der Menschheit seit 2.000 Jahren gelehrt wurde – wie wird es bei dir in deinem Leben funktionieren, damit es sichtbaren und spürbaren Erfolg bringt?

Das bedeutet für dich, dass du Schöpfer deiner eigenen Welt, deines eigenen Universums bist, und dass alles, was du erschaffen willst, in deinem Leben in Erscheinung treten wird.

Wie schaffe ich das alles?

22. Du wirst dein Wissen in die Praxis umsetzen, und zwar im Prinzip so, dass du es dir in deinem Inneren erschaffst, dass du beginnst, es zu geben. Das sind alles geistige Vorgänge, denn deine Gedanken sind die Ursachen und die Gegebenheiten die Auswirkungen. Wenn du nun Gedanken des Mutes, der Inspiration oder der Gesundheit aussendest, setzt du Ursachen in Bewegung, die dann ihre Wirkung mit sich bringen. Erschaffe in deiner Schatzkammer, nutze die Ressourcen, die du hast. Lesen alleine ist nicht genug, es ist nichts. Beginne umzusetzen, was du bereits weißt.

Alles, was du dir wünschst, was du denkst, was du fühlst, ist sehr wichtig, denn all dies wird sich Ausdruck verschaffen. Du hast bestimmt schon seit Jahren diesen Wunsch, und dieser Wunsch konnte sich bis jetzt noch nicht manifestieren, weil deine äußere Ebene, deine Existenz diesem Wunsch ständig widerspricht.

Wenn du all dies weißt, dann fange an, dir dieses Wissen zunutze zu machen. Ein Beispiel hierfür: Du kannst nicht erwarten, dass jemand dich liebt, wenn du dich selbst nicht liebst. Denn nur, wenn du beginnst, dich selbst zu lieben, wirst du auch dieses Liebenswerte nach außen ausstrahlen, und es wird in deinem Leben ein Wunder geschehen. Es werden Wirkungen in Gang gesetzt.

Was ist Denken?

23. Nur durch Denken erschaffst du nicht. Denken ist zwar Aktivität, und Denken ist auch schöpferisch, aber du musst wissen, wie du denkst, und zwar bewusst, konstruktiv und systematisch. Alles andere wird dich nur zerstreuen.

Es gibt auf der einen Seite das nutzlose Denken, das, was leblos und taumelnd durch deinen Kopf fliegt.

Und dann ist da noch das konstruktive Denken. Dieses ist dynamisch und mit Emotion, und, Kraft und Stärke ausgestattet. Mit diesem zweiten Denken wirst du grenzenlosen Erfolg haben.

Wodurch erhalte ich all dies?

24. Du weißt, dass dein verändertes Bewusstsein auch die Umstände zwingt, sich zu ändern, und dass nur durch das geänderte Bewusstsein das Gesetz der Anziehung Neues schaffen kann.

Auch hier ist das Gesetz der Anziehung im Spiel. Du musst genau wissen, was du willst, und dich fragen, ob du dich selbst so behandelst, wie du gerne von anderen Menschen behandelt werden möchtest. Die Lösung entsteht in dir selbst. Sage nicht: Du musst mir mehr geben, du schuldest mir was. Gebe dir doch einfach selber mehr, nimm dir Zeit für dich selbst, um deinen Speicher so zu füllen, dass er überfließt, und dann kannst du davon im Überfluss weitergeben.

Was muss ich in mir erschaffen?

25. Die Schaffung eines Ideals, eines inneren Bildes, setzt die Materie in Bewegung, und diese Materie lässt dein Ideal existent werden. Die allwissende und allmächtige Kraft, durch die du mit einem ganz speziellen, deinem eigenen Kanal verbunden bist, erschafft für dich. Sie hilft dir und steht dir mit Rat und Tat zur Seite. Durch deine Anerkennung für dieses Universelle, für das Göttliche, werden Dinge und Ereignisse in Bewegung gesetzt, die dir bis jetzt noch unvorstellbar erscheinen.

Als Beispiel nehme ich hier die Beziehung. Dort sind wir es gewöhnt, uns über andere zu beklagen: Meine Kollegen sind so schwierig, meine Frau macht mich verrückt, meine Kinder sind so faul. Wir konzentrieren uns immer auf die anderen. Damit Beziehungen auch funktionieren, müssen wir uns auf das konzentrieren, was wir an unserem Partner schätzen und nicht auf das, was uns missfällt. Wenn du dich über Dinge beklagst, dann bekommst du nur noch mehr davon. Das Endliche kann dem Unendlichen, dem Göttlichen, keinen Rat geben. Deshalb erkenne an, dass das Unendliche allgegenwärtig, allwissend und allmächtig ist und dir das schaffen wird, auf was du dich konzentrierst.

Ist es meine einzige Aufgabe, diese Allmacht anzuerkennen?

26. Das einzige, was du tun musst, ist ein offener Kanal für das Universelle, das Göttliche, zu sein, damit es sich durch dich ausdrücken kann. Tue das einzig Wahre, und erkenne an, dass du ein Teil des Ganzen bist, denn ein Teil, also du, ist immer gleich wie das Ganze, also das Universelle.

Was passiert, wenn diese Tatsache mein Bewusstsein durchdringt?

27. Wenn diese Tatsache anfängt, dein Bewusstsein zu durchdringen, wenn du anerkennst, dass das **Ich**, der Geist, der denkt, ein Bestandteil des Ganzen ist, der dem Unterbewusstsein gleich ist, dass der Schöpfer nichts erschaffen kann, was anders ist als Er selbst, dann wirst auch du sagen: „Der Vater und ich sind eins." Du wirst nur – und das solltest du bis dato schon geschafft haben – dein Ego eliminieren müssen.

Du wirst zu Verständnis für Schönheit, Herrlichkeit und zu überirdischen Möglichkeiten kommen und erkennen: „Der Vater und ich sind eins."

Affirmation zu Kapitel 13:

„Der Vater und ich sind eins!“

Notizen:

Kapitel 14 – Die Disziplin des Denkens

In diesem Kapitel ist besonders hervorzuheben, dass all dem, welchem wir Aufmerksamkeit schenken, Lebensenergie zufließt. Dasselbe Prinzip gilt aber auch im Umkehrschluss, nämlich dass wir all dem, was wir nicht beachten, die Lebensenergie entziehen und es somit zum Sterben verurteilen. Das bedarf eines anfänglichen Bewusstwerdens der negativen Umstände, damit wir uns ganz bewusst auf das Gewünschte konzentrieren und dem Unerwünschten keine Aufmerksamkeit mehr schenken. So erlernen wir richtiges Denken und können es bewusst zu unserem und dem Vorteil aller anderen einsetzen.

Ich habe es mir zur Gewohnheit gemacht, mich in Situationen, in denen negative Gedanken hochkommen, zu fangen und ihnen einen starken Gegenvorschlag zu unterbreiten. So gehe ich auch mit mir selbst nicht hart ins Gericht, sondern korrigiere mich umgehend, stehe aufrecht und bewirke Wunder.

In diesem Kapitel wird uns wieder einmal bewusst, dass das Universelle uns unendliche Möglichkeiten zur Verfügung stellt, wir es aber sind, die diese in Anspruch nehmen oder nicht. Das Verständnis über diese Gesetzmäßigkeiten sind wir ja im Begriff zu erlangen und uns zunutze zu machen.

Was ist die universelle Substanz?

1. Die universelle Energie ist nicht den Beschränkungen oder dem Mangel unterlegen, wie du es bist. Die universelle Energie steht über diesen und ist die Quelle aller Macht und Kraft, aller Weisheit und Intelligenz.

Ich will jetzt nicht mit dir spielen und dir von Aladin und seiner Wunderlampe erzählen, denn das hatten wir ja bereits. Durch dein Unterbewusstsein, hast du Zugang zur universellen Energie, weil dein Unterbewusstsein ein Teil dieser Substanz ist. Geist ist das schöpferische Prinzip, weil dein Geist oder der Geist des Universellen alle Substanz alle Macht und Kraft ist.

Was bedeutet es für mich, diese Intelligenz anzuerkennen?

2. Beginne, diese Intelligenz in deinen täglichen Ablauf zu integrieren und durch ein dich auf sie hinzubewegen auch diese Intelligenz mehr und mehr anzuerkennen.

Für dich bedeutet das, dich auf die universelle Intelligenz, das universelle Bewusstsein einzulassen, und sie beziehungsweise es vertrauensvoll und harmonisch in dein Leben zu integrieren. Lasse dich durch diese universelle Substanz bei deinen Entscheidungen und deinem täglichen Tun leiten. Anfangs ist es schwer, doch du wirst dich – auch durch die Übung in diesem Kapitel, durch Harmonie und in Harmonie zu sein – immer leichter auf sie einlassen können.

Über was verfüge ich dann?

3. Du wirst auf diesem Weg entdecken, dass Weisheit genauso überall verfügbar ist wie Kraft und die Materie.

Deine Freude, dein Glück, entsteht in dir selbst durch die Verfügbarkeit dieser Kraft und Weisheit. Du schöpfst nun aus der universellen Substanz und bist in deinem Handeln, in deinem Denken, in deinem Tun eins mit dieser universellen Intelligenz.

Wenn diese Prinzipien wahr sind, warum kann ich sie nicht demonstrieren?

4. Das ist nicht richtig. Du weißt sicher, wie die Gesetze funktionieren und bist auch in der festen Überzeugung – und bist du auch im Verständnis? Es nutzt dir nicht, wenn du weißt, wie die Gesetze funktionieren. Du musst auch wissen, wie du sie anwendest. Das Anwenden werde ich dir gleich erläutern.

Geist ist das einzige Prinzip. Er ist Ursache, und nicht die Dinge, mit denen wir uns bewegen oder in denen wir uns bewegen. Geist ist schöpferisch, und somit sind die Umstände unsere Schöpfung, sind die Begebenheiten unsere Schöpfung, ist das, was um uns herum geschieht, ebenfalls unsere Schöpfung. Die negativen Ereignisse, die du durch deinen Geist erschaffen hast, sind auch deine Schöpfung, genauso wie die positiven Ereignisse.

Es ist wichtig zu erkennen, dass dein Körper Ausdruck deiner Gedanken, Ausdruck deines Erlebens ist. Da du jetzt verstehst, kannst du dich nicht mehr entschuldigen, weil du nichts weißt, denn nun bist auch du wissend und alles unterliegt nun deiner Schöpfung.

Was ist das Schönste für mich?

5. Dieses Wissen eröffnet dir eine ganz neue Beziehung zu deiner Umwelt und bietet dir Möglichkeiten, von denen du vorher nur geträumt hattest. Das Schönste für dich ist jedoch, dass sich dies in deiner neu erworbenen Geisteshaltung ausdrückt.

Das Schönste für dich ist, dass du nun diese neue Geisteshaltung ausdrücken darfst, weil du sie in deinem Leben integriert hast.

Was ist mein Geist?

6. Dein Geist ist schöpferisch, und der Ursprung des Schöpferischen liegt im Universellen. Du bist lediglich der Kanal zur Verteilung der Energien und zur Erschaffung von Ausdrücken, die du durch dein Denken in Auftrag gegeben hast.

Du bist das Ergebnis deiner Gedanken. Das Universelle ist ein Meisterwerk an Überfluss. Wenn du dich öffnest, um den Überfluss zu spüren, dann wirst du das Wunder, das Glück, die Freude finden, all das Gute, welches das Universum für dich bereithält. Du bist der Weg für das Universelle, sich auszudrücken und dir die unendliche Vielfalt zu sichern.

Was ist die universelle Substanz?

7. Du wirst für dich verstehen müssen, dass alle Entstehung, alles, was zum Ausdruck kommt, dieser universellen Kraft der universellen Substanz entspringt. Diese Substanz durchdringt alle und füllt alles aus.

Alle Moleküle, alle Elektronen, alle universelle Substanz füllt dich aus und ist alles. Sie ist die Requisite am Theater des Lebens, die Darsteller, die Ereignisse, das Geschehen. Die universelle Substanz füllt alles aus.

Wer ist der Chef oder der Regisseur?

8. Das, was diese universelle Substanz formt und wodurch diese Substanz das Universum ausfüllt, ist ausschließlich der Geist.

Alles entsteht in deinem Geist. Alles, was dir geschieht, was zu dir in dein Leben kommt, hat seinen Ursprung in deinem Geist, in deinen Gedanken, die den Geist formen und sich dann in deinem Leben ausdrücken. Dein Geist ist der Regisseur.

Gibt es für mich Einschränkungen?

9. Für diese universelle Substanz gibt es weder Zeit noch Raum, das heißt, dass du selbst keine zeitliche Einteilung benötigst. Wenn du etwas heute erschaffen willst, dann wird es heute in deinem Leben zum Ausdruck kommen und nicht erst morgen.

All das Gute, was das Universelle für dich bereithält – beste Gesundheit, wahrer Wohlstand, tiefes Wohlbefinden –, wann möchtest du all dies für dich in Anspruch nehmen? Es gibt keine zeitliche Begrenzung. Wenn du es jetzt möchtest, dann kannst du es jetzt erfahren, du musst es nur jetzt tun.

Was bedeutet Zeit für mich bei meinem Tun?

10. Die Moleküle, die du entstehen lässt, um Materie zum Ausdruck zu bringen, bewegen sich mit Lichtgeschwindigkeit.

Wenn du dies beherrschst, dich voll auf die universelle Kraft eingelassen hast und offen bist, in Harmonie, dann ist die Zeit so schnell wie die Lichtgeschwindigkeit, und du wirst den Ausdruck deiner Gedanken durch dich in der gleichen Geschwindigkeit erleben.

Was machen meine Helfer noch?

11. Diese Moleküle, bestehend aus mehreren Elektroden, sind mit allerlei Aufgaben befasst, zum einen, um deine Gesundheit aufrechtzuerhalten, zum anderen, um Schäden zu reparieren und so weiter. Du hast unzählige davon in deinem Körper. Es sind die, von denen wir an anderer Stelle bereits sprachen.

Deine Helfer, die Moleküle, sind mit der Aufrechterhaltung deiner selbst ebenso beschäftigt wie mit der Erstellung des von dir Gedachten.

Was ist wichtig, an was muss ich denken?

12. Hier geht es ausschließlich um die Lebensfähigkeit dieser Zellen, die ausreichend Nahrung benötigen.

Beachte, dass du deine Zellen, deinen Körper, den Tempel des lebendigen Gottes mit dem wertvollsten und prächtigsten an Nahrung versorgst, was du dir vorstellen kannst. Ebenso ist es mit den Gedanken – auch da solltest du an die klarsten, reinsten und kraftvollsten denken.

Was tun diese Zellen?

13. Die Aufrechterhaltung der Gesundheit hängt von der ständigen Regeneration der Zellen ab.

Sie regenerieren ständig neu.

Worauf beruht dieses bemerkenswerte Phänomen des metaphysischen Heilens?

14. In jeder dieser Zellen ist Bewusstsein vorhanden. Dieses Bewusstsein ist in einem negativen Zustand, und nur durch dein Denken wird es zu einem positiven Bewusstsein.

Alles beruht auf Bewusstsein. Das Urbewusstsein ist in seiner Polung negativ und der Mensch, ist durch sein Denken – und nur dadurch – in der Lage, diese negative Polung umzuwandeln in positives Denken, was dann zur Heilung führt.

Was bedeutet das negative Denken, was ist das überhaupt?

15. Dieses negative Bewusstsein ist ein Teil des Unterbewusstseins. Du weißt, dass dieser Teil deines Unterbewusstseins auf den Willen des bewussten Verstandes reagiert und von diesem bedingungslos gelenkt wird.

Das negative Denken wird auch daher dem Unterbewusstsein zugeordnet, weil das Unterbewusstsein ohne Wissen handelt und nur durch seine Empfänglichkeit dem bewussten Verstand, deinem Denken, gegenüber offen ist.

Was geschieht durch mein Denken?

16. Du weißt, dass der Ursprung aller Dinge und Ereignisse im geistigen Bewusstsein zu finden ist. Hier entstehen durch den bewussten Verstand, durch dein Denken die Dinge, die du willst. Diese Dinge entstehen, ob du bewusst denkst oder nicht, ob du sie willst oder nicht. Hier kannst du diese Dinge entstehen lassen und auch wieder zerstören, und das sollte dir auch bewusst sein. Du kannst das, was durch deine Gedanken, dein Denken entstanden ist, auch nur durch dein Denken zerstören.

Was erkenne ich in jedem Menschen?

17. Du weißt, dass du das Spiegelbild deiner Gedanken bist, die du in deinem Leben gedacht hast und noch denken wirst. Durch diese Gedanken sind dein Gesicht, deine Form, dein Charakter und deine Umgebung entstanden.

Du erkennst immer den Ausdruck der Gedanken eines Menschen, alles, was sich um ihn herum abspielt. Alles, was er ist und was in seinem Leben geschieht, ist der Ausdruck seiner Gedanken. Seine Taten, seine Handlungen, sein Charakter alles ist sein individueller Ausdruck.

Was steht hinter jeder Wirkung?

18. Hinter jeder Wirkung, hinter dem, was du spürbar ausdrückst, steht eine Ursache, dein Gedanke. Wenn du den Weg eines jeglichen Ausdrucks zurückverfolgst bis zu seinem Ursprung, dann findest du dort das schöpferische Prinzip, aus dem heraus alles entstanden ist.

Das Schöpferische ist dein Gedanke, und dein Gedanke ist die Ursache dessen, was in deinem Leben Ausdruck findet.

Wodurch wird denn alles gesteuert?

19. All dies wird von einer unsichtbaren Macht gesteuert, die wir Gott nennen. Du weißt, dass du diese alles durchdringende Essenz, Substanz oder Kraft als das Unendliche oder universelle Bewusstsein bezeichnen kannst.

Alles ist in Gott und alles ist durch Gott!

Bin ich ein Ausdruck, eine Verwirklichung dieses göttlichen Bewusstseins?

20. Du bist der Ausdruck, eine Verwirklichung des universellen Bewusstseins, das allgegenwärtig und grenzenlos ist.

Stelle dir vor, was du erreichen möchtest; glaube daran, dass du es verdient hast, und glaube daran, dass es für dich erreichbar ist. Mache diese Übung jeden Tag, und du wirst die göttlichen Wunder in deinem Leben erleben.

Bin ich genauso wie das universelle Bewusstsein?

21. Der einzige Unterschied zwischen deinem Unterbewusstsein und dem universellen Bewusstsein ist die Dimension des Wachstums, vergleichbar mit einem Wassertropfen und dem Ozean.

Du bist ein Teil des universellen Bewusstseins, und ein Teil ist immer genauso wie das große Ganze. Also hast auch du die gleichen schöpferischen Möglichkeiten.

Wie kann ich den Wert dieser höchst wichtigen Tatsache schätzen?

22. Dir ist jetzt bewusst, dass das Unterbewusstsein eins mit dem universellen Bewusstsein ist! Es sollte dir klar sein, dass es bei den Aktivitäten des Unterbewusstseins keine Beschränkungen gibt. Es ist grenzenlos.

Sei dir im Klaren darüber, dass diese Tatsache verdeutlicht, dass du, der du das Unterbewusstsein in dir trägst, also ein Teil des großen Ganzen bist, immer den Kontakt zur Allmacht hast. Du bist im Kontakt mit der allgegenwärtigen Kraft, mit der Schatzkammer, aus der du nun schöpfen kannst.

Was wird durch beten erreicht?

23. Die Kraft des Betens ist eine natürliche Funktionsweise, wie du sie auch beim Denken benutzt, welches du für den bewussten Verstand benötigst.

Beten ist das, was wir schon als ersten Schritt hatten: das Bitten. Der zweite Schritt ist das Visualisieren und der letzte Schritt das schon empfangen haben. Alles ist eine wissenschaftliche Abfolge, die neutral betrachtet nichts Religiöses hat. Das, was letzten Endes aber fehlt, ist der Glaube, der Glaube des schon Besitzens.

Wovon macht sich nun Erfolg und Misserfolg abhängig?

24. Bedenke: Unbewusstes Denken führt zu Misserfolg.

Erfolg und Misserfolg sind abhängig von der richtigen Art des Denkens.

Was ist die einzige Wirklichkeit?

25. So, wie sich deine Gedanken ändern, ändern sich auch deine Lebensumstände.

Das, was du im Leben möchtest, das, was du siehst, was du fühlst, was du empfindest, was du tust, was du erfährst, was dich ausmacht, wie die Menschen auf dich reagieren – all dies entsteht in deinen Gedanken. Gedanken werden wahr und somit zu deiner Realität.

Welche Voraussetzungen hat meine Realität?

26. Sei dir darüber bewusst, dass du beständig, klar umrissen, bestimmt und unveränderlich denken musst. Du kannst nicht erwarten, dass das, was du ein Leben lang dachtest, durch vier oder fünf Tage neues und bewusstes Denken weggewischt wäre. Das dauert schon seine Zeit, und diese Zeit ist die Zeit, welche du aufwenden musst, um positiven Ausdruck zu erleben.

Wie sehr willst du das, was du denkst? Wie genau sollen deine Empfindungen sein? Wie schön hast du dir dein Bild gemalt? Wie bunt und in welchen Farben?

Es ist so, dass du konsequent sein musst, dass du, wenn du es wirklich willst, an nichts anderes mehr denken darfst und sollst. Du musst eins sein mit dem Gedanken und der Gedanke mit dir. Lass dich nicht von deinem neuen Weg abbringen. Jetzt hast du die Möglichkeiten entdeckt, wie du dir dein Leben gestalten kannst. Bleibe dir jetzt treu, bleibe diszipliniert.

Kann ich schwach werden?

27. Wenn Du mit dem Master Key System begonnen hast, um dich ganz darauf einzulassen, dann solltest du dich von nichts und niemandem mehr davon abbringen lassen.

Erlaube niemandem, sich in deinen Masterkey einzumischen, und verwende deinen gesamten Willen, um deinen Masterkey zu vollenden.

Gibt es denn eine Belohnung?

28. Diese Veränderung, dein neuer eiserner Weg, wird dir nicht nur Materielles, sondern auch Geistiges bringen, das von höchstem Gut und Wert ist.

Die Belohnung ist ein für dich neues Leben, so wie du es willst – ein Leben in Gesundheit, Reichtum, Liebe, Wohlstand und Harmonie.

Welche Grundlage darf ich nie verlieren?

29. Bedenke: Wenn du harmonische Umstände möchtest, dann brauchst du eine harmonische geistige Haltung.

Bleibe immer und kontinuierlich in Harmonie!

Was bin ich dann?

30. Dann bist du bewusst und hast erkannt, dass deine äußere Welt ein Spiegelbild der inneren Welt ist.

Du bist immer das Spiegelbild deiner inneren Welt!

Affirmation zu Kapitel 14:

„Ich bin das Spiegelbild meiner inneren Welt und bin in Harmonie!"

Notizen:

Kapitel 15 – Deine Zusammenarbeit mit der Allmacht

Du, als Teil des Ganzen, lernst hier die Zusammenarbeit mit der Allmacht kennen. Der Unterschied zwischen dir und der Allmacht ist, dass diese Allmacht allmächtig ist und du durch dein Unterbewusstsein diese Allmacht, wenn du ***eins*** *mit ihr bist genauso nutzen kannst (dazu in Kapitel 24 mehr).*

Habt Glauben an Gott! 23 Amen, ich sage euch: Wer zu diesem Berg sagt: Hebe dich hinweg und wirf dich ins Meer, und in seinem Herzen nicht zweifelt, sondern glaubt, dass geschieht, was er sagt, dem wird es zuteil werden. Darum sage ich euch: Alles, worum ihr betet und bittet, glaubt nur, dass ihr es empfangt, so wird es euch zuteil werden.

Das Wort ist die unmittelbare Folge unserer Gedanken, und eine verdrehte Wortwahl kann nur verdrehte Handlungen nach sich ziehen. Klarheit dagegen regt zu Taten an, weil es keine Zweifel mehr gibt, weder in deinen Gedanken, noch in deinen Worten.

Wofür sind diese Gesetze da?

1. Die Gesetze, denen du unterstellt bist, sind ausschließlich zu deinem Vorteil. Diese Gesetze sind unveränderbar, und du kannst dich deren Wirkung nicht entziehen.

Alles ist ausschließlich zu deinem Wohle und dem Wohle der Allgemeinheit da.

Wo wirken diese großen Kräfte?

2. Willst du ein friedliches und glückliches Leben ausdrücken, dann hast du die wunderbare Möglichkeit, dich mit der allmächtigen Kraft in Einklang zu bringen.

Alles wirkt in dir, in deiner Stille. Du hast die Macht und die Möglichkeit, dich mit diesen Gesetzen in Verbindung zu bringen.

Was hält mich davon ab?

3. Wenn du ablehnst, was du benötigst, oder dich nicht von dem trennen möchtest, was du nicht mehr brauchst, dann kommst du in arge Bedrängnis oder große Schwierigkeiten. Das bedeutet, dass du dich noch nicht verändern kannst oder willst, weil du noch an alten Mustern festhältst. Dies verursacht in dir Disharmonie, Hindernisse und Schwierigkeiten.

Alles, was dein Leben bisher ausmachte – deine Gewohnheiten, deine Ticks, deine Erfahrungen, deine Vergangenheit – all das, was du warst, wird versuchen, dich zu hindern an deinem neuen Leben, es wird versuchen dich in der Vergangenheit zu halten.

Wodurch werde ich wachsen?

4. Du wirst Wachstum nur erreichen, wenn du deine alten Strukturen loslässt und deine neuen annimmst, wenn du das, was besser für dich ist, in deinem Leben integrierst, und das, was bisher nur gut war, aufgibst. Lass es dir aber bewusst werden, dass du von alledem nur das empfangen und erhalten wirst, was du auch gibst.

Erinnere dich an das Vorwort: Wenn du Liebe haben möchtest, musst du Liebe sein. Wenn du Wohlstand haben möchtest, dann musst du an Wohlstand denken. Wenn du Reichtum möchtest, dann musst du an Reichtum denken. Wenn du Gesundheit möchtest, dann musst du an Gesundheit denken. Alles, was du denkst, wirst du dann auch sein und geben.

Wodurch bin ich in der Lage, meine Umstände bewusst zu kontrollieren?

5. Du musst beginnen, das, was du hast, loszulassen, damit du das, was du willst, erhältst. Du wirst lernen, ein Gespür dafür zu bekommen, dass du alles kontrollieren kannst. Du wirst Wissen erlangen, das dir mitteilt, warum du etwas anziehst. Du wirst aus dem, was du an Erfahrung machst, deine Essenz herausziehen, die du benötigst, um weiteres Wachstum zu erlangen. Dies bringt dir das Maß an Harmonie und Glückseligkeit, welches du benötigst.

Vielleicht denkst du ja darüber nach, das loszulassen, was du hast. Du denkst darüber nach und hast dir zum Ziel gesetzt, deine Schulden loszuwerden, doch das, worüber du nachdenkst, sind deine Schulden, und das, worüber du nachdenkst, wirst du in dein Leben ziehen. Du sagst, dass du deine Schulden loswerden willst, und beginnst deswegen mit einem Schuldentilgungsprogramm. Beginne, über deinen Wohlstand nachzudenken!

Wenn du dich auf Mangel und Knappheit konzentrierst und auf das, was du nicht hast; wenn du dich in der Familie zu streiten beginnst, mit deinen Freunden diskutierst und erzählst, dass du dir etwas nicht leisten kannst, was glaubst du, was dann passiert? Du wirst es dir nie leisten können!

Werde ich in meinen Fähigkeiten zu wachsen beginnen?

6. Deine Fähigkeiten und dein Talent, dir das zu Eigen zu machen, was du für dein Wachstum benötigst, werden immer besser. Du musst mehr und mehr erkennen, was du tatsächlich willst, wodurch du dann auch mehr davon in dein Leben ziehst. Nichts anderes kommt mehr an dich heran.

Du willst Wohlstand, Reichtum und Überfluss? Dann konzentriere dich bitteschön auf Wohlstand, Reichtum und Überfluss!

Was lerne ich aus den Dingen, die mir begegnen?

7. Auf deinem neuen Weg werden Schwierigkeiten und Hindernisse auf dich zukommen, aus deren Essenz du das herausnehmen wirst, was für dein weiteres Vorwärtskommen von Wichtigkeit ist. Es kommen alle Umstände und Erfahrungen zu dir.

Du wirst in den ersten Momenten meinen, dass über dir die Himmel zusammenbrechen werden. Das ist so, wie wenn du dein Haus aufräumst. Zuerst stellst du alles auf die Straße, um zu sehen, was du nicht mehr benötigst, und es werden die einen oder anderen Erinnerungen wach. Doch du hast gelernt, dass du dich auf deine Zukunft konzentrieren sollst, auf das, was für dich von Nutzen ist, und das Alte vergangen sein lässt. Jetzt kannst du mit den Dingen, die du wirklich benötigst, dein Haus neu einrichten.

Bekomme ich immer das, was ich denke?

8. Du erntest, was du säst. Du bekommst den Ausdruck in deinem Leben in dem Verhältnis, wie du dich anstrengst, Schwierigkeiten zu überwinden.

Je konzentrierter deine Gedanken, deine Emotionen, je stärker du etwas willst und je mehr du dich darauf einlässt, umso ausdrucksstärker ist das Resultat in deiner Realität, die du spürbar erlebst.

Wem muss ich alle meine Gedanken anpassen?

9. Du wirst dein Verständnis für die Naturgesetze verfeinern, um das größte Maß an Anziehung auszuüben, was perfekt mit dir in Übereinstimmung sein wird.

Was für dich bedeutet: Du kannst dir immer nur dein Eigenes in dein Leben denken. Alles, was du dir wünschst, muss auch zu dir und deiner momentanen Entwicklung passen.

Wie gebe ich meinen Gedanken das nötige Leben?

10. Damit dein Gedanke Lebenskraft besitzt, benötigt er deine Liebe, und Liebe ist eine tiefe Emotion von dir. Es ist für dich unerlässlich, dass du diese Emotion mit deinem Intellekt und deinem logischen Denken steuerst.

Das größte und höchste Lebenselixier ist die Liebe!

Ist das der einzige Nährstoff?

11. Das Gesetz der Liebe und das Gesetz der Anziehung sind gleich, und durch die Liebe verleihst du dem Gedanken Lebenskraft. Er wird bekommen, was er für sein Wachstum benötigt. Liebe ist alles, was du dem Gedanken geben musst.

Wie ist denn der weitere Ablauf?

12. Deine erste Reaktion auf deine Gedanken, auf das Gesetz der Anziehung ist, dass du beginnst, deine Gedanken in Worte zu fassen, weil dies die erste Reaktion auf das Gesetz der Liebe ist.

Zuerst ist der Gedanke und dann das Wort, und das Wort, ist es, womit du Weiteres ausdrückst.

Wozu führt mich das Denken?

13. Wünschst du dir Erstrebenswertes, das heißt, wünschst du dir nur das Beste, dann ist es für dich selbstverständlich, dass du ausschließlich die Gedanken zum Ausdruck bringst, die dir auch ein solches Resultat liefern und dass du ausschließlich die Gedanken denkst, die auch nur das Beste ausdrücken. Denke also nur die besten Gedanken!

Wenn du beginnst, das Gesetz der Anziehung zu verstehen, machst du dir Gedanken darüber, wie du deine Situation verändern kannst. Das Gesetz der Anziehung besagt, dass du genau das bekommst, worauf du dich konzentrierst. Also beginne doch, dich auf das zu konzentrieren, was für dich das Beste ist.

Wie gehe ich in meiner Konzentration vor?

14. Die Schlussfolgerung ist, dass du dir ausschließlich das Beste wünschen darfst. Nun verhält sich das aber so, dass du nicht nur in deinen Gedanken das Beste tragen und formen und formulieren solltest. Der erste Ausdruck geschieht in deiner Sprache. Das heißt für dich, dass du konstruktiv und harmonisch mit diesem ersten Ausdruck umgehen musst. Es geht um den Fluss, durch den sich dein Gedanke ausdrückt. Kommt es durch Unachtsamkeit zu einem Stau, dann fließen die Möglichkeiten, diesen besten Gedanken auszudrücken, nicht mehr, und es kommt zu einem Nichterfüllen dieses Gedankens. Die Produktion des Unterbewusstseins wird unterbrochen. Es wird jetzt das produziert, was du ausgesprochen hast. Dies bezeugt die Macht der Worte.

Um Reichtum zu sein und ausdrücken zu können, musst du an Reichtum denken. Denkst du jetzt an Reichtum und sprichst aber davon, dass du dir dieses oder jenes nicht leisten kannst, dann schwingst du gleich mit dem, was du willst, und dem, was du denkst. Du erhältst nichts von alledem, was du willst, sondern nur noch mehr Verlust. Du musst lernen, in deiner Konzentration eins zu sein mit deinem Gedanken, eins in deinem Tun, in deinen Handlungen, sodass du mit deinen Gedanken eine Sprache sprichst und eine Tat tust.

Alles in dir ist stimmig, alles in dir ist eins.

Und wenn ich in mir anderes sehe, als das, was ich möchte?

15. Dergleichen wird dich treffen, wenn du mit den von dir geschaffenen Bildern in deinem Innern in einen Konflikt gerätst. Dies bedeutet, dass du, durch deine Worte urplötzlich neue Bilder erschaffst oder durch die Bilder, die du hast neu entstehen lassen, nicht mehr gleich schwingst mit deinem Ursprungsgedanken, und nun neue Worte assoziierst. Es ergibt sich nun, dass das, was du in deinem Innern hast neu entstehen lassen, nichts mehr mit deinem Wohlbefinden und Wohlergehen zu tun hat.

Alle Macht und Kraft kommt aus deinem Innern. In dir erschaffst du dir deine äußere Welt, dein äußeres Empfinden. Wenn du in deinen Gedanken, in deinen Worten, in deinen Bildern, deinen Emotionen nicht konform gehen kannst, dann wirst du Negatives und Elend in dein Leben ziehen. Bereinige deine Gedanken, und halte deine Bilder sauber, dann wirst du nur das Beste erleben.

Wie steigere ich meinen Ausdruck?

16. Je klarer dein Denken wird und je höher die Ebene wird, die du erreichst, umso mehr Leben manifestierst du. Um dir diesen Schritt leichter zu machen, ist es für dich in deinem sprachlichen Ausdruck wichtig, klar definierte, bildhafte Wörter zu verwenden und diese in ihrer Formulierung freizuhalten von niederem Sprachgebrauch.

Verwische deine Gedanken, deine Bilder und deine Sprache nicht. Gib allem einen bildhaften starken, farbenfrohen und klaren Ausdruck. Bleibe auch hier in der Liebe!

Womit muss ich meine Gedanken ausdrücken?

17. Suche sorgfältig aus, mit welchem Wortschatz du dich ausdrücken willst. Halte deine Sprache klar und sauber. Es sind Worte, mit denen du deine Gedanken ausdrückst, diese Worte müssen genauso den höheren Ansprüchen gerecht sein wie alles andere auch.

Was aus unserem und auch deinem Munde kommt, ist das, was den Gedanken, deinen Bildern die Grundlage für die weitere Entwicklung, die weitere Entstehung deines Wunsches gibt.

Ist das etwas Besonderes?

18. Diese Macht, Gedanken in Worte zu fassen, unterscheidet dich vom Rest der Lebewesen.

Ja, es ist der Unterschied zwischen dir und den anderen Lebewesen.

Warum ist das so?

19. Jede Aufzeichnung ist demnach ein Ausdruck des universellen Geistes, des universellen Denkens, das sich danach sehnt, im Geist des Menschen seinen Ausdruck zu finden und Gestalt anzunehmen.

Alles, womit dem du in Berührung kommst, ist ein Ausdruck des großen universellen Denkens, und du bist ein Teil davon.

Worin muss meine Genauigkeit liegen?

20. Du weißt, dass der universelle Geist sich zum Ziel gemacht hat, sich durch Form auszudrücken, genauso wie es sich der individuelle Geist zum Ziel gemacht hat, sich durch Form auszudrücken. Nun ist es so, dass das Wort klar, konstruktiv, harmonisch und den Naturgesetzen angepasst sein soll. Das Wort selbst ist eine Gedankenform, die sich ausdrückt. Ein ganzer Satz ist eine Verkettung von Gedanken, die ausgedrückt werden, ebenso wie ein Satz

Gedankenverkettungen erschafft. Wenn du nun willst, dass dein Ideal schön und stark ist, dann musst du einsehen, dass die Wahl deiner Worte auch schön und stark sein muss, damit du deinem Ideal entsprechen kannst.

Deine Worte bilden ebenso ein Material wie deine Gedanken, und das Zusammenstellen von Worten, das genaue Bilden von Wörtern und Sätzen ist die höchste Form der Architektur und deine Eintrittskarte zum Erfolg.

Deine Genauigkeit muss in der Formulierung, in dem Material, mit dem du deine Gedanken formst und ausstattest, liegen.

Was sind meine Worte?

21. Deine Worte sind deine Gedanken und somit eine genauso unbezwingbare und unsichtbare Macht.

Deine Worte sind deine ausgesprochenen Gedanken und tragen als erstes zur Grundlage der weiteren Entwicklung bei.

Welche Macht liegt in meinen Worten?

22. Deine Worte können zu Orten werden, deine Worte können aber auch Baracken sein. Deine Worte beinhalten die Zukunft, die Gegenwart und die Vergangenheit. Deine Worte geben Hoffnung und sind lebende Boten, aus denen menschliche oder übermenschliche Handlungen geboren werden.

Deine Worte können himmlisch sein und dich tragen, oder sie können dir ein Heim der Verwahrlosung bieten. Es liegt an dir, welche Wahl du triffst.

Wie kannst du das Prinzip der Gedanken erkennen?

23. Die Schönheit des Wortes besteht in der Schönheit des Gedankens, die Macht des Wortes besteht in der Macht des Gedankens und die Macht des Gedankens, besteht in seiner Lebenskraft.

Du erkennst das Prinzip darin, dass deine Worte aus Schönheit, aus Macht bestehen, genauso wie deine Gedanken aus Schönheit und Macht bestehen: All dies verleiht ihnen die Lebenskraft.

Was ist dieses Prinzip?

24. Es gibt nur ein Prinzip der Gesundheit, aber es gibt keines der Krankheit. Es gibt ein Prinzip der Wahrheit, aber keines der Lüge. Es gibt ein Prinzip des Lichts, aber keines der Dunkelheit. Es gibt ein Prinzip des Überflusses, aber keines der Armut. Das Negative, das, was dich so sehr belastet, beschränkt und bedrückt, ist ein Bewusstsein des Mangels, das von dir geschaffen wurde, von deinem Ego.

Dieses Prinzip ist für dich das einzig wahre Prinzip. Alles, was in diesem Prinzip ist, ist voller Reinheit, voller Liebe.

Woher werde ich wissen, dass das wahr ist?

25. Daran wirst du es erkennen: Wenn du im Licht bist, kann es keine Dunkelheit geben. Wenn du im Überfluss bist, kann es keine Armut geben. Wenn du in der Wahrheit bist, kannst du nicht getäuscht werden.

Wo Liebe existiert, da kann nichts anderes sein.

Was ist die offensichtliche daraus resultierende Tatsache?

26. Für dich wird die wichtigste Wahrheit sein, dass ein Gedanke, der ein Prinzip in sich trägt, ein Gedanke voller Lebenskraft ist und somit Leben enthält, dass dieser Gedanke mit seinem Prinzip Wurzeln schlägt und damit beginnt, lebensarme negative Gedanken zu ersetzen.

Ein Gedanke, der das Prinzip enthält, ist ein Gedanke des Wachstums und der Fülle.

Was ist die Tatsache?

27. Dieses ist die Tatsache, die dich dazu befähigt, Mangel, Unfrieden oder Begrenzung zu ersetzen.

Es ist die Tatsache, die dich über alles erhebt.

Was bedeutet diese Tatsache für mich?

28. Du wirst durch diese Erkenntnis, die sich in dir verewiglicht, verstehen, dass du mit der schöpferischen Kraft der Gedanken eine der mächtigsten Waffen an die Hand bekommen hast, um dein eigenes Schicksal zu schreiben.

Diese Tatsache bedeutet, dass du mit der Macht deiner Gedanken die größte Kraft zur Erschaffung deines neuen Lebens bekommen hast.

Wohin führt mich diese Erkenntnis?

29. Nun ist es so weit, du hast nach etwas gefragt, dein Unterbewusstsein, das nicht logisch denken kann, nimmt dich beim Wort. Jetzt wirst du es erhalten, du hast dir dein Bett gemacht, und jetzt musst du dich hinein legen. Die Form ist gegossen.

Diese Erkenntnis führt dazu, dass nun jeder, wirklich jeder Gedanke sich manifestiert.

Worauf sollte ich jetzt achten?

30. Deine Gedanken, die du zur Verwirklichung an dein Unterbewusstsein abgegeben hast, halte stets sauber, damit auch das, was du dir in deiner inneren Welt erschaffen hast, einen klaren und sauberen Ausdruck in deinem Leben findet.

Achte darauf, dass du nur noch Gedanken mit den dir wohlwollenden Auswirkungen denkst und dich von allem negativen Befall fernhältst.

Habe ich Hilfsmittel?

31. Mit der Einsicht erhältst du die Möglichkeit, auch Schwierigkeiten zu sehen. Die Einsicht dient dir wie ein Teleskop und ist eine Hilfe, die dich davor bewahrt, zukünftig Unfug zu fabrizieren.

Wobei hilft die Einsicht?

32. Die Einsicht wird dir helfen, auf die Hindernisse vorbereitet zu sein, die auf dich zukommen werden, bevor du in große Schwierigkeiten gerätst.

Sie hilft dir, dich auf Unstimmigkeiten vorzubereiten.

Was kann die Einsicht noch?

33. Die Einsicht wird es dir auch ermöglichen, zu deinem Vorteil zu planen und dein Denken und deine Aufmerksamkeit in die richtige Richtung zu wenden, damit du den größten Nutzen trägst.

Sie plant mit dir zu deinem Vorteil.

Was bedeutet das jetzt?

34. Einsicht ist für dich unerlässlich. Mit der Einsicht kannst du jede großartige Leistung entfalten, überall eintreten, alles entdecken und besitzen.

Die Einsicht ist für deine gewünschten Leistungen unerlässlich.

Wie komme ich zur Einsicht?

35. Deine Einsicht ist ein Produkt der inneren Welt und wird in der Stille durch Konzentration entwickelt.

Ausschließlich durch Harmonie sowie innere Ruhe und Stille kommst du zur Einsicht.

Affirmation zu Kapitel 15:

„Wo Liebe existiert, da kann nichts anderes sein."

Notizen:

Kapitel 16 – Die Erschaffung wissenschaftlicher Ideale

Wenn du die Gesetze und deren Auswirkungen kennst, dann kannst du dir diese auch zunbutzen machen. Dadurch gewinnst du die Erkenntnis, dass du ausschließlich durch geistiges Tun zu dem kommst, was du wirklich willst.

Diese Erkenntnis wiederum führt dich dazu, dass Harmonie und Glückseligkeit nichts mit finanziellem oder materiellem Wohlstand zu tun haben, sondern dass es ausschließlich deine Bewusstseinszustände sind, die dir dazu verhelfen.

Deine Übungen führen dich zu immer größerem Leistungsvermögen, was schließlich auch zu mehr Lebenskraft für Ideale und Visionen führt.

Was ist die Wirklichkeit?

1. Wohlstand ist das Ergebnis von Arbeit, Kapital ist eine Auswirkung und keine Ursache, ein Diener und kein Meister, ein Hilfsmittel und kein Ziel. Hier möchte ich ganz kurz hinzufügen, dass es um das geht, was ist, und auch in der Formulierung darauf zu achten ist.

Wirklichkeit ist das, was am Ende bleiben wird. Du benötigst eine Unmenge an Hilfsmitteln, die dich letzten Endes aber dennoch und ausschließlich dadurch an dein angestrebtes Ziel, in deine Wirklichkeit bringen.

Was charakterisiert den Wohlstand?

2. Du musst das definieren, was du haben möchtest. Du weißt, dass alles einen Titel hat, dass ein Haus ein Haus ist, jedoch das, was die Zimmer ausmacht, was das Fundament des Hauses ausmacht, das ist das, was das Haus zum Haus macht und ist deswegen so wichtig, weil es das Haus charakterisiert.

Wohlstand ist für dich durchaus schon etwas Nützliches, jedoch bildet auch der Wohlstand nur ein Tauschmittel, um damit zu einem höheren Glück zu kommen.

Worin liegt der wirkliche Wert?

3. Überlege dir, wieviel der Wohlstand zum Glück des Besitzers beiträgt. Erkennst du nicht auch, dass es vielmehr um den Austausch geht, der das Glück ausmacht!

Es ist sehr kompliziert und so einfach: Der wirkliche Wert des Wohlstandes ist der Wert dessen, was du für deinen Wohlstand bekommst.

Was ich bekomme dafür?

4. Dieser Austausch wird für dich zu einem Hilfsmittel, mit dem du dir die wirklich wichtigen Dinge beschaffen kannst, um damit deine Ideale verwirklichen zu können.

Dieser Austausch wird dir Wege eröffnen, dich in Situationen bringen, dir Begegnungen offenbaren, durch die du dann das wirklich Wichtige für dich erhalten wirst. Dies kann Friede sein, Liebe, Gesundheit oder Ähnliches.

Wovon ist Erfolg abhängig?

5. Das, was dein Ideal ist, liegt weit über dem Wohlstand, zumal dein Erfolg weit darüber liegt. Erfolg, den du haben willst, der deinem Ideal entspricht, ist nicht der Reichtum. Dieser ist nur Hilfsmittel. Du solltest dir darüber im Klaren sein, dass das Ideal, das du anstrebst, für dich auch erreichbar sein muss.

Das Erreichen deines höheren Selbst ist abhängig von den Tauschmitteln, die du hast und davon wie zahlreich und wie groß diese sein müssen, um zu deinem Ziel zu gelangen.

Woher bekomme ich all diese Mittel?

6. Dieser Sinn, dein Ideal, muss ganz klar, fest und unumstößlich sein. Es ist und bleibt dein Ideal, und die Hilfsmittel wie Reichtum, Wohlstand oder Ähnliches können es nicht ersetzen, sondern dienen letztendlich nur dazu, dein wahres Ideal zu erreichen. Diesem Ideal hast du einen bestimmten und festgelegten Sinn gegeben.

Dies alles wird dir durch die Kraft der Anziehung, durch die Liebe verliehen. Wie du in den Kapiteln vorher schon gelernt hast, ist es so, dass du dich ausschließlich auf das **Was** und nicht auf das **Wie** konzentrieren sollst, denn das **Wie** wird dir automatisch über das Unterbewusstsein zugesteuert – sei es in Form von Begegnungen, Hilfsmitteln oder Ähnlichem.

Und wenn ich mich verloren fühle?

7. Dein großes geistiges Verständnis, die Macht, die du besitzt, dein Erfolg kommt von einer übergeordneten höheren Macht, einer wahrlich geistigen Macht. Das Einzige, was dich von deinem Erfolg trennt, ist, diese Macht anzuerkennen.

Es gibt nur die eine Macht, die mit dir geht und mit dir ist. Du bist nicht allein, erkenne diese Macht!

Wovon hängt diese Macht ab?

8. Deine schöpferische Macht hängt gänzlich von deiner spirituellen Macht ab, und diese unterteilt sich in drei Schritte: Idealisierung, Visualisierung und Materialisierung.

Deine Macht hängt davon ab, dass du das, was du willst, in seiner Vollständigkeit siehst, dass du das Ideal in seiner Vollständigkeit siehst.

Kann ich wirklich alles im Detail sehen?

9. Hast du dir wirklich alles vorstellen können? Hast du die Gleise gesehen, nachdem deine Augen geschlossen waren? Hast du die Züge gesehen, den Dampf aus den Kesseln? Bist du in deiner Visualisierung wirklich so weit gegangen?

Je genauer du dir das Gewünschte vorstellst, umso genauer kann dein Unterbewusstsein arbeiten. Spüre den Wind in deinem Haar, der während der Fahrt mit deinem gewünschten Cabriolet weht. Erlebe das **Echte,** und das **Wie** wird sich dir zeigen und vollenden.

Ist das die Bedeutung von Ursache und Wirkung?

10. Du siehst hier, dass der Gedanke der Handlung vorausgeht, hier. Es ist das Gesetz von Ursache (Gedanke) und Wirkung (Handlung).

Gedanken gehen deiner Handlung voraus und sind somit die Ursache deiner Handlung, und die Handlung, deine Handlung, ist die Wirkung deiner vorausgegangenen Gedanken.

Machen diese Gedanken mein Leben aus?

11. Die feinen Kräfte deines Denkens, so wie sie sich in deinen täglichen Launen herauskristallisieren, sind das was dein Leben ausmacht.

Jeder Gedanke verschafft sich seine Realität in deinem Leben. Wie du bereits weißt, ist die einzige Aufgabe des Gedankens, sich auszudrücken, und das kann er nur in deiner realen Welt.

Was sind denn dann meine Gedanken?

12. Die Masse, aus der heraus du die Bilder schaffst, die du über dein Leben malst, sind deine Gedanken. Deine Gedanken sind das Material, aus dem etwas geschaffen wird. Es ist vergleichbar mit dem Ton des Töpfers. Um diesen Ton auf die richtige Weise zu nutzen, bedarf es deiner Fähigkeit zu erkennen, dass deine Gedanken das Material sind, und das ist die Voraussetzung, um etwas zu erreichen.

Deine Gedanken sind das, womit du dein Leben, deine Begegnungen, deine Zukunft und dein Erleben formst. Halte deine Gedanken sauber, klar und fest strukturiert, dann wirst du auch deine Welt ebenso erleben.

Ich erlebe im Augenblick ganz starke Veränderungen wie vorzeitigen Wohlstand oder Ähnliches. Ist das dann für mich der richtige Weg?

13. Das, was du willst, Reichtum, Erfolg, Glück, Harmonie und so weiter, ist etwas, das du dir mit dem Material des Töpfers, der du bist, hart erarbeiten musst. Das, was sich vorschnell und ohne Grundlage sofort bildet, ist nichts anderes als ein Vorbote für Erniedrigung und Unglück.

Prüfe die Stabilität und die Grundlage dessen, was sich dir in deinem Leben zeigt. Vieles ist nicht das Wahre, sondern bildet nur einen Schein, der versucht, dich zu trügen. Wenn du in deinem Innern die Macht akzeptierst, dann wird sich dir auch die Frage nicht mehr stellen, und du erkennst wegen der Macht in dir, ob das, was sich dir zeigt, das tatsächlich Wahre ist.

Wie soll ich entscheiden, was ich in die innere Welt lasse?

14. Was dir in der äußeren Welt begegnet, ist das, was du dir in der inneren Welt geschaffen hast, das, was du dort hineingelassen hast. Du musst unterscheiden, wem oder was du Einlass gewährst.

Bedenke das Sprichwort: „Wie außen, so auch innen." Das, was du in dein Inneres lässt, ist doch nur das, was du im Außen, also in deiner spürbaren Welt, haben willst. Demnach kannst du entscheiden, was du in deine innere Welt lässt und was nicht.

Wie kann ich mich schützen?

15. Alles, was über deinen bewussten Verstand eindringt, was dort Zugang erhält und sich dort niederlässt, ergibt ein Bild in deiner inneren Welt. Dieses Bild ist nun das, was die Form für die universelle Substanz bildet. In dieser Form, die aus deinem Bild geschaffen wurde, entsteht nun das, was du in deinen bewussten Verstand hast eindringen lassen. Dies sind Dinge aus deiner Umwelt; aus deinem früheren Leben; aus den Gesprächen, die du geführt hast; aus den Erfahrungen, die du machtest. Es sind Formen deines negativen Denkens.

Dir ist nun die Möglichkeit gegeben, diese Denkprozesse zu verändern und dir neue zu schaffen. Du hast die Macht und die Möglichkeit, unabhängig von dem, was um dich herum passiert oder welche Gespräche du führst, dir die Welt zu schaffen, wie du sie willst. Gehe hinunter in deine Schatzkammer und beginne neu – immer im Einklang mit den Naturgesetzen So schreibst du dein eigenes Schicksal und kannst deinen Verstand und deine Seele steuern.

Du wirst dich nur dadurch schützen können, dass du die Naturgesetze beibehältst, dass du dich danach richtest, was zum Beispiel dem Wohle aller Beteiligten entspricht. Selbst die Bilder, die du dir selber schaffst, musst du einer sorgfältigen Prüfung unterziehen, damit diese nicht einen negativen Ausdruck in deiner Welt finden.

Du neigst dazu, dir auch über die Dinge Gedanken zu machen, die du nicht möchtest, und die Sachen anzuschauen, die du nicht willst. Damit schenkst du diesen Dingen, Ereignissen und Begebenheiten die gleiche Aufmerksamkeit wie den Dingen, die du willst. Du verschwendest deine Kraft und nährst den Boden für das, was du nicht möchtest.

Investiere deine Energie wieder in das, was du willst, und bleibe dabei.

Ist nicht alles doch nur ein „Zufall"?

16. Dir sollte klar sein, dass du dein Schicksal den Händen des „Zufalls" entrissen hast und du der Meister deines eigenen Lebens bist. Du kannst dir die Erfahrung schaffen, die du willst. Willst du die Erfahrung eines Millionärs,

dann schaffe sie dir! Willst du die Erfahrung eines glücklich verheirateten Menschen, dann schaffe sie dir! Du kannst alles, was du willst, immer dann, wenn es im Einklang mit den Naturgesetzen ist.

Was willst du? Möchtest du Freunde und Bekannte? Dann denke sie dir! Möchtest du Gesundheit? Dann denke sie dir! Möchtest du eine schöne Wohnung? Dann denke sie dir! Du kannst dir das erschaffen, was du willst, und das alles gelingt dir durch dein richtiges Denken.

Wenn Gedanken alles bestimmen, was hat das für eine Bedeutung für mich?

17. Wenn du deine Gedanken kontrollierst, bedeutet das für dich, dass du dann auch unweigerlich all das kontrollierst, was die Umstände in deinem Leben ausmacht, was dein Schicksal ist. Du bist der Meister deiner selbst.

Du und der Allmächtige, ihr seid eins. Der Unterschied ist nur graduell, und du bist der Meister deines Lebens und der Bildhauer deiner Erfahrungen, deiner Begegnungen deiner Zukunft. Du bist in der Lage, alles, was geschehen ist, zu verändern und Situationen zu bereinigen.

Wie kann ich das alles tun?

18. Wie beginnst du nun, diese Gedanken zu kontrollieren? Denken bedeutet für dich, dass du einen Gedanken erschaffst. Das Ergebnis dieses Gedankens hängt von seiner Form ab (die Form ist das Bild des Gedankens). Ebenso ist die Qualität des Gedankens entscheidend (die Reinheit des Gedankens) und natürlich die Lebenskraft des Gedankens (wie stark ist dein Glaube).

Dies alles hast du, indem du deinen Gedanken Form, Qualität und Lebenskraft gibst. Weiteres erläutere ich in den folgenden Punkten.

Was heißt Form?

19. Die Form hängt ab von der Tiefe des Eindrucks, der Überlegenheit der Idee, der Klarheit der Vision und der Kühnheit des Bildes.

Form heißt, je mehr Gefühl, je mehr Tiefe und je mehr Glaube.

Wie steht es mit der Qualität des Gedanken?

20. Die Qualität hängt ab von der Substanz, die wiederum von dem Material aus dem Bewusstsein. Dieses besteht aus Gedankens von Schlagkraft, Stärke, Mut und Bestimmtheit. Wenn dies so ist, dann wird dein Gedanke eine hohe Qualität haben.

Die Qualität ist abhängig von der Intensität des Gedanken und von seiner Stabilität. Fokussiere deinen Gedanken auf einen Punkt, und konzentriere diesen, um im Ergebnis die Qualität zu erzielen, die du möchtest.

Und was ist mit der Lebenskraft?

21. Die Lebenskraft hängt von Gefühlen ab, die den Gedanken durchtränken und ihn ausfüllen. Dein Gedanke soll konstruktiv sein, dann wird er wachsen, sich entwickeln und ausdehnen. Er wird schöpferisch sein und all das anziehen, was er für seine Entwicklung benötigt.

Deine Gedanken benötigen deine Emotionalität und deinen Glauben, um sich am Leben zu erhalten.

Und wenn ich auch zerstörerische Gedanken habe?

22. Trägst du negative oder gar zerstörerische Gedanken mit dir, dann werden diese Gedanken zwar sterben, aber in diesem Sterbeprozess werden sie dir allerlei Krankheiten, Missstimmung und Leid bringen.

Zerstörerische Gedanken haben den Keim ihres eigenen Todes in sich, jedoch werden sie in der Zeit des Sterbens auch bei dir Krankheit, Leid und Missstimmung mit sich bringen.

Wie bezeichne ich meine Stimmung, und wer ist schuld?

23. Diese Missstimmung wirst du natürlich als „schlecht“ bezeichnen, und du wirst die Schuld daran wahrscheinlich einem übergeordneten Wesen zuschreiben wollen. Doch dieses übergeordnete Wesen ist „Geist im Gleichgewicht“, und du bist derjenige, der sein Gleichgewicht verloren hat.

Du wirst nicht in guter Stimmung sein und dich schlecht fühlen. Und du wirst die Schuld bei Gott suchen, doch Gott ist es nicht, der schuld ist, sondern es ist dein aus dem Gleichgewicht geratener Geist.

Was ist es denn noch?

24. Wenn du es nicht wertest, dann ist es weder gut noch schlecht, es ist einfach nur.

Es ist!

Was mache ich dann damit und mit dem Gefühl?

25. Deine Fähigkeit, deine Gedanken in Form zu bringen, ist deine Fähigkeit, gut oder böse zu erschaffen und zu manifestieren.

Du hast gelernt, wie du es umkehren kannst und es in die eine für dich konstruktive Form bringst. Es kann auch sein, dass du vielleicht nochmals in den Kapiteln 1-3 lesen möchtest.

Wie nenne ich das Ergebnis meiner Handlungen?

26. Du verwendest die Wörter gut oder böse nur, um deine Handlungen zu rechtfertigen, weil deine Handlungen deinen Charakter bestimmen.

Das Ergebnis deiner Handlungen wird von dir und allen anderen als gut und böse bestimmt, was jedoch nur eine Wertung deiner Handlungen und deren Ergebnis ist. Gut und Böse sind das Ergebnis der Ursache, des Denkens und bestimmen den Charakter. Hast du einen guten oder hast du einen bösen Charakter?

Was bedeutet das für mein Denken?

27. Denkst du konstruktiv und zum Wohle der Allgemeinheit sowie den Naturgesetzen entsprechend, dann manifestierst du das Gute. Denkst du hingegen zerstörerisch und abtrünnig oder gar disharmonisch, das heißt wider die Naturgesetze, dann ist es das Böse, was du manifestierst.

Denkst du harmonisch, dann bringst du das Gute in dein Leben. Denkst du disharmonisch, dann holst du das Böse in dein Leben.

Also entscheide dich, was du denkst und was du in deinem Leben willst.

Wie schaffe ich mir diese gute Welt?

28. Wenn du dir etwas anderes vorstellen möchtest, dann gehe folgendermaßen vor: Halte dein Ideal in deinem Bewusstsein, stelle dir keine Personen oder Ähnliches vor, sondern ausschließlich dein Ideal, das bei seiner Verwirklichung durch deine Schatzkammer immer mit den richtigen Personen in der richtigen Umgebung zusammenkommen wird, weil deine Schatzkammer der Produzent des Perfekten ist. Dort wird nichts geschehen, das nicht genauso perfekt ist. Alles wird zur richtigen Zeit am richtigen Ort sein.

Du schaffst dir das, was du willst, was deinem Ideal entspricht, dadurch, dass du dich zu 100 % darauf einlässt, dass diese Welt in deinem Inneren bereits existiert. Dadurch erschaffst du dir diese Welt in deiner spürbaren Realität, und nichts und niemand darf dich davon abhalten, diesem Ideal und dieser Welt treu zu sein. Die richtigen Dinge werden zur richtigen Zeit am richtigen Ort geschehen.

Muss ich das verstehen?

29. Auch wenn du nicht alles verstehst, so ist es eine wissenschaftliche Tatsache und wird noch erläutert.

Konzentriere dich ausschließlich auf das **Was**, und das **Wie** wird dir durch die universelle Macht zugewiesen.

Was erkenne ich dadurch?

30. Du wirst feststellen, dass das, was du denkst, dein Bewusstsein und dessen Qualität beeinflusst, dass die Qualität des Bewusstseins wiederum deine Fähigkeit und geistige Leistungsfähigkeit bestimmt, dass Verbesserungen ebenso große nachhaltige Einflussnahme auf alle Gegebenheiten haben.

Es ist die Qualität deines Bewusstseins, die über die Fähigkeiten und Leistungen des Resultates bestimmt. Sei dir dessen bewusst.

Was wird denn dadurch für mich deutlich?

31. Es wird somit für dich deutlich, dass Naturgesetze auf natürliche und harmonische Weise perfekt funktionieren. Beweise es dir durch deine eigenen Ergebnisse, wenn es um Selbstsucht ging oder um hohe Ideale. Du wirst nichts nachträglich als Beweis benötigen.

Es wird für dich deutlich, dass alles einfach so passiert, und das durch die Deutlichkeit der Naturgesetze.

Gibt es eine einfache Übung?

32. Willst du einen Wunsch erfüllt haben, so musst du ihn ausschließlich in seinem Endergebnis in deinem Inneren als Bild sehen, und diese Erfüllung des Wunsches, des Bildes aus deinem Inneren wird sich in deinem realen Leben ausdrücken.

Ja, es gibt einfache Übungen, aber selbst diese sind nur mit Anstrengung zu bewältigen. Stelle dir vor, wie du zum Beispiel einen freien Parkplatz erhältst. Stelle dir vor, dass du am Ende des Monats oder der Woche Geld aus einer dir nicht bekannten Quelle erhältst. Es ist die Visualisierung und der Glaube, der es ermöglicht.

Gibt es noch Besonderheiten?

33. Deine Vorstellungskraft, deine Visualisierung, bringt Eindrücke in dein Unterbewusstsein und ist dann die Form, aus der heraus gegossen wird. Aus diesen Eindrücken wiederum entstehen Konzepte und Pläne und Materialien, die dann in deinem Erleben den Ausdruck nehmen, und zwar spürbar.

Deine Visualisierung ist die Form, und du bist der Meisterarchitekt deines eigenen Hauses. Dadurch erhältst du deine Visualisierung lebendig in deiner realen Welt.

Wo ist der Ursprung dessen?

34. Die Macht und das Material dazu entstehen ausschließlich durch dein Gefühl, mit dem du die Eindrücke, die Form verstärkst.

Dein Gefühl ist der Ursprung jeglicher Macht.

Wie kann ich die Visualisierung lenken?

35. Du lenkst natürlich deine Visualisierung durch den Willen, und du musst dir exakt vorstellen, was du willst. Beachte, dass du die Vorstellungskraft ebenso kontrollieren musst, damit sie dich nicht mit eigenen, von ihr gemachten Schlussfolgerungen in einen Abgrund treibt.

Deine Vorstellungskraft ist dir ein guter Diener, der manchmal versucht dir etwas vorzumachen. Du wirst sie beherrschen, indem du dich auf dein Ideal konzentrierst und an diesem festhältst, bis es in dein Leben getreten ist.

Wie bleibe ich aufmerksam und wachsam?

36. Schaffe dir ausschließlich solche Bilder, von denen du weißt, dass sie tatsächlich wissenschaftlich belegbar sind, und prüfe jedes deiner Bilder. Wenn du dies tust, dann hast du nur die Bilder in deinem Innern, die du auch tatsächlich verarbeiten und erleben willst.

Halte deine geistige Einstellung harmonisch, bleibe den Naturgesetzen treu, suche die Einheit mit dem universellen Geist. All dies wird dir das herbeiführen, was für dein Größtes erforderlich ist.

Affirmation zu Kapitel 16:

„Ich denke meine besten Gedanken, und diese halte ich in Harmonie!"

Notizen:

Kapitel 17 – Mehr intuitive Wahrnehmung durch Konzentration

Deine Schwingungen sind fein und machtvoll. Diese Schwingungen sind die Entstehung deiner Gedanken. Deine Gedanken beziehungsweise deine Schwingungen prägen dein Unterbewusstsein, indem du einen ununterbrochenen Gedankenfluss aufrechterhältst. Dieses Aufrechterhalten kannst du ausschließlich über deine Konzentration erreichen.

Bricht der Gedankenfluss ab, so erreichen deine Schwingungen nicht ihr Ziel und können keine Harmonie erzeugen. Du kommst nicht in Einklang mit dem Universellen.

Die Lebenskraft deiner Gedanken erhöhst du durch Liebe!

Habe ich als Mensch die „Herrschaft über alle Dinge“?

1. Dir wurde gesagt, dass deine Herrschaft auf Bewusstsein gründet und dass dein Denken alle Prinzipien steuert.

Du bist der Meister deines Selbst. Es ist nur eine Person für dein Glück, deine Gesundheit, dein Wohlbefinden und deinen Reichtum verantwortlich: du selbst.

Wann wird für mich physische Macht und Kraft bedeutungslos?

2. Du weißt, dass deine geistigen Kräfte die machtvollsten Kräfte sind und alles Physische bedeutungslos wird. Das hatten wir schon behandelt, als ich dir sagte, dass du die äußere Welt nur ändern kannst, wenn du die innere Welt änderst. Änderungen durch Äußeres führen zu neuem Leid, und das willst du ja wohl nicht.

Physische Macht wird für dich bedeutungslos, wenn du begreifst, dass die geistigen Kräfte die feinsten und machtvollsten sind. Das, was du in deinem Geiste denkst, das, was du in Gedanken mit dir trägst, ist das, was sich in deiner äußeren Welt manifestiert.

Was passiert, wenn der Geist kontinuierlich auf eine bestimmte Anwendung konzentriert wird?

3. Deine wirklichen und wahren Einsichten entstehen durch deine Konzentration und durch das Geistige, das Verbinden mit der unendlichen Quelle deiner Kraft. Hierbei ist es so, dass der Gedanke eine immer stärker werdende Schwingung wird und somit immer stärker mit der unendlichen Quelle in Resonanz steht.

Das, worauf du dich konzentrierst, ist das, was sich durch deine Anstrengung in deinem Leben manifestieren wird.

Was muss ich tun?

4. Bleibe in deiner Konzentration und unterbreche diese nicht, denn jegliche Unterbrechung bringt dich wieder zurück an den Anfang deiner Konzentration, und mit jedem Male wird es schwieriger, diese zu halten.

Wenn du in deiner Anstrengung bleibst, wie der Gewichtheber, der das Gewicht stemmt, wirst du den Erfolg verspüren.

Wodurch offenbart sich mein Erfolg?

5. So wie große Erfinder Jahre benötigten, um ihre Erfindung zu perfektionieren, ist es im Vergleich auch mit den Gedanken. Nicht erschrecken! Es geht nicht um Jahre, es geht um die Anstrengung.

Dein Erfolg zeigt sich genau so in seiner Pracht, wie du die Anstrengung gehalten hast. Möchtest du nur halbherzig eine Veränderung, so wird sich diese auch nicht in ihrem ganzen Erfolg zeigen.

Worin liegt die Großartigkeit meines Erfolges?

6. Deine Konzentration bewirkt, dass du das, was du dir in Gedanken vorstellst, einfach schon auszudrücken, und zu leben beginnst. Diese Übung ist schwer, weil du das Gewünschte ja noch nicht hast. Es ist der Glaube, den du in der Konzentration halten musst.

Erlebe in dir das, was du in deinen Gedanken visualisiert hast. Durch dein Tun und weil du dich so verhältst, als habest du schon das empfangen, was du willst, bist du in Gedanken so tief in deinem Thema, dass du dich schon mit dem vereinen kannst, worauf du dich konzentrierst.

Was geschieht durch dieses Wissen?

7. Alle Geheimnisse des Himmels und der Erde sind das Ergebnis dieser Art der Konzentration.

Durch dieses Wissen ziehst du die Wahrheit unaufhaltsam an.

Was geschieht durch das Wissen des unbewussten Wünschens?

8. Dein bewusstes Denken hindert dich an der Verwirklichung deiner Gedanken, weil es unter Zwang oder gar zwanghaft ist. Unbewusstes Wünschen erweckt die Fähigkeit in dir, dass dein Unterbewusstsein schon die Lösungen aller Probleme in sich trägt.

Unbewusstes Wünschen heißt, dass du dich als Einheit mit dem Universellen siehst, dass du die Aktivitäten zur Lösung aller negativen Zustände abgibst und das gewünschte Ergebnis bereits in dir trägst.

Wie kann ich mein Unterbewusstsein veranlassen, die richtige Richtung einzuschlagen?

9. Durch dein Unterbewusstsein wirst du zu den richtigen Handlungen geführt. Das ist das **Wie**. Du musst durch die Konzentration in der Lage sein, deinen Geist, deinen Körper und auch die Gedanken unter Kontrolle zu haben.

Bleibe bei deinem Wunsch, und setze deinen Willen und deine Konzentration ein. So hältst du Geist und Körper unter Kontrolle. In dieser Konzentration bleibst du ausschließlich auf das **Was** konzentriert, was du willst.

Was ist der entscheidende Faktor?

10. Es ist diese geistige Wahrheit, die dir hilft, auf Charakter und Bewusstsein zu schließen.

Deine Verbindung mit der Spiritualität ist die entscheidende Wahrheit. Durch diese Spiritualität wirst du aus deinen begrenzten Vorstellungen herauswachsen und dir neue Charaktere und ein neues Bewusstsein entwickeln.

Wie kann ich mein Ziel erreichen?

11. In deiner Konzentration, deinen Gedanken geht es nicht nur um das „Haben", sondern es geht immer zuerst um das „Sein", denn ohne dieses Sein wirst du nie in den Besitz des Gewünschten gelangen. Hege nicht den übermäßigen Enthusiasmus. Dein Ziel kann nur durch dein grenzenloses Selbstvertrauen erreicht werden.

Dein Selbstvertrauen, deine Konzentration sorgt dafür dass du das, was du dir wünschst, bereits als „Haben" empfindest und es deswegen gar nicht mehr wünschen musst, weil du bereits im Besitz dessen bist.

Und was ist, wenn es mir beim ersten Mal nicht gelingt?

12. Auch wenn du durch deinen Verstand gesagt bekommst, dass das jetzt wohl nicht mehr reichen wird, oder er dir mitteilt, dass das nichts geworden ist, so lasse dich nicht davon abbringen, sondern starte einen erneuten Gedanken und bleibe in der Konzentration.

Du wirst vielleicht mehrere Versuche der Konzentration und des Wünschens benötigen, aber gib nicht auf, denn du bist dem Ziel nahe.

Und wenn die Hindernisse zu groß sind?

13. Schwäche, körperliche Einschränkung oder geistige Unsicherheit sind das, was dich daran hindern will, diesen Weg zu gehen. Die Perfektion und die Leichtigkeit kommen wie beim Sport durch die Übung und tägliche Wiederholungen.

Bleibe bei deiner Konzentration und dem Bild des Wunsches, so wirst du mit Einfachheit deinen Erfolg verspüren – schneller als du denkst.

Was ist denn meine Aufgabe, um die Ergebnisse zu sehen?

14. Konzentriere deinen Geist auf das Leben, und du siehst die heutigen Ergebnisse.

Bleibe in deinem Wunsch! Verspüre den Erfolg, und das Ergebnis ist da.

Wie bringe ich meinen Wunsch zum Ergebnis?

15. Dein Wunsch und deine Konzentration geben dir die stärkste Kraft und sind die stärkste Art des Handelns. Je intensiver, je bestimmter der Wunsch ist, umso stärker sein Erscheinen. Das, was die Kombination zwischen Wunsch und Konzentration ausmacht, ist, dass du alles haben wirst was du willst.

Wunsch + Konzentration = Ergebnis

Wie komme ich in den Zustand, dass ich den Wert höherer Dinge schätze?

16. Durch das Erkennen und Erfahren großartiger Gedanken und Gefühle kommst du in den Zustand, der dich den Wert höherer Dinge schätzen lässt.

Durch deine Konzentration, in Verbindung mit deinem Wunsch und der Einheit mit dem Universellen, kommst du in einen Zustand, der dich diesen Wert und das Anerkennen höherer Dinge schätzen lässt.

Was kann mich denn weiter nach vorne bringen?

17. Durch diese Kombination von starkem Verlangen und deiner ernsthaften Konzentration wirst du in deiner Entwicklung weiter gebracht als wenn du versuchst, dich unter Zwang zu entwickeln. Lerne einfach kennen, wie es ist, von diesen Bürden befreit zu sein und den Überfluss zu genießen.

Das Einssein mit dem Universellen ist es, was dich in deiner Entwicklung nach vorne bringt.

Was entwickele ich dadurch?

18. Jeder Wunsch von dir ist die vorherrschende Kraft. Du kannst dein Gemüt, die Fähigkeit zu Einsichten und das Erkennen von Charakteren durch kontinuierliche geistige Anstrengung und Konzentration fördern.

Du wirst mehr Initiative und Originalität entwickeln.

Was ist denn die größte Notwendigkeit für mich?

19. Dein Geist wird gekräftigt und gestärkt. Du musst dich über die Zerstreutheit und die unberechenbaren Impulse hinwegsetzen, und das gelingt dir nur durch die Stärkung deines Geistes.

Es ist für dich das Wichtigste, in deiner Konzentration und in deinem Glauben zu bleiben.

Zu was befähigt mich diese Kraft?

20. Dein Denken ist die Kraft. Diese Kraft ist Herrscher und Schöpfer über alle Form, alle Ereignisse. Diese Allmacht des Denkens befähigt dich, dir alle natürlichen Kräfte nutzbar zu machen.

Durch dein Denken und die Verbindung mit dem Unendlichen, dem Göttlichen, bist du in der Lage, alle Form und alle Ergebnisse, die du willst, zu erreichen.

Durch was passiert dies alles?

21. Schwingungen werden durch das Denken verursacht. Diese Schwingungen sind es, die im universellen Bewusstsein gemäß ihrer eigenen Frequenz ein Objekt gleicher Art anziehen und zu dir ziehen. Durch diese Schwingungen verleihst du dem Objekt Wesen und Leben.

Du bist die Stimmgabel, das heißt, dein Wunsch ist der Ton, den du anschlägst und im Unendlichen sucht dieser Ton nun sein schon vorhandenes Gegenüber. Und in diesem Gleichklang verleihst du dem von dir gewünschten Objekt das Leben, das es benötigt, um in deiner Welt real zu erscheinen.

Was geschieht denn da?

22. Du konzentrierst dich auf eine wichtige Angelegenheit, und durch die gelernte Kombination von Wunsch und Konzentration werden sich unmittelbar Form und Information melden, die dann zu deinem Erfolg führen.

Durch deine Konzentration aktivierst du die Kraft und die Intuition, die zum Erfolg führen.

Was soll ich mit der Intuition tun, und wie erkenne ich sie?

23. Intuition ist das, was ohne Erfahrungen oder Erinnerungen zu Ergebnissen kommt. Die Intuition löst Probleme, die durch Logik unlösbar erscheinen. Intuition kommt plötzlich und unerwartet. Sie enthüllt gesuchte Wahrheiten so direkt, dass es dir vorkommt, als wäre ein höheres Wesen am Werke. Lasse dich auf die Intuition ein, nutze sie und stoße sie nicht weg. Denn nur wenn du sie gebrauchst, wird sie öfter kommen und dich leiten.

Intuition ist wie ein Besucher, ein willkommener Gast, der dich leitet und führt. Behandle diesen Gast mit der ihm gebührenden Gastfreundlichkeit.

Wie finde ich zu Intuition?

24. Intuition fördern heißt, sie in der Stille kommen zu lassen. Genieße täglich einige Minuten, um dich der Intuition hinzugeben.

Intuition findest du durch Ruhe, Stille und Harmonie.

Wie ist denn mein Rezept zum Erfolg?

25. Sei im Einklang mit den Naturgesetzen und dem universellen Geist. Dann erkenne, dass das Unterbewusstsein allmächtig ist und es keine Begrenzung gibt. Dein Erfolg wird immer über die Natur des Wunsches bestimmt, und diese Natur ist im Einklang, sodass du unbezwingbaren Mut bekommst.

Das Rezept zu deinem Erfolg ist Einklang mit den Naturgesetzen. Bei jedem deiner Wünsche ist es wichtig, dass alle an ihm Beteiligten einen Vorteil dadurch haben.

Wodurch werde ich gestärkt?

26. Durch jedes Hindernis, das du überwindest, und jeden Sieg, den du erreichst, wirst du mehr Glauben in deine Macht und Kraft erhalten. Deine Stärke wird durch deine geistige Einstellung bestimmt. Sie muss von Erfolg geprägt, dauerhaft und unerschütterlich auf das Ziel gerichtet sein. Dadurch wirst du aus der unsichtbaren Welt das, was du im Stillen verlangst, in die sichtbare Welt ziehen.

Jeder Stein, den du überwindest, stärkt dich im Glauben an dein Ziel.

Was geschieht mit meinen Gedanken?

27. Durch den Gedanken, den du im Geist hältst, wirst du Ursachen in Bewegung setzen, die dir das erforderliche Material bringen, das deinem Ziel dienlich ist.

Deine Gedanken setzen durch deinen Glauben alle Mittel in Bewegung, die du benötigst, um deinem Ergebnis nahe zu kommen.

Woran erkenne ich die wahren Mittel?

28. Wenn du nach den Dingen strebst, die nicht dir entsprechen, werden sie zu Asche zerfallen, wenn du sie erreicht hast.

Schaue in dein Inneres und erkenne, ob das, was sich dir bereitstellt, zu dir gehört, ob es dich ausmacht, oder ob es sich nur um eine Erscheinung, einen Irrtum handelt.

Was muss ich bei alledem beachten?

29. Beachte das Gesetz des Ausgleichs! Du kannst nicht nur erhalten, ohne auch zu geben, und du wirst nichts bekommen, dessen Reife du nicht entsprichst. Für dich sind die Dinge, die dir entsprechen.

Sei wie ein Sportler im Fitnessstudio! Um einen perfekten Körper zu erhalten, musst du die vorhandenen Kräfte und Muskeln trainieren. Nur so bekommst du den gewünschten Zuwachs. Und alles Training, das deinem Körper nicht entspricht, das nicht zu dir gehört, sollst du vermeiden.

Was bleibt am Ende?

30. Wenn du die wahre Kraft und Macht erlangt hast, wirst du dich nicht mehr für Täuschungen und deren Ansprüche interessieren, sondern du wirst eins sein mit der wahren Quelle dieser Macht und Kraft.

Nur mit der richtigen Muskulatur wirst du die richtige Kraft haben und dich im Sinne des Masterkeys mit der unendlichen Quelle vereinen.

Wo findet alles statt?

31. Das wahre Denken findet in deinem Innern statt, und dort wirst du auch die grundlegenden Prinzipien erfassen, das Herz der Dinge, den Geist der Dinge, und dann ist es vergleichsweise einfach, über sie zu verfügen und sie zu verstehen.

Alles ist in deinem Innern.

Warum?

32. Das ist so, weil der Geist einer Sache die Sache selbst ist.

Dein Geist und das Universelle sind eins und somit ist alles eins.

Wie ist es mit der Angst?

33. Wenn du Angst auflösen willst, konzentriere dich auf Mut.

Sei Mut, damit du keine Angst hast.

Wie ist es mit Mangel?

34. Wenn du Mangel beheben willst, konzentriere dich auf Überfluss.

Sei Überfluss, damit du keinen Mangel hast.

Wie ist es mit Krankheit?

35. Wenn du Krankheit besiegen willst, konzentriere dich auf Gesundheit.

Sei Gesundheit, damit du keine Krankheit hast.

Ist das alles?

36. Konzentriere dich immer so, dass du das Ideal als eine bereits bestehende Tatsache siehst.

Du musst dich immer sehr auf das konzentrieren, was du willst, damit du in dir schon das hast, was du möchtest, und es wird sich in deinem Leben als gegeben manifestieren.

Affirmation zu Kapitel 17:

„Glaube, dass du das, was du dir wünschst, bereits erhalten hast!"

Notizen:

Kapitel 18 – So funktioniert das Gesetz der Anziehung

Das Universelle und du als Individuum seid dem Wachstum angeschlossen. Dies ist der einzige Unterschied. Und das, was dich ausmacht, ist deine Verhältnismäßigkeit zum Universellen.

In diesem Wachstum steht dein Bewusstsein über dem Unterbewusstsein.

Dein harmonisches, systematisches und konstruktives Denken ist die einzige Verbindung zum Universellen und dein Glaube ist der Schlüssel zur lebendigen Wahrheit, dem Ewigen, dem Universellen, das alles ist und alles durchdringt.

Was geschieht mit meiner Denkweise?

1. Der wichtigste Wandel in dieser Welt, ist der Wandel des Denkens.

Du musst deine alten Denkstrukturen ablegen musst, um Platz für das neue Umdenken zu schaffen.

Die Menschheit nimmt an dem Wandel dieser Denkstruktur teil.

Ist diese Denkweise besonders?

2. Diese Umwälzung ist beispielslos in der Geschichte der Menschen.

Dieser Wandel ist einmalig in der Menschengeschichte.

Was ist anders?

3. Die Wissenschaft hat diese Theorien als absurd oder unmöglich abgetan.

Die Wissenschaft hat noch keine Erklärung für diese neue Denkstruktur.

Was passiert durch diese Denkstruktur?

4. Jetzt wird das Denken befreit, und die Wahrheit erhebt sich in ihrer ganzen himmlischen Pracht vor den Menschen.

Es geschieht bei dir eine Befreiung deiner alten Denkstruktur.

Ist dies notwendig?

5. Die Welt befindet sich kurz vor dem Absprung in ein neues Bewusstsein, eine neue Macht und eine neue Verwirklichung, eine neue Entdeckung der Welt und deren Selbst.

Du findest zu dir und deinem neuen Denken.

Wie sehe ich denn das Ganze?

6. Energie ist, was die Funktion von Bewusstsein und Willen ausmacht.

Durch deinen Willen und deine neue Denkstruktur wirst du in der Lage sein, Energie ganz anders zu definieren.

Was macht dieses neue Denken für mich?

7. Dieses Bewusstsein ist der alles durchdringende Geist, die universelle Kraft.

Du wirst eins mit dem Universellen.

Was macht denn den Unterschied aus?

8. Alles Leben wird durch diese universelle Kraft erhalten und belebt, der Unterschied liegt in der eigenen Ausprägung. Eine höhere Intelligenz wird durch die Macht des Individuums aufgezeigt.

Das Universelle, das Göttliche, durchdringt alles Leben, und dieses Leben erhält seine Graduierung durch die universelle Intelligenz, durch Gott.

Wodurch kann ich dem universellen Bewusstsein näherkommen?

9. Du musst dich auf das universelle Bewusstsein einlassen, um dann durch deine Gedanken dein Unterbewusstsein und somit das universelle Bewusstsein zu beeinflussen.

Das universelle Bewusstsein zu nutzen und dem universellen Bewusstsein näherzukommen, geschieht ausschließlich in dem Grad, in dem du dich auf diese Intelligenz einlässt, um sie dann beeinflussen zu können.

Wodurch werde ich mehr Erkenntnis erlangen?

10. Je stärker die Ausprägung deiner Intelligenz ist und je mehr du die Naturgesetze achtest, umso größer wird deine Macht und Kraft.

Du wirst diese universelle Intelligenz in dem Maße beeinflussen können, wie du diese universelle Intelligenz integrierst, ihre Erkenntnis erlangst und dich auf das einlässt, was die Naturgesetze nicht beeinträchtigt.

Reagiert diese universelle Intelligenz auf alles, was ich kontrolliere?

11. Du wirst diese universelle Intelligenz anerkennen, und dann bist du dadurch in der Lage, als Individuum alles zu kontrollieren. Du weißt, dass diese göttliche Intelligenz alle Dinge durchdringt. Nur durch die Anerkennung entgehst du der Knechtschaft.

Dadurch, dass du die universelle Intelligenz anerkennst, die ja statisch ist, und du durch dein Unterbewusstsein, das Wachstum ist, eine Einheit bildest, ist es dir durch deine Gedankenkraft möglich, das Statische in bewegende

Energie umzuwandeln und dann auch das anzuziehen, was du denkst. Dies heißt für dich, dass du deiner bisherigen beschränkten Denkweise entgehen und in eine neue unbegrenzte eintauchen kannst.

Woher kommt denn diese unendliche Energie?

12. Du als Individuum bist der Kanal für das Universelle, und dein Denken ist die Kreativität, die diesem schöpferischen Prinzip entspringt.

Diese unendliche Energie kommt von Gott. Es ist die Allmacht, die sich über dich ausdrückt und die Kraft von allem, was du denkst, entspringt der Unendlichkeit.

Was mache ich mit dieser Energie?

13. Das Individuum beziehungsweise du bist Ausdruck des Universellen, und du kannst diesen Ausdruck durch deine Gedanken beeinflussen und verändern.

Nutze diese Energie für das neue Wunder, für deinen kreativen Prozess, durch den du die Schwingungen bestimmst, die dir dann das anziehen, was mit deinen Schwingungen harmonisiert.

Geschehen jetzt die Wunder?

14. Dein Denken ist die Verbindung zum Universellen, und diese Gedanken werden erschaffen und sind dann Ausdruck in deinem Leben. Dein Denken bringt somit das Unsichtbare ins Sichtbare, kommuniziert als Endliches mit dem Unendlichen. Es ist die Magie, die dich zu einem denkenden Wesen macht.

Die Natur deines Denkens und die Natur deines Lebens sind von gleicher Qualität, und es ist die Natur des Denkens, welche die Natur des Lebens bestimmt.

Was ist mir mit dem richtigen Verständnis möglich?

15. Dir ist durch dein Verständnis möglich, mit dem universellen Geist und der unendlichen Kraft zu kommunizieren.

Es ist für dich einzig und allein die Formel, durch die du zu dem Ergebnis der Kommunikation mit dem Unendlichen kommst.

Wie groß ist die Bedeutung?

16. Verständnis hat für dich keine Bedeutung.

Das Verständnis ist nur der Zugang zum Universellen.

Worauf kommt es an?

17. Alles, was zählt, ist der Glaube.

Es ist der Glaube, der deine Gedanken entstehen lässt.

Was ist denn mein Glaube?

18. Die Wahrheit, deine Wahrheit wird sich dir bestätigen, und zwar in dem Maße, wie du diese von deiner Seite aus ausrüstest.

Dein Glaube ist das, was die Ausstattung des Gedachten ausmacht. Es sind die Emotionen, die an dem Gedachten hängen, es ist die Intensität des Gedankens, das „wie-sehr-du-es-willst".

Gibt es ein Beispiel?

19. Die Wissenschaft macht weiter Fortschritte.

Um weiter ins Weltall blicken zu können, mussten neue Teleskope entwickelt und immer besser ausgestattet werden.

Und bei mir?

20. Genauso ist es mit dir, der du weiterhin Fortschritte machst was die Kommunikation mit dem Universellen betrifft.

Genauso ist es auch mit deinem Glauben, deinem Gedanken, deinem Wunsch.

Was geschieht mit meinem Glauben?

21. Deine Gedanken, mit denen du das universelle Bewusstsein beauftragt hast, manifestieren nun die Dinge in deinem Leben und ziehen diese an.

Je stärker dein Glaube, das heißt je höher die Schwingungen, umso besser wird das, was in deinem Leben in Erscheinung tritt, und umso besser kann das Gewünschte mit deinem Gedanken harmonisieren, um dann seinen Ausdruck durch dich in deinem Leben zu finden.

Ist das alles?

22. Dies ist der einzige Weg, der das Prinzip der Anziehung erläutert.

Die Natur deines Denkens und die Natur deines Lebens sind von gleicher Qualität, und es ist die Natur des Denkens, welche die Natur des Lebens bestimmt.

Gibt es sonst noch etwas?

23. Das, was dieses Prinzip noch zum Ausdruck bringt, ist Wachstum, und das ist der schönste Ausdruck für dich.

Da das Universelle statisch ist, weil es alles durchdringt und überall vorhanden ist, ist es für dich von Vorteil, dass du immer im Wachstum bist. Durch deinen Glauben, durch deine Konzentration, bleibst du im Wachstum.

Wie nehme ich am Wachstum teil?

24. Du kannst nur in dem Maße erhalten, in dem du auch gibst. Du musst erhalten, damit du dann das Wachstum erleben kannst. Du wirst Schwingungen des Geistes aussenden und entsprechend deiner Schwingungen das auch erhalten.

Stelle dir den Sportler vor, der seine vorhandene Muskelkraft nutzt, um weitere Muskulatur aufzubauen. Und jetzt stelle dir vor (und das ist wissenschaftlich bewiesen), dass ein Sportler durch mentales Muskeltraining einen gleichen Muskelaufbau erhält, wie jener, der am Gerät trainiert.

Genauso ist es mit deinen Gedanken. Willst du ein schnelles Auto, dann stelle es dir vor und fühle, wie deine Hände das Lenkrad umschließen, wie der Fahrtwind durch dein Haar weht.

Geht es noch etwas genauer?

25. Du musst Gesundheit denken, wenn du Gesundheit erhalten willst. Du musst Reichtum denken, wenn du Reichtum erhalten willst. Du musst Wohlstand denken, damit du Wohlstand erhalten kannst. Du musst Liebe denken, wenn du Liebe erhalten willst. Die Dinge des Universellen werden nur auf die gleichen Gedanken reagieren, die auch die gleichen Schwingungen haben.

In dem Maße, wie du denkst, in dem gleichen Maße werden dir alle Dinge zuteil. „Dir geschehe nach deinem Glauben!“

Was trage ich zum gesamten Glück bei?

26. Du trägst zu deinem gesamten Glück die Macht des Denkens in dir.

Es ist ausschließlich deine Macht des Denkens und dein Glaube.

Warum ist das so?

27. Deine Gedanken sind die Energie, die das Gesetz der Anziehung in die Tat umsetzen.

Das ist so, weil du durch deine Gedanken Schwingungen freisetzt. Ganz spezifische Schwingungen und Frequenzen, die energetisch sind und dir deswegen das in dein Leben ziehen, was du denkst und womit du die Schwingungen ausstattest. Ist dies eine schlechte Frequenz, so wirst du auch, wie bei einem Radio, nur schlechten Empfang haben. Stellst du deinen Sender aber richtig ein, dann ist der Klang klar und deutlich zu vernehmen, und dann ist das von dir Gedachte klar und deutlich zu verspüren.

Was bedeutet das?

28. Wie du wohl weißt, ist Bewusstsein statisch und nennt sich auch Substanz im Gleichgewicht, und erst durch dein Denken wird es in Bewegung gesetzt, denn Denken ist dynamisches Bewusstsein.

Durch dein Denken verleihst du dem statischen Bewusstsein die Bewegung, die nötig ist, um das von dir Gewünschte in dein Leben zu holen.

Wovon hängt das Resultat ab?

29. Deine Macht hängt von deinem Bewusstsein von dieser Macht ab. Du musst sie verwenden, damit sie dir erhalten bleibt, und nur wenn du davon weißt, wirst du sie auch benutzen können.

Werde dir deiner Macht bewusst, und halte dich in diesem Bewusstsein auf.

Wie benutze ich dieses Bewusstsein, und wie komme ich zu einem Ergebnis?

30. Der Gebrauch deiner Macht hängt von deiner Aufmerksamkeit ab, und dein Maß an Aufmerksamkeit bestimmt, wie stark deine Fähigkeiten sind, die Macht zu nutzen. Dieses Wissen darüber ist nur eine andere Bezeichnung für deine Macht.

Wie sehr willst du das, worauf du deine Aufmerksamkeit legst. Wie sehr willst du gesund sein? Wie sehr willst du Reichtum haben? Wie sehr willst du Wohlstand spüren? Wie sehr willst du in Liebe sein?

Wie bleibe ich in meiner Aufmerksamkeit?

31. Um mehr Aufmerksamkeit zu trainieren, ist es notwendig, dass du in Übung bleibst.

Auch hier ist es sehr einfach:

Konzentration + Disziplin * Aufmerksamkeit = Ergebnis

Am Ergebnis wirst du erkennen, ob deine Komponenten passten.

Und gibt es noch eine weitere Komponente?

32. Je größer dein Interesse ist, umso größer ist deine Aufmerksamkeit und je mehr Aufmerksamkeit, umso stärker ziehst du das von dir Gedachte in dein Leben und umso stärker ist dessen Ausdruck.

Es ist dein Glaube, der Berge versetzt.

Affirmation zu Kapitel 18:

„Ich bin in meinem Glauben"

Notizen:

Kapitel 19 – Deine Entwicklung der Lebenskraft

Da Geist das einzige Prinzip ist, ist jegliche Materie nur eine Form, die Geist annimmt. Da du dies weißt, ist jeglicher Zustand veränderbar durch den Geist.

Es gibt für dich nichts mehr wie: Schicksal, Kismet, Karma oder auch Glück. Nichts in deinem Leben wird mehr durch Zufälle oder Launen bestimmt.

Alles wie Armut, Krankheit oder Leid, egal in welcher Form, ist ein Widerspruch, da alles in Verbindung mit dem großen Ganzen steht – dem einzigen Prinzip. Dieser Widerspruch ist ein Zeichen der Dualität, die dir dein Bewusstsein des Mangels aufzeigt. Außerhalb dieser Dualität ist dein Geist eins mit dem Universellen, und da dein Geist aus demselben entstanden ist und das große Ganze alles beinhaltet, musst du, um Mangel zu beseitigen, die Polarität ändern.

Warum wird für mich die „Wahrheit“ nicht mehr zu einem planlosen Abenteuer?

1. Jede Erfahrung, die du machst, ist einen Kommentar wert, und somit wird die Wahrheit nicht mehr zu einem planlosen Abenteuer.

Bei deinem Erleben, deinen Handlungen verspürst du unmittelbar vorher schon, ob das, was du tust, was du erlebst, zum Allgemeinwohl beiträgt oder nicht.

Wie kann ich bei meiner Suche nach der Wahrheit die Auswirkungen verändern?

2. Jede Erfahrung, die du machst, ist eine Auswirkung deiner Ursachen. Wenn du also die Ursache kennst, dann kannst du auch die Erfahrungen verändern.

Die Wahrheit ist das, was den Naturgesetzen entspricht und entspringt. Durch dein Denken – wie du weißt, ist es ja so, dass Gedanken dein Leben bestimmen – bildest du die Ursache aller Auswirkungen, seien es Ereignisse, Begebenheiten, Begegnungen oder Handlungen welcher Art auch immer. Du legst den Grundstein. Das, was du heute denkst, hat eine Auswirkung auf morgen, und das, was du heute bist, ist das, was du gestern gedacht hast. So kommen Auswirkung, Lebensumstand und so weiter zu dir. Nur wenn du beginnst, dein Denken (die Ursache) zu ändern, änderst du auch die Auswirkung auf dich und andere.

Wie ist denn das mit Karma oder Schicksal?

3. Deine menschliche Erfahrung ist nun also nicht länger ein Spielball, sondern du wirst der Kapitän deines eigenen Schiffs.

Da du nun deine Wege, dein Leben und auch die Umstände so verändern kannst, dass sie in einer Harmonie, im Einklang mit dem Unendlichen sind, bestimmst du jetzt über dich, und andere werden dies nicht für dich tun. Deine Voraussetzungen, um nicht in den Gedankenstrom anderer Menschen zu geraten, sind Konzentration, Aufmerksamkeit und Disziplin. Dadurch kommst du in den Genuss, die Erfahrungen zu machen, die du willst.

In welchem Verhältnis stehen alle Dinge?

4. Alle Dinge sind in Verbindung und deswegen niemals im Widerspruch.

Alles, was du tust, jedes Ereignis, alles, was dir begegnet, alles, was geschieht, steht in einem eindeutigen Verhältnis zueinander. Alles ist somit **eins**.

Wofür gibt es Gegensätze?

5. Für dich ist es so, dass du für alles, was dir gegensätzlich vorkommt, einen eigenen Ausdruck findest.

Alles Gegensätzliche bekommt durch deine Wahrnehmung, einen eigenen Begriff, und dennoch ist alles Gegensätzliche miteinander verbunden.

Was machen diese Gegensätze?

6. Jeder Gegensatz, jedes Extrem ist relativ und ist einfach nur als Teil des Ganzen zu sehen.

Alles, was im Gegensatz zu dem einen steht, ist als Teil des Ganzen zu sehen und somit in dessen Verbindung eins.

Wie ist es mit den Gegensätzen in der geistigen Welt?

7. Unkenntnis ist ein Mangel, Kenntnis ist Überfluss. Dies ist die gleiche Gesetzmäßigkeit, die auch in deinem Geiste stattfindet.

Das, was du noch nicht weißt, ist ein Mangel in dir, und das, was du kennst, ist der Überfluss, das Wissen.

Und wie ist das mit den Prinzipien der Moral?

8. Du hast zwei unterschiedliche Zustände, der eine ist gut und der andere ist böse. Beides sind für dich reale Zustände, und der leblose Zustand ist der des Bösen. Sieh zu, dass du Böses durch Gutes ablöst, dass du Irrtum durch Wahrheit ersetzt, dass du Dunkelheit mit Licht erhellst! Bedenke: Es gibt nur ein Prinzip in dieser Welt.

Die einzige Lebenskraft, das einzige Prinzip in der Moral ist gut.

Und in der spirituellen Welt?

9. In deiner geistigen Welt gibt es auch nur ein Prinzip, und das ist der Geist.

Du wirst in der spirituellen Welt nur den Geist finden und nicht die Materie, denn aus dem Geist entsteht die Materie.

Was ist das Wahre und Ewige?

10. Geist ist das Wahre und Ewige, nur der Geist.

Ist dies überall so?

11. Du findest überall die gleiche Gesetzmäßigkeit der Veränderung.

Sind denn diese Veränderungen allgegenwärtig?

12. Veränderungen sind die Evolution des Geistes, und das ist der Vorgang, über den alle Dinge neu erschaffen werden. Materie ist die Form, die der Geist annimmt.

Alle Veränderungen sind allgegenwärtig und beruhen auf Geist, weil dein Geist es ist, der die Ursache der Veränderung ist.

Ist denn Geist jetzt alles?

13. Dir ist klar, dass Geist das einzige Prinzip ist, ob im moralischen, physischen, spirituellen oder im mentalen Bereich. Geist ist alles.

Was bedeutet es für mich, dass mein Geist statisches Bewusstsein ist?

14. Geist ist statisches Bewusstsein, und nur durch dein Denken verleihst du ihm Dynamik und machst ihn zu bewegtem Geist.

Nur du kannst durch die Kraft deines Denkens dem statischen Bewusstsein, dem Geist, Leben einhauchen und dadurch Auswirkungen erzeugen, die du willst.

Wie halte ich denn meinen Geist fit?

15. Du musst deinen Geist am Leben halten und dich fit halten, um auch geistig denken zu können.

Deinen Geist fit zu halten ist ganz einfach. Jeder, der sich anstrengt, wie zum Beispiel der Sportler, benötigt Nährstoffe. Und diese Nährstoffe musst du deinem Geist zuführen. Du sollst ausgewogen essen und dich von den Dingen fernhalten, die deinen Geist negativ beeinträchtigen (Drogen, Alkohol, den Geist beeinträchtigende Fehlinformationen).

Welche Nahrung benötigt mein Geist?

16. Verschaffe deinem Geist die nötige Nahrung, damit er auf den universellen Geist einwirken kann. Das bedeutet für dich, dass du einen klaren Geist und konstruktive Gedanken haben sollst und konzentriert sein musst. Halte dich ebenfalls in Harmonie, und bleibe den Naturgesetzen treu!

Dein Geist benötigt die Nahrung der Affirmation, der reinen Gedanken und der Harmonie in dir. All dies findest du in der Stille.

Was passiert denn, wenn ich meinem Geist falsche Nahrung zuführe?

17. Alle deine Gedanken nehmen ständig und unaufhörlich Form an. Die einzige Aufgabe, die Gedanken haben, ist es, sich zu manifestieren. Das gilt auch für deine Gedanken. Wenn du Negatives und Zerstörerisches denkst und dich mit diesen Gedanken auseinandersetzt, dann wirst du von Angst, Sorge, Nervosität, Beschränkung und Mangel beherrscht. Deine Umgebung, wird zu einer Umgebung die dir nicht gefällt.

Wenn du ständig Gedanken des Unwohlseins, der Angst, Trauer, Hass, Neid, Gier oder Ähnliches mit dir trägst, wirst du ständig das anziehen, was du nicht willst. Du hast gelernt, deine Gedanken konstruktiv und zum Wohle der Allgemeinheit zu formen, damit du an den schönen Dingen des Lebens, deines Lebens teilhaben kannst.

Ab wann hat denn das, was ich mir im Geist bestelle, einen Wert?

18. Aller Wohlstand ist das Ergebnis von Macht. Nur wenn das, was du besitzt, dir Macht verleiht, ist es von Bedeutung.

Immer nur dann, wenn es zu deinem und zum Wohle der Allgemeinheit ist, erst dann besitzt es für dich den richtigen Wert. Denke immer daran, dass du an alle daran Beteiligten denken sollst, um es zu deinem Wert zu machen.

Wodurch erreiche ich diese Macht?

19. Dein Wissen über Ursache und Wirkung lässt dich nun mutig planen.

Du weißt, dass das, was du denkst, die Ursache ist und dass das, was du dann erlebst, die Wirkung sein wird. Dies lässt dich entsprechend planen. Siehe dir die Wirkung an und du weißt, welche Ursache du denken musst.

Wo hatte ich denn Gelegenheit, dies zu lernen?

20. Es sind die Universitäten und Schulen, an denen geistige Macht entwickelt wird.

Es ist jedoch so, dass du innerhalb dieser Institutionen vielleicht noch nicht die Reife hattest zu unterscheiden.

Was mache ich mit dem Wissen?

21. In diesen Kraftwerken wird das geistige Rohmaterial entwickelt und kultiviert, zu einer Macht und Kraft, die allem überlegen ist.

Sammele dein Wissen gründlich und benutze es dann so, dass es dir und der Allgemeinheit zum Wohle dient. Übe die Anwendung des Wissens und achte darauf, dass du es in der Stille findest.

Was ist dieses Rohmaterial, dieses Wissen, das über jede Macht und Kraft verfügt?

22. Dieses Rohmaterial ist in seiner statischen Form Geist oder Bewusstsein und in seiner dynamischen Form Gedanken.

Das Rohmaterial sind deine Gedanken.

Was hat es den Menschen bisher gebracht?

23. Dieses Rohmaterial, diese Kraft, hat es dem Menschen zum Beispiel ermöglicht, Raum und Zeit zu überwinden.

Dieses Wissen hat den Menschen Unvorstellbares ermöglicht.

Was sind denn nun Gedanken?

24. Deine Gedanken sind die Lebenskraft, die Energie, die zur Entfaltung gebracht wird.

Gedanken sind die Kraft und Macht, die alles ermöglicht.

Sind meine Möglichkeiten mit meinen Gedanken begrenzt?

25. Da diese Kraft und Macht im gesamten Universum tätig ist, ist diese Substanz es, aus der alle Dinge erschaffen werden.

Wie es schon in der Bibel heißt: „Alles ist möglich dem, der da glaubt!“. Es ist das Rüstzeug, das du hier erlernst, und wenn du dich ausstattest, dann ist dir nichts, absolut nichts mehr unmöglich.

Wie manifestieren sich denn dann Gedanken in Form?

26. Da jede Form einfach von der Frequenz und der sich daraus ergebenden Beziehung abhängig ist, musst du, wenn du die Form dieser Frequenz ändern willst, auch seine Polarität ändern. Immer gibt es Pol und Gegenpol, die **Polarität**: Tag und Nacht, Mann und Frau, Krieg und Frieden und so weiter.

Wenn es **zwei Gegenpole** gibt, dann gibt es Spannung dazwischen. **Spannung** bedeutet, dass sich etwas bewegt.

Bewegung bedeutet, dass sich etwas verändert. **Veränderung** kann Entwicklung bedeuten. Andernfalls drehen wir uns im Kreis. Der Kreis, auf dessen Umfang wir uns bewegen, wird oft das **karmische Rad** genannt oder die tägliche Tretmühle. Erhebt sich der Kreisumfang und wird zur **Spirale**, dann gibt es an der Spitze dieses **Zuckerhutes** ein Ziel. Dort wollen wir hin!

Die **Welt der Polarität** (= **3D**) ist gekennzeichnet durch: **Angst, Zweifel, Tod, Schuld, Kausalität und Haben**. Die **Welt der Einheit** (= **5D**) ist gekennzeichnet durch: **Liebe, Verstehen, Hingabe, zeitlose Gegenwart (= Ewigkeit), Auflösung und Sein.** Wir leben mit unseren Körpern im Nacheinander der Zeiten und Inkarnationen und haben alle Sehnsucht nach dem Zuhause, der Einheit. Aus ihr kommen wir und hoffen, wieder dorthin zu gehen.

Es gibt keine bessere Erklärung als diese.

Affirmation zu Kapitel 19:

„Gedanken werden wahr!"

Notizen:

Kapitel 20 – Denken ist die wahre Aufgabe des Lebens

Die einzige Fähigkeit deines Geistes ist zu denken. Alles, was in deiner realen Welt zu einem spürbaren Ausdruck, zu einer Form geworden ist, ist das Ergebnis des Denkens.

Daraus schließt du, dass zuerst der Gedanke ist, und dieser Gedanke ist Geist. Dieser Geist geht jeglicher Handlung, jeglicher Form voraus.

Um durch deine Gedanken die richtige Aktivität zu erhalten, musst du zuerst das große Ganze anerkennen. Dadurch bist du im großen Ganzen. Jetzt erhältst du als Individuum den Ausdruck in deinem Leben durch das große Ganze, weil du die Unveränderlichkeit des Prinzips anerkennst.

Alles hängt für dich von der Qualität deiner Gedanken ab. Denken im Einklang mit dem universellen Bewusstsein wird in den entsprechenden Umstände ausgedrückt. Dein dauerhaftes Wohlbefinden hängt von der Zusammenarbeit mit dem großen Ganzen ab.

Was bedeutet Geist für mich?

1. Der Geist einer Sache ist die Sache selbst. Dein Geist ist fixiert, ewig und unveränderlich. Dein Geist bist du selbst, weil ohne Geist, bist du nichts. Erkenne deinen Geist in seinen Möglichkeiten an.

Geist bedeutet für dich, dass du und deine Existenz ausschließlich durch deinen Geist sind. Alles, was sich um dich tut, welche Ereignisse oder Begegnungen du erlebst, ist Ausdruck deines Geistes. Ohne deinen Geist ist nichts. Ohne Geist, keine Existenz. Ohne Geist, nichts Sichtbares. Dein Geist ist die Werkstatt deiner Realität. Mit den Möglichkeiten, die dein Geist hat, erschaffst du dir das, was du bist, was um dich herum geschieht. Trainiere diese Möglichkeiten, deinen Geist, auf dass dir nichts mehr unmöglich erscheint.

Welche Bedingungen stellt mein Geist an mich?

2. Dein geistiger Reichtum hat Bedingungen, nämlich die, dass du diese Reichtümer benutzt. Es ist wie mit den Ländereien eines Gutbesitzers: Wenn er diese nicht bebaut, haben sie auch keinen Wert.

Die einzige Bedingung, die du zu erfüllen bereit sein musst, ist die, dass du deine geistigen Reichtümer benutzen musst. Dieses erfordert deine Disziplin, deine Konzentration und deine Konstruktivität, damit dein Geist wachsen kann.

Was sind denn dann meine Gedanken?

3. Deine Gedanken sind die Boten, die unaufhörlich aus der unsichtbaren Welt Umstände und Umgebungen in deine objektive Welt ziehen. Und dein Bewusstsein ist die Macht, die du, über die Anerkennung dieser Macht, steuerst.

Dein Denken ist die wirkliche Aufgabe, und deine Gedanken sind die Träger deines Denkens. Durch dein Bewusstsein steuerst du dein Denken, allerdings musst du dir deines Denkens, der Macht deines Geistes erst bewusst sein und diese Macht anerkennen, bevor du das, was du willst, denken kannst. Ist dem nicht so, dann wirst du immer im Strom anderer Gedanken stehen oder dein altes Denkmuster weiterleben. Das Resultat deines Denkens und die Kraft deiner Gedanken siehst du jeden Tag. Alles ist so, wie du willst, wie du denkst.

Und was passiert, wenn ich mir meiner Gedanken und Macht nicht bewusst werde?

4. Bist du dir dieser Macht nicht bewusst, dann ist es so als machtest du Seilspringen, aber ohne Seil. Das Denken ist für dich die wirkliche Aufgabe des Lebens. Mit dieser Aufgabe bist du ständig beschäftigt. Du weißt, dass dies auch unbewusst geschieht. Und es sind die Ergebnisse, die du erwartest oder die du nicht erwartest (durch Denken ohne Bewusstsein).

Warum erhalte ich durch Arbeit nicht genügend von dem, was ich verdiene?

5. Durch dein Denken versüßt du dir den Alltag. Wenn du nicht über das nachdenkst, was deinen Alltag ausmacht, dann bist du mit Arbeit, harter Arbeit beschäftigt, durch die du nicht genügend erhältst, weil du nicht bewusst gedacht hast. Denkst du aber bewusst und konstruktiv, so erhältst du durch wenig Arbeit mehr Entlohnung. Fazit: Je mehr du denkst wie im oben genannten Sinne, umso weniger wirst du hart arbeiten und umso größer ist deine Entlohnung.

Durch dein nicht konstruktives und auf dein Wohl ausgerichtetes Denken, bist du durch harte und immerwährende Arbeit belastet. Diese musst du tun, um deinen Unterhalt zu bestreiten. Beginnst du aber zu deinem Wohle, konstruktiv zu denken, so wirst du erleben, dass du durch diese Gedanken dein Unterbewusstsein anregst, das durch dich Gewünschte in deinem Leben geschehen zu lassen.

Wenn dir das schwerfällt, dann mache dir Visionstafeln, Tafeln auf denen du das, was du willst, deine Visionen, abheftest oder aufklebst. Du brauchst diese nur zu deiner Erinnerung anzusehen und stärkst damit deine Gedanken für das, was du willst.

Was ist das Geheimnis dieser Macht?

6. Dein perfektes Verständnis der Prinzipien, der Methode, der Kräfte und der Kombination zwischen dem Geist und dem Universellen, verschafft dir die Erkenntnis, dass dieses Prinzip unveränderlich ist, wie auch alles andere unveränderlich ist.

Das Geheimnis dieser Macht ist die Unveränderlichkeit dessen, was schon immer gewesen ist. Es hat immer nur ein Prinzip gegeben, und dieses Prinzip ist wie der Geist aus Aladins Wunderlampe. Es ist jenes Prinzip, das jeden Gedanken erfüllt. Du kannst es auch als den Universellen – Gott – bezeichnen. Du bist ein Teil des Universellen oder ein Teil Gottes, und du bist, da du ein Teil des Ganzen bist, gleich dem Großen. Die Unterscheidung ist ausschließlich in dem Grad deines Daseins, in dem Teil des Ganzen zu finden.

Was fange ich denn jetzt damit an?

7. Du bist der Ausdruck deiner Gedanken, und das Universelle kann sich nur durch dich ausdrücken. Also mach was daraus, denn dies ist die Erkenntnis, die dir zu dem verhilft, was du sein möchtest!

In deinem Wissen um die Allmacht und deine Verbundenheit mit ihr liegt dein Leben. Du bist der Ausdruck des Universellen, der Ausdruck Gottes. Sei dafür der offene Kanal, damit sich dieses Universelle – nämlich Gott – durch dich ausdrücken kann.

Und welche Erkenntnis gewinne ich damit?

8. Du sollst für dich erkennen, dass diese Essenz des Universellen in dir ist, dass du nicht abhängig bist. Dies wird dir den Ansporn geben, dass du es in dir selber spürst, und deine Macht und Kraft wird wachsen. Diese Macht und Kraft ist der Treibstoff, der den Motor der Vorstellungskraft antreibt und anheizt. Dadurch wird es dir möglich, dich mit den unsichtbaren Kräften des Universellen zu verbinden, furchtlos und ohne Bedenken zu planen und exzellent auszuführen.

Zu Anfang wird dir nicht unbedingt alles gelingen, was du dir so vorstellst. Es ist wie bei einem Kraftsportler: Trainiere zu Beginn mit den Hanteln, die deiner Körperstruktur entsprechen. Trainiere kontinuierlich und mit Disziplin, so wirst du den Muskelwachstum verspüren. Mit jedem Zuwachs wirst du an immer mehr Gewicht gelangen, an immer neue Möglichkeiten, deine Vorstellungskraft in die Realität umzusetzen.

Es wird alles, was du in deiner Vorstellungskraft trägst, gelingen.

Tipp: Bleibst du immer an dem, was du wirklich willst, an dem Endprodukt, an dem Ergebnis orientiert, so werden sich für dich die Wege eröffnen, die dich zu deinem Ergebnis, deinem Endprodukt, bringen. Bleibe in der Aufmerksamkeit und in der Kontinuität.

Wie heißt denn mein Fitnessstudio, und was sind die besonderen Geräte, um meine Ergebnisse zu erzielen?

9. Nur in der Werkstatt der Stille findest du die erforderlichen Bedingungen für deine Vorsätze. Du bist die visualisierende Einheit, und deine Vorstellungskraft ist deine Werkstatt, in der dein Ideal entsteht.

Alles, was du erreichen willst, was dir die Klarheit in die Vorstellungskraft bringt und was dich stärkt und in der Kontinuität hält, findest du ausschließlich in der Stille. Du bist bereits so weit fortgeschritten, dass du jetzt nicht in

Ungeduld oder Zweifel leben solltest. Es ist nun, da du die Prinzipien der Allmacht verstehst, wichtig, dass du dieser Allmacht und auch dir die Möglichkeit gibst, von dieser Allmacht und deinen Möglichkeiten Gebrauch zu machen.

Gib deinem Ideal die notwendige Vorstellungskraft. Gehe in die Stille, und verbinde dich mit der Allmacht!

Affirmation: „Ich bin eins mit der Allmacht!"

Brauche ich hierzu einen speziellen Raum, in dem ich immer übe?

10. Die Vorstellungskraft steht dir immer und überall zur Verfügung, deswegen ist es für dich wichtig. Tue dies so oft du es kannst und überall.

Diese Allmacht und deine Verbindung ist in dir. Du kannst sie überall nutzen und von ihr Gebrauch machen, solange du das Verständnis, das Wissen und die Wahrheiten dieser Allmacht und ihrer Prinzipien anerkennst.

Was finde ich für mich durch die Anerkennung dieser Allmacht?

11. Nur wenn du diese innere Welt anerkennst und sie nicht ausschließt, wirst du das „Königreich des Himmels" finden, dass „in dir ist".

Warum erhalte ich jetzt, wo ich doch schon so weit bin, immer noch unbefriedigende Ergebnisse?

12. Das, wovor du Angst hast, wird über dich kommen. Es ist egal, ob du es willst oder nicht, es ist das gleiche Prinzip und funktioniert in beide Richtungen. Deine Fehlschläge richten sich nach dem gleichen Prinzip. Du entscheidest, welches Ergebnis du willst.

Selbst jetzt, in Kapitel 20, versucht dein altes **Ego** immer noch, dich zu überlisten. Es versucht, deine alten Ängste zu schüren und ihnen wieder Feuer zu geben, damit diese alten Ängste neu entflammen können. Dein **Ego** ist etwas, das heimlich vor sich her gedümpelt hat und in einer finsteren Ecke lauerte, um dich jederzeit in deiner Unaufmerksamkeit zu überraschen und dich auf deinen alten, vergangenen Weg zurückzuführen.

Dein **Ego** hofft, dass du dich wieder für es entscheiden wirst. Du aber hast ein solch großes Wissen erlangt, dass du dieses **Ego** vernichten kannst und als **Sieger** hervorgehen wirst.

Dein **Ego** wird niemals schlafen, bis du nicht **eins mit der Allmacht** geworden bist, denn erst dann hat es keine Chancen mehr gegen dich und ist für immer verschwunden.

Wenn ich das Werkzeug, das mir in die Hand gelegt wurde, aber nicht verstehe, was passiert dann?

13. Du kannst im Vertrauen auf die Macht die wunderbarsten Dinge angehen, du kannst das Unvorstellbare möglich machen – durch deine Vorstellung des Möglichen –, weil du weißt: „Alles ist möglich dem, der da glaubt!" Diese wundervolle Macht ist, richtig verstanden und angewendet, das großartigste und arbeitssparendste Werkzeug, das es gibt.

Bist du dir dieses Werkzeuges nicht mehr bewusst oder gar nicht bewusst, so wirst du nicht das erreichen, was du willst oder was zum Wohle der Allgemeinheit und deinem Wohle ist.

Das Wissen über dieses Werkzeug ist so stark und groß, dass dein **Ego** versuchen wird, mit diesem Wissen und diesem Werkzeug seinen Stuhl wieder neu zu besetzen. Dein Ego ist durch die letzten Kapitel schon geschwächt und versucht mit allen Mitteln, sich zu behaupten. Es wirft dich in immer schäbigere Situationen und versucht immer öfter, Begebenheiten zu erzeugen, die dir nicht gefallen und nicht zu deinem oder dem Wohle der Allgemeinheit sind.

Mache dir klar und sei dir darüber bewusst, dass du ausschließlich über Disziplin, Konzentration und Konsequenz zu einem guten und wohlgefälligen „Abschluss" kommen kannst. Wiederstehe den Versuchungen, wieder in alte Verhaltensmuster zu fallen. Achte darauf, dass du weiterhin von negativen Einflüssen fernbleibst (Fernsehen, Kino, Theater, Literatur usw.), bis du ausreichend Stabilität in deinem Masterkey gewonnen hast. Sieh zu, dass du weiterhin deine Übungen machst und diese nicht vernachlässigst.

Jetzt erst kannst du dein Werkzeug wieder so benutzen, dass alles, was du dir vorstellst, auch in deinem Leben Ausdruck findet. Es geschieht nun dein Wunder – unmittelbar.

Was verstärkt meine Arbeit mit dem Werkzeug?

14. Komme zu dem Verständnis, der Einheit aller Dinge. Nutze in deiner Vorstellung die Quelle der Inspiration und das Unmögliche ist möglich.

Du bist eine Einheit mit dem göttlichen Bewusstsein. Dadurch erhältst du das Wissen, dass nun alles möglich ist. Nutze deine Kraft der Affirmation: „Das universelle Bewusstsein und ich sind eins." Oder: „Ich bin eins mit der Unendlichkeit der unendlichen Macht."

Jetzt geschehen die Wunder in deinem Leben.

Was geschieht durch diese Anerkennung?

15. Deine Inspiration ist das Anpassen von deinem Geist an den göttlichen Geist: aufnehmen, selbstverwirklichen, dem Formlosen die Form geben, Unsichtbares sichtbar machen, die Allgegenwart der Allmacht anerkennen.

Nun bringst du alle deine Gedanken unmittelbar zum Ausdruck. Fühlst du dich krank? Dann denke den Gedanken der Gesundheit, sehe dich vital, kraftvoll und gesund! Gib diesem Ausdruck seine Form und benutze die Zutaten, die du dafür benötigst. Mache sie kraftvoll und edel, statte diese Zutaten mit dem Besten und Wertvollsten aus, was es gibt. Es wird unmittelbar geschehen.

Fühlst du dich einsam? Dann denke Gedanken der Zweisamkeit, Gedanken einer liebevollen und glücklichen Beziehung. Statte diese Gedanken mit dem Wertvollsten, dem Edelsten, aus das es gibt. Nimm nur die besten Zutaten für die Form, und du wirst erleben, dass das Unmittelbare geschieht.

Es gibt noch mehr Beispiele hierfür. Halte deinen Gedanken immer auf das Endergebnis konzentriert und dein Unterbewusstsein wird für die Möglichkeiten und die Erfüllung sorgen. Affirmation: „Ich vertraue auf die unendliche Kraft, auf den unendlichen Geist, auf seine Kraft und Macht, die ich durch mein Unterbewusstsein lenke."

Wofür sind jetzt das Verständnis und das Schätzen dieser Macht so wichtig?

16. Du verstehst jetzt, dass diese unendliche Macht im Großen wie im Kleinen ist, dass sie ein Bewusstsein und daher unteilbar ist und ihre Gegenwart an allen Orten und zur gleichen Zeit ist.

Ich weiß jetzt, dass diese Macht in mir ist und in dir ist. Ich weiß, dass ich diese Macht im Kleinen wie im Großen finde. Diese Macht ist allgegenwärtig und unendlich. Alles ist im Überfluss und findet seinen Ausdruck in mir, in dir, im Kleinen und im Großen.

Durch mein Verständnis und die Anerkennung dieser Macht bin ich in der Lage, diese Macht zu meinem und zum Wohle der Allgemeinheit zu gebrauchen.

Affirmation: „Ich bin mir der Gegenwart und Kraft dieser Macht bewusst und nutze diese Macht zum Wohle der Allgemeinheit und zu meinem Wohle."

Was ist denn die erforderliche Kombination für mich, um aus dieser unendlichen Quelle zu schöpfen?

17. Du wirst auf beiden Ebenen, der intellektuellen und auch der emotionalen, diese Tatsache anerkennen und aus dem unendlichen Ozean Gottes schöpfen und trinken.

Nicht nur dein geistiges Wissen um deine Macht und um die allgegenwärtige Macht, sondern auch dein emotionales Anerkennen der Macht ist die richtige Kombination, um aus der unendlichen Quelle zu schöpfen.

Die besondere Schwierigkeit der letzten Kapitel liegt darin, dass du mal mit dem Verstand und mal mit deinem Gefühl haderst und dein Ego auf beiden Seiten versucht, dich in seinen Bann zu ziehen.

Was ist erforderlich, um mich dem Ego zu entziehen?

18. Um dein Ziel zu erreichen, wirst du die Stille, Ruhe und Harmonie benötigen, dann bist du mit dem Unendlichen verbunden.

Du brauchst die Stille, um zu deiner Harmonie zu finden und um den Ausgleich zwischen deinem Verstand und deiner Emotionalität herzustellen. Erst dann bist du im **Einklang** mit der Unendlichkeit.

Affirmation: „Ich bin im Einklang mit der unendlichen Macht."

Was ist denn dann meine Aufgabe im Leben?

19. Benutze die Inspiration als die Kunst des Empfangens, und laufe nicht den Täuschungen von Wahrsagereien nach. Werde durch das Erkennen der Vorgänge, welche die Inspiration ausmachen, zu einem, der die Welt vor sich herträgt.

Deine Aufgabe ist es, um es bildlich auszudrücken, dem Klang deiner Gedanken zu folgen, das gesamte Lied zu hören, dich auf das ganze Lied zu konzentrieren, auf den Siegertitel, und dich dann durch die Macht und Kraft in dir, richtig zu handeln, durch die Inspiration auf dem richtigen Weg führen zu lassen. So wird es geschehen, dass du die „Welt vor dir herträgst" – die Welt, die dich zu deinem Sieg bringt.

Affirmation: „Ich konzentriere mich auf mein Ergebnis."

Wodurch kann ich diese große Fülle erleben?

20. Nutze diese Macht in jedem Atemzug und bleibe in der Aufmerksamkeit, deiner Absicht. So wirst auch du dein Ziel erreichen.

Die große Fülle zu erleben wird dir ausschließlich gelingen, indem du immer mit deinem Ziel verbunden bleibst, in Konzentration, Aufmerksamkeit, Disziplin und Kontinuität.

Was muss ich tun, wenn ich mehr und Größeres erreichen will?

21. Willst du dich in einem immer größeren Angebot von Leben, Energie und Vitalität befinden, dann erhöhe in dir die Nachfrage, und das Angebot wird sich auch bei dir erhöhen.

Wenn du Größeres möchtest, dann musst du dir Größeres vorstellen. Aber Vorsicht: Stelle dir immer nur das vor, was du auch kannst – denke an dein Fitnessstudio –, lasse dir keine Muskelfaser reißen. Beginne immer Schritt für Schritt. Aus dem Kleinen wächst das Große. Gehe deine Treppe Stufe für Stufe und überspringe nicht irgendwelche, sodass du nicht ins Straucheln kommst.

Wenn ich mir das zu Eigen mache, was erkenne ich denn dadurch?

22. Erkenne dadurch die großartige Wirklichkeit des Lebens.

Du hast die Wirklichkeit erkannt.

Was ist diese Wirklichkeit für mich, und wo finde ich diese Wirklichkeit?

23. Du bewegst dich in „Ihm", du lebst in „Ihm", er ist Geist, und er ist Liebe, und jeder Atemzug von dir atmet diesen Geist, diese Liebe. Es ist die göttliche Energie.

Das **„in Ihm"** findest du in deinem Solarplexus. Es durchströmt dich im Ganzen und macht dich zu einer vollkommenen Einheit.

Affirmation: „**Er** ist in mir, und ich bin in **Ihm**!"

Wodurch verbinde ich mich noch mit „Ihm"?

24. Jeder Atem, der das Leben selbst ist, vitalisiert deinen Körper und bringt dich bewusst in Verbindung mit allem Leben, aller Intelligenz und dem Göttlichen.

Mit jedem Atemzug atmest du **Ihn,** und **Er** erfüllt dich mit seiner unendlichen Energie, mit seiner unendlichen Kraft und Macht. Er vitalisiert dich durch seine **Schöpfung**.

Affirmation: „Mit jedem Atemzug spüre ich Ihn in mir, und bin voller göttlicher Vitalität!"

Was erlaubt mir diese Verbindung zu „Ihm"?

25. Um dich von Leid, Mangel und jeglicher Beschränkung zu befreien, ist dir das Wissen um das Einssein mit diesem universellen Prinzip des Universellen gegeben. Es erlaubt dir, den Atem des Lebens einzuatmen.

Die Verbindung zu „**Ihm**" und das „**Einssein**" mit „**Ihm**" erlaubt dir, das **Leben** in dir zu haben.

Was bedeutet es nun, „Leben" in mir zu haben?

26. Es ist die Essenz des „Ich bin", es ist das „Sein", das du durch den „Atem des Lebens" in dich aufnimmst.

Du bist der Ausdruck des **Göttlichen** in dir.

Ist das Göttliche denn auch Schöpfung, und bin ich dann am Schöpfungsprozess beteiligt?

27. Denken ist die schöpferische Schwingung.

Dein Denken ist eine Schöpfung, der Gang deiner Gedanken sind die Seiten der Schöpfungsgeschichte, und das Ergebnis ist die Schöpfung in dir. Du bist die Schöpfung deiner selbst.

Affirmation: „Ich bin die Schöpfung meiner Gedanken, denn ich bin eins mit „Ihm"."

Was passiert durch meine schöpferischen Gedanken?

28. Denken ruft immer und immer wieder eine Kette von Umständen hervor. Du kannst nicht destruktiv denken und konstruktiv ernten, denn es geschieht immer, wie du es willst (denkst). Gleiches zieht Gleiches an!

Jeglicher schöpferischer Gedanke deiner selbst führt unweigerlich zum erlebbaren Ausdruck in deinem Leben und ruft unwiederbringlich die Umstände hervor, um sich durch dich in deinem Leben auszudrücken.

Affirmation: „Ich denke ausschließlich konstruktiv und zum Wohle der Allgemeinheit, welches auch mein eigenes Wohl bestimmt."

Was ist denn für mich an meinem Wissen gefährlich?

29. Alles geht nur durch Harmonie und nichts mit dem mutwillig durchgesetzten Willen, der nur für den kurzen Moment Erfolge und danach Unheil bringt. Das grundsätzliche Prinzip liegt ausschließlich im Universellen.

Deine Erkenntnis über das Prinzip und die Anerkennung der Macht ist auch für dein **Ego** eine große Hilfe. Du hast gelernt, intuitiv richtig zu entscheiden, zum Wohle der Allgemeinheit und zum Wohle deiner selbst. Das, was dir nun den Rücken stärkt, ist deine Willenskraft, mit der du unterscheidest, ob etwas mutwillig geschehen soll oder ob deine Gedanken in Verbindung mit dem Universellen stehen. Nur dann wird alles, was dir zuteil wird, auch auf ewig zu deinem Wohle bleiben. Anderes ist nur eine kurzlebige Erscheinung.

Affirmation: „Ich bin in Harmonie und in Verbindung mit dem Universellen!"

Wie kommen denn dann noch Hindernisse zustande, und wie kann ich diese letztendlich überwinden?

30. Das Individuum versucht, das Universelle zu bezwingen. Das Endliche versucht sich im Konflikt mit dem Unendlichen. Es gibt nur die bewusste Zusammenarbeit in beständiger Vorwärtsbewegung mit dem „großen Ganzen".

Du bist eins mit dem großen Ganzen, weil ein Teil immer genauso ist wie das Ganze. Du bist eins mit dem universellen Geist, weil du ein Teil des universellen Geistes bist.

Affirmation zu Kapitel 20:

„Das Universelle fließt durch mich!"

Notizen:

Kapitel 21 – Großes Denken als Geheimnis des Erfolges

Durch deine Fähigkeit des Denkens wirkst du auf den universellen Geist ein. Dies ist dein Bewusstsein von Macht. Je bewusster du dir der Einheit mit dem Universellen bist, umso mehr Macht hast du, um prägend auf dein Unterbewusstsein einzuwirken.

Dadurch änderst du die Auswirkungen in deinem Leben. Durch diese Einheit mit dem Universellen wird dein großartiges Denken, werden deine Gedanken zu deinem Erfolg.

Alles was du jetzt durch die Macht deiner Gedanken anziehst, stimmt mit deinen Bildern überein.

Gib dem Bild deine Gefühle, Gefühle von Bestimmtheit, Talent, Fähigkeit, Mut und Macht. Der göttliche Geist ist der universelle Geist.

Was ist das Geheimnis der Macht?

1. Hast du ein Bewusstsein für die Macht, dann hast du das wahre Geheimnis erkannt. Je bewusster dir diese Einheit mit dem Geist wird, umso bedingungsloser wird das Universelle und umso weniger unterliegst du Beschränkungen, sondern bist endlich davon befreit.

Wenn du dich noch eingeschränkt fühlst oder eingeengt bist, so ist dies nur deine jetzige Realität. Ganz gleich, wie dein Leben gerade aussieht: Deine jetzige Realität wird sich durch die Anwendung des Masterkey, und die Bewusstheit der dir zur Verfügung stehenden unendlichen Macht verändern.

Nicht nur, dass du etwas willst, bringt dir die Veränderung, auch nicht, wenn du stark genug daran denkst und deine „Formel" richtig anwendest. Es ist das **Bewusstsein** für die **Macht**, dein **Bewusstsein** für die **Macht**. Nur dadurch kommst du an die bedingungslose Quelle aller Macht und Kraft.

Wann kann ich diese unendliche Quelle in Anspruch nehmen?

2. Erst wenn du dir dieser unerschöpflichen Macht bewusst wirst, wirst du von größeren Möglichkeiten Gebrauch machen können, die sich dann in deiner Welt, weil es ausnahmslos so ist, greifbar manifestieren werden.

Jeden Tag bestätigt sich dein Gedanke, weil das, was du denkst, deine Erwartung ist. Das universelle Gesetz, mit dem du durch die Anerkennung dieser unerschöpflichen Macht verbunden bist, hört auf deine Gedanken, deine Erwartung. Jetzt betrachtest du dein Leben, und du sagst dir: So bin ich eben. Das bist du aber nicht, sondern das warst du.

Durch die Bewusstwerdung der Allmacht änderst du jetzt das, was du warst. Jeglicher missliche Umstand, der dich in deinem Leben begleitet, der sich durch dich, weil du es erwartest und du denkst, ausdrückt, ist dein vergangenes Denken. Du lebst die Auswirkung dessen, was du gestern oder in der Vergangenheit gedacht hast.

Verbinde dich mit der Allmacht, und erkenne diese als solche an, und du wirst die Wunder in deinem Leben fühlen, sehen und vollbringen, die du gestern noch für unmöglich gehalten hast.

Warum geschieht all das durch die Anerkennung der Allmacht?

3. Deine Fähigkeit zu denken ist das, was das Universelle beeinflusst, das ausschließlich seinen Ausdruck in dir und durch dich findet.

Du bist durch die Anerkennung der Allmacht unmittelbar mit der unendlichen Quelle verbunden. Diese unendliche Quelle durchströmt deinen Körper, durchströmt deinen Geist und ermöglicht es dir, durch jeglichen konstruktiven, fortschrittlichen und konsequenten Gedanken Ausdruck durch dich zu finden.

Wo ist diese Macht zu finden, und was bedeutet die Anerkennung für mich?

4. Wenn du den universellen Geist berührst, erhältst du alle Macht, und das Universelle ist unendlich und somit jede Lösung. Erkenne diese Macht an!

Bis jetzt hast du mit den Auswirkungen deiner vergangenen Gedanken gelebt. Du hast vermutlich versucht, äußere Geschehnisse durch äußere Taten zu regeln.

Diese unendliche Macht und Quelle findest du immer nur in dir selbst. Alles, was in dir ist, sucht nach außen seinen Ausdruck.

Schon wie es der Wortlaut beschreibt, findest du in dieser unendlichen Quelle alle Lösungen. Dort findest du alle Möglichkeiten dein Leben angenehm, wohlwollend und immer zu deinem Besten zu gestalten. Die Schwierigkeit ist die, dass du dafür dein altes Leben aufgeben musst, um mit dieser unendlichen Quelle dein neues Leben so zu gestalten und so zu erleben, dass für dich ausschließlich nur das **Beste** in deinem Leben in Erscheinung tritt.

Wovon ist die Fähigkeit, meine mangelnden Umstände zu verändern, abhängig?

5. Je mehr du dir dieser Macht und Kraft bewusst wirst, umso größer ist deine Macht und Kraft, jegliche misslichen Umstände in deinem Leben zu verändern.

Die Abhängigkeit ist die Kraft deines Glaubens. „Alles ist möglich dem, der da glaubt."

Ist deine Anerkennung nur zu 50 % so ist auch dein Ergebnis nur zu 50 %. Diese 50 % Prozent können auf einen Zeitrahmen bestimmt sein, auf die Haltbarkeit dessen, was du willst. Es kann aber auch auf die Intensität beschränkt sein, wie die Farben auf einem verblassten Bild. Oder du willst ein Haus, das schön und groß ist, du erhältst aber nur eine Mietwohnung.

Tröste dich jetzt nicht mit dem Bewusstsein, dass es dich auch schlimmer hätte treffen können, sondern mache dir eindeutig klar, was du wirklich willst und wie sehr du etwas willst. Hast du erst einmal deine Ziel erreicht, dann möchtest du einfach nicht mehr aufhören, weil du nun weißt, dass du alles kannst, was du willst, wenn du es nur fest genug glaubst und immer in deiner inneren Welt bleibst, damit du es in deiner äußeren erleben kannst.

In deiner inneren Welt nimmt alles seine Form und Gestalt an, damit du es in deiner äußeren Welt erhältst.

Wodurch versetze ich mich in die Position, Großes erreichen zu können?

6. Durch deine großen Ideen wird es keine Hindernisse geben, denn diese werden durch die Größe deiner Idee weggeschoben und treten nicht in Erscheinung. Durch diese Größe erhöhst du dein geistiges Potential, um Wertvolles erreichen zu können.

Du wirst des Trainings wegen nun auch die 100 Kilogramm stemmen und nicht mehr mit zehn Kilogramm trainieren wollen. Du hast es geschafft! Du hast mit diesem Potential eine Vergrößerung deines Gedankengutes und deiner Möglichkeiten erreicht.

Warum ist es nicht schwieriger große Dinge, große Gedanken zu denken als kleine Gedanken?

7. Für das Universelle ist es nicht schwieriger, mit großen Gedanken umzugehen als mit kleinen Gedanken. Der Unterschied ist das Ergebnis. Ist es ein großes Ergebnis oder ein kleines Ergebnis? Fazit: Denke große Gedanken!

Große Gedanken zu denken ist nicht schwieriger, weil dein Bewusstsein gleich ist, im Kleinen wie auch im Großen. Die universelle Energie, die universelle Kraft richtet sich immer nach deinem Bewusstsein. Die Anstrengung, die das Universelle vollbringen muss, ist auch immer gleich, da das Bewusstsein gleich ist.

Wenn ich mir dieser Tatsache bewusst werde, was heißt das dann für mich?

8. Alles, was du über einen längeren Zeitraum in deinem Bewusstsein hältst, wird dem Unterbewusstsein eingeprägt. Deine Werkstatt wird beginnen, den eingeprägten Auftrag auszuführen. Es wird zu einem Muster, das durch die schöpferische Energie des Universellen in deinem Leben real erscheinen wird.

Du hast in der Vergangenheit immer oder aber sehr oft an das gedacht, was du nicht willst, und hast somit dadurch dein Unterbewusstsein geprägt. Jetzt hast du das Wissen und jetzt hast du die Macht, das zu denken, was du willst, und dadurch dein Unterbewusstsein neu zu prägen und die Umstände in dein Leben zu holen, die ausschließlich gut für dich sind.

Ist denn mein Leben ein Spiegelbild meiner Gedanken?

9. Du erschaffst dir die Umstände, die du benötigst und erkennst, dass alles seine Entstehung durch deine vorherrschenden Gedanken gefunden hat. Es ist alles ein Spiegelbild deiner Gedanken, deiner selbst.

Dein ganzes Leben wird jetzt zu einem positiven Spiegelbild deiner Gedanken, und du erlebst nun, was zu dir gehört.

Affirmation: „Ich empfange, was zu mir gehört!“

Was geschieht durch diese Prägungen?

10. Durch diese geistige Handlung entstehen Eindrücke, die Charakter, Neigungen, Fähigkeiten und Absichten entstehen lassen, aus denen dann deine Erfahrungen resultieren.

Du erhältst durch deine eingeprägten Gedanken die dazugehörenden Erfahrungen.

Wie kommen diese Erfahrungen in mein Leben?

11. Diese Erfahrungen die mit deiner inneren Welt übereinstimmen, kommen durch das Gesetz der Anziehung zu dir.

Alles geschieht durch das Gesetz der Anziehung. Durch deine Gedanken ziehst du das in dein Leben, was die Erfahrungen ausmacht.

Sind meine vorherrschenden Gedanken der Magnet?

12. Gleiches zieht Gleiches an!

Ja, du bist der Magnet und alles, was in deinem Leben geschieht, hast du angezogen.

Du erhältst dein **Eigenes.**

Was ist denn meine Geisteshaltung?

13. Deine Persönlichkeit ist deine Geisteshaltung und besteht aus den Gedanken, die du im Geist erschaffst. Wenn du die Umstände ändern willst, dann ändere deine Gedanken. Durch die geänderten Gedanken ändert sich dann auch deine Persönlichkeit, und durch deine geänderte Persönlichkeit änderst du auch die Menschen, die Dinge, die Umstände und die Erfahrungen, die dir begegnen.

Deine Persönlichkeit ist der Ausdruck deiner Gedanken. Du bist eins. Willst du deine Erfahrungen ändern, dann ändere deine Persönlichkeit. Beginne, anders zu denken!

Wie kann ich denn meine Persönlichkeit ändern?

14. Visualisiere alte, störende Bilder neu und beginne, die Geisteshaltung durch beständiges Tun und Bestreben, zu verändern.

Es sind drei Schritte: Visualisieren, Glauben und das schon Empfangen haben.

Wie kann ich das denn tun?

15. Wenn du dies tust, wirst du Neues in dein Leben ziehen. Du kannst das tun, indem du dem Bewusstsein ein perfektes Bild des Wunsches einprägst.

Es geschieht ausschließlich durch das eingeprägte, perfekte Bild. Halte an diesem perfekten Bild fest, und es wird sich in deinem Leben manifestieren.

Was sind die erforderlichen Dinge, die ich tun muss?

16. Nimm die erforderlichen Elemente für das Bild! Baue es mit Bestimmtheit, Mut, Kraft, Talent, Macht oder anderem mehr. Benutze die Emotionen als magnetische Kraft, um deinem Bild Leben einzuhauchen, und Leben bedeutet Wachstum, wodurch das Ergebnis für dich gesichert ist.

Alles ist auf Wachstum ausgerichtet. Benutze die notwendigen Zutaten und benutze auch die richtige Pflege. Gleichwohl ist es wichtig, dass deine Gefühle mitbestimmend sind. Gefühle geben deinem Bild die notwendigen Farben, und du wirst dein Bild in deinem Leben wachsen sehen.

Gibt es denn Grenzen für mich?

17. Da die Geisteskräfte immer bereit sind, solltest du nach dem Höchstmöglichen streben, was deine höchstmögliche Leistung erfordert.

Die einzige Grenze, die du dir auferlegst, bist du selbst. Das Universelle strebt zusammen mit dir immer nach dem Höchsten und Besten.

Besteht die Gefahr, wieder in meine alten Gewohnheiten zu verfallen?

18. Tue etwas nicht mehr, unterlasse die schlechten Gewohnheiten, und mache es beim nächsten Mal genauso, und du wirst erkennen, dass sich das Alte vermeiden lässt. Und jetzt tue etwas Neues immer und immer wieder, bis es zu einer automatischen Handlung wird. Dies ist das geistige Prinzip. Denke etwas immer und immer wieder, und du wirst einen Automatismus in deiner Denkweise erhalten.

Wenn du das Neue immer und immer wieder tust oder denkst, dann wird es zu einem Automatismus. Es wird wie Fahrrad- oder Autofahren. Alles geschieht jetzt automatisch, sodass du dich auf den neuen Kurs gebracht hast.

Hierdurch wird es nicht mehr dazu kommen, dass du alte Verhaltensmuster aufgreifst.

Alles zusammen erfordert Disziplin, Konzentration und Kontinuität.

Achte auf deine Muskulatur, lass dich nicht schwächen, und bleibe in der Konzentration auf das, was du willst, und denke nicht an das, was du nicht willst.

Gibt es Beschränkungen?

19. Es gibt nichts, womit du dich beschränken müsstest. Alles ist da, und alles ist in Fülle vorhanden. Siehe das Ideal als bereits erschaffen an!

Das Universelle tut alles, um dein Ideal in deinem Leben zu verwirklichen.

Siehe dein Bild oder Ideal als bereits vollendet und als in deinem Leben existent an.

Was geschieht, wenn ich zu wanken beginne?

20. Du wirst in dir den Kampf zwischen den aufbauenden und gestalterischen Gedanken und den zerstörerischen und negativen Gedanken erleben.

Du hast zu Beginn gelernt, dass du Gedanken einfach ziehen lassen kannst. Lasse deine negativen Gedanken ohne Beachtung ziehen, und denke daran: Da, wo kein Gegner ist, da ist auch kein Kampf! In dir wird es keine Zwietracht geben, wenn du beharrlich bei deinem neuen Gedankenbild bleibst.

Wenn negative Gedanken aufkommen, dann schreie die neuen laut heraus und du vertreibst die negativen.

Wie kann ich denn Zerstörerisches von Aufbauendem unterscheiden?

21. Die aufbauende Seite sind Menschen, die Unmögliches möglich machen, und auf der zerstörerischen Seite sind die Menschen, die zum Beispiel Macht mit Recht verwechseln und nur die äußeren Dinge sehen.

Alles, was zu deinem und zum Wohle der Allgemeinheit ist, ist aufbauend. Alles andere ist nutzlos.

Achte auf deine innere Welt!

Gibt es denn noch andere Kategorien von Menschen?

22. Es gibt nur diese zwei Kategorien von Menschen.

Die einen versuchen den äußeren Umstand durch äußere Handlung zu verändern.

Und die wahren Menschen ändern ihre innere Welt und damit die Ursache, um im Äußeren Wohlwollendes und nur das Beste zu erleben. Dies ist die Beständigkeit.

Wo befinde ich mich denn dann jetzt?

23. Wir befinden uns in einer Übergangsperiode.

Es ist jetzt der Übergang zwischen der alten Welt und deinem neuen Leben.

Affirmation: „Jetzt beginne ich mein Leben neu!"

Was geschieht jetzt noch?

24. Es ist der Beginn einer neuen Ära. Durch deine Veränderung beginnt auch für dich und deine Umwelt ein neues Zeitalter.

Was erkenne ich denn jetzt?

25. Erkenne, dass die Kräfte des Geistes, das Bewusstsein, der Kosmos, in jedem Individuum ist.

Alles ist in Dir!

Ist da noch mehr?

26. Erkenne ebenfalls, dass alle Macht in jedem Menschen ist und alle Macht aus dem Innern kommt.

Alles kommt durch dich.

Gibt es Ausnahmen?

27. Das göttliche Bewusstsein macht keine Ausnahmen, es bevorzugt nicht. Wenn du als Individuum aber erkennst, dass der göttliche Geist, der universelle Geist ist, und du dich als Einheit mit dem Universellen siehst, dann bist du favorisiert an der Quelle aller Gesundheit, allen Wohlstands, aller Kraft und Macht teilhaben zu dürfen.

Die universelle Kraft und Macht ist in mir und durch mich!

Affirmation zu Kapitel 21:

„Jetzt empfange ich, was zu mir gehört!“

Notizen:

Kapitel 22 – Ein neuer Mensch durch neues Denken

Negatives Denken, durch das negative Emotionen entstehen, führt unweigerlich zu Krankheit. Um dein Gesundheitsbild aufrechtzuerhalten, ist es notwendig, ein Bild körperlicher Perfektion zu halten und dies dem Unterbewusstsein aufzuprägen.

Du wirst mit unzureichender Gesundheit, auch deine anderen Bedürfnisse nicht zu würdigen wissen. Bedenke immer, dass wenn du in der Einheit Gottes bist, des Universellen, es keinen Raum mehr für Krankheiten oder anderen Mangel geben wird.

Warum ist dieses Wissen für mich von unschätzbarem Wert?

1. Du solltest dir jetzt, da du das Wissen hast, über deinen Körper, deine Gesundheit und deinen Charakter Gedanken machen und die Gedanken, die sind (wenn negativ behaftet), durch liebevolle austauschen.

Komme jetzt, mit deinem Wissen dazu, dass du den wahren Wert erkennst. Werde zu einem neuen Menschen, indem du das alte ablegst.

Das Alte ist vergangen.

Was geschieht, wenn meine Gedanken immer noch abschweifen?

2. Du weißt, dass jeder Gedanke einen Eindruck in deinem Bewusstsein hinterlässt, der sich auch auf deine Gesundheit, dein Wohlbefinden auswirkt. Jeglicher Gedanke, den du säst, birgt auch die Ernte dessen, was du gedanklich angepflanzt hast. Du bist der, welcher ernten wird und muss, ob du es willst oder nicht.

Entscheide dich, was du erreichen willst. Glaube daran, dass du es verdient hast, und glaube daran, dass es für dich erreichbar ist.

Wähle das aus, das dir das Beste und nur das Beste bringt, denn du musst mit den Auswirkungen leben. Bedenke immer: Du bist heute das, was du gestern gedacht hast.

Was geschieht denn mit negativen Gedanken?

3. Sind diese Gedanken wider deine Gesundheit und enthalten Krankheit und Missbefinden, so wird das in dir Zerfall, Schwäche, Krankheit und Versagen hervorrufen. Was wird nun deine Ernte sein?

Du schwächst dich und wirst nichts von dem erhalten, was gut für dich ist.

Wie kann ich denn das ändern?

4. Schaffe dir ein geistiges Bild körperlicher Perfektion, wobei dir das Gesetz der Visualisierung hilfreich sein wird.

Stelle dir vor, wie du perfekt bist. Trage dieses Bild in deinem Geist, und präge es durch deine Gedanken, deine Emotionen deinem Unterbewusstsein ein. So kann dann dein Unterbewusstsein dein prägendes Bild in deiner erlebten Welt zum Ausdruck bringen.

Du weißt doch: **Alles, was du bist, ist ein Resultat dessen, was du gedacht hast.**

Wodurch ändere ich denn die negativen Ereignisse?

5. Verändere die negativen Schwingungen, und jedes Atom und jede Zelle deines Körpers wird darauf reagieren, und es findet ein Wandel in dir statt.

Alles, was du denkst, jeder Gedanke, ob negativer oder positiver Natur, ist eine Schwingung. Nimm als Beispiel eine Stimmgabel: Mit dieser Stimmgabel stimmst du dein Klavier, dein Leben. Klingt dein Klavier nun beim Spielen schräg oder disharmonisch, so kommen deine Lieder auch disharmonisch in dein Ohr.

Ist es aber so gestimmt, dass du harmonische Töne vernimmst, dann hast du auch den Wohlklang der Melodie in dir.

Was verändere ich durch die richtigen Schwingungen?

6. Dadurch änderst du Wesen, Qualität und Gestalt. Durch deine Gedanken, die eine Schwingung sind, kannst du dies ändern und so den Zustand des Körpers herbeiführen, den du haben willst.

Du wirst zu einem neuen Menschen. Mit den veränderten Schwingungen, den veränderten Gedanken, gehörst du zu denen, welche die Welt vor sich hertragen.

Konzentriere deine Gedanken und deine Emotionen. Halte alles so lange, bis es in dein Unterbewusstsein eingeprägt ist, und entlasse es dann an die universelle Kraft.

Nutze ich diese Macht der Gedanken denn kontinuierlich?

7. Nutze diese Kraft nur bewusst, und führe dadurch nur erwünschte Ergebnisse herbei. Erziele nur Wünschenswertes. Das ist für dich nicht schwierig, da du weißt, was positive Schwingungen in dir verursachen.

Verschwende keine achtlosen Gedanken, sondern trainiere das konzentrierte Denken. Dadurch ändert sich dein Leben, und deine vorherrschenden Gedanken sind nun nur noch die Gedanken, die in deinem Leben Positives geschehen lassen.

Welche Gedanken, welche Schwingungen soll ich denn haben?

8. Halte deine Gedanken ermutigend, fortschrittlich, aufbauend, edel, mutig und freundlich. Du wirst geistige, körperliche und moralische Gesundheit ernten.

Denke nur die Gedanken, die dir das Beste und Höchste bringen.

Warum soll ich das tun?

9. Dadurch kannst du die Macht, die der Geist über den Körper besitzt, besser verstehen.

Du sollst dir ausschließlich Gedanken über das machen, was du willst. Bringe dich in Einklang mit der Unendlichkeit, und unendlicher Reichtum, unendlicher Wohlstand, unendliche Liebe und unendliche Gesundheit werden zu deinem **Eigen.**

Welche Wirkung hat denn mein bewusster Verstand auf mich?

10. Dein bewusster Verstand hat auf deinen Körper bestimmte Wirkungen, die unmittelbar ersichtlich werden.

Du hast gelernt, dass du nun bewusst denkst, dass du nicht mehr ungewolltes Gedankengut verbreitest und in dir keimen lässt. Dein bewusstes Denken bringt dir auch die bewussten Resultate, die bewussten Auswirkungen in dein Leben.

Woher kommen denn durch mein bewusstes Denken die Auswirkungen?

11. Es ist dein Unterbewusstsein, das dich heilt, dich genesen lässt und so auf deinen Körper wirkt.

Alles ist in dir, und alles, was du denkst, wird durch dein Unterbewusstsein ausgeführt und drückt sich in deinem Leben aus.

Warum geschieht alles durch mein Unterbewusstsein, durch meine innere Welt?

12. Dieses Unterbewusstsein mit seiner heilenden Wirkung, mit seinen Reparaturzellen ist empfänglich für deine Gedanken. Lasse sie nicht durch Angst, Zweifel oder Anderes gelähmt sein.

Es ist ausschließlich dein Unterbewusstsein, durch das alles um dich herum geschieht. Du bist der Meister deines Lebens, und dein Unterbewusstsein ist dein ausführendes Organ. Halte dein Unterbewusstsein sauber, und weise es durch deine Gedanken immer nur für das an, was du auch wirklich willst.

Schenke dir und deinem Unterbewusstsein die Aufmerksamkeit, die du brauchst, um das zu erhalten, was du willst.

Worauf beruht denn mein Unterbewusstsein?

13. Dieser Weg, dein Weg zu Gesundheit, beruht auf den Schwingungen deiner Gedanken – dies ist die Basis, und dieses Gesetz wird durch dein Unterbewusstsein in die Tat umgesetzt, durch deine innere Welt.

Alles beruht auf dem Gesetz der Anziehung. Die Schwingungen, die du aussendest, ziehen die Schwingungen an, die du erhältst. Die Gedanken, die du aussendest, ziehen das an, was du gedacht hast.

Wo finde ich denn die Ursachen meines Lebens?

14. Du findest die Ursache immer in deiner inneren Welt. Ändere die Ursache, und du änderst die Wirkung.

Alles geschieht in deiner inneren Welt, in deinem Unterbewusstsein.

Warum ist das so?

15. Du gibst deinen Zellen vor, was sie erschaffen sollen, denn deine Zellen sind intelligent.

Durch dein Denken gibst du vor, was zu erschaffen ist, welche Umstände du willst, welche Erfahrungen du machen möchtest. Und alles in dir ist darauf programmiert, das zu produzieren, was du vorgibst.

Heißt das für mich „weg vom negativen Denken“?

16. Gib deinem Unterbewusstsein perfekte Bilder vor, damit dein Unterbewusstsein einen perfekten Körper schaffen kann.

Gib deinem Unterbewusstsein nur noch die Gedanken, die auch für dich wünschenswert sind.

Was bedeutet das für mich?

17. Deine vorherrschenden Gedanken müssen Gedanken von Stärke, Lebenskraft und Gesundheit sein.

Es bedeutet für dich, deine Geisteshaltung so zu ändern, dass du nur noch positive Erlebnisse in deinem Leben haben wirst.

Was erkenne ich daraus?

18. Alles in deinem Körper ist das Ergebnis deiner Gedanken.

Alles was du denkst, findet seine Auswirkung in dir.

Was sind denn dann meine Gedanken?

19. Deine geistige Tätigkeit, dein Denken, deine Gedanken sind deine verändernden Schwingungen.

Deine Gedanken haben, wenn sie positiv sind, positive Schwingungen und wenn sie negativ sind, negative Schwingungen.

Was bedeutet denn Schwingung für mich?

20. Je höher deine Schwingungsrate, deine Gedanken sind, umso weniger wirst du durch schlechtere Gedanken beeinflusst.

Je klarer du deine Gedanken, deine Schwingungen hältst, umso weniger bist du für das Negative beeinflussbar.

Wodurch regele ich meine Schwingungen?

21. Deine Schwingungen regelst du über die Art deiner Gedanken, ausschließlich über deine Gedanken.

Womit regele ich meine Schwingungen?

22. Du weißt, wie du diese Gehirnzellen mit dem außerordentlichen Charakter erstellen kannst: ausschließlich über den Charakter deiner Gehirnzellen.

Wie nutze ich mein Wissen?

23. Du weißt durch den Einklang mit den Naturgesetzen, wie du jede gewünschte Veränderung herbeiführen kannst.

Nutze dein Wissen, indem du dich in Einklang mit dem Universellen begibst.

Was habe ich dann, durch die Kraft meiner Gedanken?

24. Mit deiner Kraft des Geistes hast du die Kontrolle über deinen Körper.

Du erlangst Kontrolle über dein Leben.

Was mache ich mit dieser Kontrolle?

25. Dein Wissen zur Heilung ist intuitiver Natur.

Nutze dein Wissen, indem du es dir zur Intuition machst, sodass jegliche Handlung auf intuitivem Wissen beruht.

Darf ich diese Macht nach außen weitergeben?

26. Diese Macht ist eine Macht, der du dir bewusst werden musst und die du andere lehren solltest.

Erzähle den Menschen davon und lehre sie, diese Macht zu gebrauchen. So wirst du auch den Lauf der Geschichte verändern.

Wie kann ich mich stärken?

27. Beruhige in dir den unruhigen Geist durch Gefühle der Hoffnung, der Liebe, der Freude und des Glaubens.

Bleibe im Universellen!

Was geschieht im Universellen?

28. Diese Anerkennung und das Bewusstwerden dieser Macht wird jede Form von Krankheit und Leid auslöschen.

Du wirst eins mit der Allmacht.

Wieso ist das so?

29. Du bist Teil eines erstaunlichen Ganzen, dessen Körper die Natur ist dessen Seele Gott ist.

Du bist eins mit der Allmacht, weil du ein Teil des Ganzen bist, und ein Teil ist immer gleich dem Ganzen.

Affirmation zu Kapitel 22:

„Jetzt beginne ich mein Leben neu!"

Notizen:

Kapitel 23 – Geldbewusstsein im Dienste der Menschheit

Geld ist für dich ausschließlich ein Hilfsmittel, um dir die Umstände herbeizuführen, die du durch finanzielle Möglichkeiten erhalten kannst.

Geld, welches du erhältst, ist nur die Zugabe zu dem, was du dir in deiner inneren Welt aufgebaut hast. Es ist die Belohnung, um dein inneres Bild auch in der erlebten Welt ausdrücken zu können.

Nur wenn du auch in deiner inneren Welt und in der Verbundenheit zu dem Universellen eine Einigkeit erreichst, wirst du in deiner erlebten, spürbaren Realität den passenden Ausdruck erhalten.

Was bedeutet denn für mich Reichtum?

1. Dein Bewusstsein für Geld ist eine Geisteshaltung (Reichtumsbewusstsein). Du musst für diese Einstellung aufnahmebereit sein. Dein Wunsch ist die Kraft, die dieses Geldbewusstsein real werden lässt.

Reichtum bedeutet für dich, dass du, anstatt an Rechnungen zu denken, an Schecks denken sollst. Denke an das, was deinen Reichtum ausmacht. Genauso wie du mit Gesundheit, mit Liebe oder mit Wohlstand umgehst, so gehst du auch mit Reichtum um. Du hattest zu Beginn des Praxishandbuch erfahren, dass du erst sein musst, bevor du erhalten kannst. Hier ist es ebenso, du musst zuerst Reichtum sein, das heißt ein Bewusstsein für Reichtum entwickeln, bevor du den Reichtum auch spürbar in deinem Leben zum Ausdruck bringen kannst.

Also sei Reichtum, und du wirst diesen Reichtum auch erhalten.

Aber in mir kommen immer die Gedanken von Verlust und Armut hoch, was kann ich dagegen tun?

2. Armutsbewusstsein ist die Angst in dir und genau das, was du befürchtest. Armutsbewusstsein ist genau das Gegenteil vom Geldbewusstsein.

Was bedeutet denn das Gesetz des Ausgleichs für mich?

3. Dein erstes Gesetz ist der Dienst am Menschen. Du machst Geld, indem du anderen hilfst und du erhältst mehr Freunde. Wisse, dass du das Unterbewusstsein nicht betrügen kannst und deine Gedanken von dir fordern, was das Gesetz des Ausgleichs verlangt.

Das Geheimnis, Geld zu machen, ist einfach. Geld in sein Leben zu ziehen und zu verwirklichen, hat nichts mit Betrug zu tun. Nur weil du jetzt reich werden willst, musst du noch lange nicht andere Menschen übers Ohr hauen.

Mit Geld ist es wie mit den anderen Dingen auch. Du wirst zu Anfang die Summe Geld in dein Leben ziehen, die deiner Gedankenkraft und deinem Gefühl dafür entspricht. Ich spreche hier davon, dass du die Menge Geld in dein Leben ziehst, die dir entspricht. Das ist wie mit der Muskulatur und dem Fitnessstudio.

Alles, was du mit der in Gedanken vorgestellten Menge Geld tun wirst, muss aber auch dem Wohle der Allgemeinheit dienen. Dadurch wirst du auch die Umstände materialisieren, die dafür sorgen werden, dass du die Summe Geld, die du dir in Gedanken vorgestellt hast, erhalten wirst.

Der Gewinn sind neue Menschen, sind neue Situationen und auch ein neues Lebensgefühl. Du entwickelst in dir ein Reichtumsbewusstsein.

Bringt mir denn dieses Reichtumsbewusstsein auch das nötige Geld?

4. Dein wahres Vergnügen am Reichtum liegt mehr im Bestreben als im Besitz. Alles, wird zur Form werden, was du aus deinen Gedanken und Idealen bildest.

Alles, was du in deiner inneren Welt bist, wird sich auch in deiner äußeren Welt spürbar ausdrücken. Die Bedeutung liegt für dich eindeutig darin, dass du erkennst, wann du was zu tun hast. Du hast bereits gelernt, intuitiv zu handeln, und jetzt geht es darum, intuitiv zu reagieren.

Wie mache ich denn aus mir einen Geldmagneten?

5. Den größten Erfolg wirst du erzielen, wenn du in der Lage bist, anderen zu helfen, denn was für dich von Nutzen ist, muss für alle von Nutzen sein. Mache dich zu dem Magneten, der Geld anzieht.

Du machst aus dir einen Geldmagneten, indem du dir nicht nur den Gedanken einer bestimmten Geldsumme formst, sondern indem du auch gleichzeitig das von dir gewünschte Geld, egal um welchen Betrag es sich handelt, zum Wohle aller einsetzt.

Dir ausschließlich 100.000 Euro vorzustellen, macht keinen Sinn, wenn du keine gemeinnützige Verwendung dafür hast. Dies bedeutet aber gleichzeitig auch, dass du das Geld nicht nur für „andere“ ausgibst, sondern auch gleichzeitig, etwas für andere und für dich erschaffst.

Wieso soll denn die Summe Geld, die für mich bestimmt ist, auch anderen zugutekommen?

6. Deine großzügigen Gedanken sind von Lebenskraft und Stärke erfüllt. Es wird so kommen, dass du erkennen musst, dass es ebenso wichtig ist zu geben, wie zu nehmen.

Dies ist einfach erklärt: Da du ein Teil des Ganzen bist und ein Teil immer ist wie das Ganze, muss auch das, was du im Überfluss besitzt, dem Ganzen zugutekommen.

Was bedeutet es denn für mich, dass ich geben muss, um mehr zu erhalten?

7. Du wirst erkennen, dass dies die Quelle aller Versorgung ist. Du wirst dein Bewusstsein auf so eine Art und Weise anpassen, dass es dir immer das in dein Leben bringt, was du benötigst, wodurch du feststellen wirst, dass du, je mehr du gibst, umso mehr erhältst.

Es ist wie in einem Fitnessstudio. Dort trainierst du mit deiner vorhandenen Kraft, um durch allen Einsatz dieser Kraft einen weiteren Muskelaufbau zu erhalten. Dieser Muskelaufbau ist größer als das, was du eingesetzt hast. Du hast durch deinen Einsatz mehr Muskulatur in deinen Körper gezogen. Alles ist in diesem Moment auf Wachstum ausgerichtet.

Nur dadurch, dass du in dem festen Willen warst, und dir deinen durchtrainierten Körper vorgestellt hast, hast du auch die Motivation, den Ehrgeiz und die Disziplin entwickelt, alles dafür zu tun, deinen Muskelaufbau anzuziehen.

Mit dem Reichtumsbewusstsein und der Anziehung des Geldes ist es ebenso. Je klarer und vorteilhafter, je nobler und je mehr dem Wohle der Allgemeinheit zugewandt, desto mehr wirst du, wenn du dementsprechend handelst, von dem Zuwachs des Geldes profitieren.

Je mehr du durch dein Geld und mit dem Geld gibst, umso mehr wirst du auch erhalten.

In welchem Maßstab muss ich denn meinen Reichtum teilen?

8. Das Verhältnis, in dem du andere, an deinem Reichtum Erfolge teilhaben lässt, bestimmt auch, wie groß dein eigener Reichtum ist.

Die Verteilung deines Reichtums kannst du nicht so sehen, dass du dem einen fünfzig Prozent gibst und dem anderen zehn und so weiter. Es ist so, dass sich durch deine Einstellung dem Reichtum gegenüber, die nichts mehr mit Gier und Besitzenwollen zu tun hat, nun dein gesamtes Bewusstsein auf Reichtum ausgerichtet hat. Du ziehst diesen jetzt automatisch in dein Leben und du wirst ihn intuitiv richtig verteilen.

Öffne dich dem Universellen gegenüber, das dir den nicht enden wollenden Reichtum zuteilwerden lässt, um diesen dann den Situationen entsprechend zu verteilen. Du bist zu einem Magneten des Reichtums geworden. Mache dich, indem du zum Wohle aller handelst, nun auch zum Verteiler, und zeige anderen den Nutzen, den diese durch deinen Reichtum haben werden. So macht es einen Sinn, das dein „Magnetismus" weiterhin existieren darf.

Affirmation: „Ich teile meine Erfolge mit anderen!"

Was muss ich tun, um innerhalb meines „Magnetismus" zu bleiben?

9. Dein schöpferisches Denken verlangt von dir die höchste Aufmerksamkeit.

Bleibe in deiner Konzentration, deiner Aufmerksamkeit und deiner Kontinuität. Nur dadurch wirst du wahrhaftig das erhalten, was du willst.

Warum wird die Kraft der Aufmerksamkeit als Konzentration bezeichnet?

10. Denke an das, was du wirklich willst. Deine Aufmerksamkeit wird als Konzentration bezeichnet. Dies ist die Kraft aller Dinge, und diese Kraft wird durch deinen Willen gelenkt.

Wenn du eine Eingebung hast, dann solltest du ihr vertrauen und entsprechend handeln.

Aufmerksamkeit erlangst du ausschließlich dadurch, dass du dich auf etwas konzentrierst, was du wirklich willst. Durch diese Konzentration wirst du in stetiger Aufmerksamkeit und Zielgerichtetheit auf das zugehen, was du dir durch deine Konzentration in dein Leben ziehst.

Das Universelle wird mit deiner Stärke der Konzentration und deiner unbeirrbaren Aufmerksamkeit in Einklang kommen, sodass dir das Gewünschte zuteil wird.

Wie gelingt mir denn dies?

11. Du benötigst das Verständnis dieses Prinzips.

Es wird dir durch das Gesetz der Anziehung gelingen. Dieses Prinzip ist immer gleich, egal in welchem Bereich du damit arbeitest.

Was ist denn die Essenz meines Bewusstseins?

12. Nur in deinem Geist kannst du das Echte, die wahrhaftige Idee finden. Deinen Geist musst du als die Essenz des Bewusstseins anerkennen und ansehen.

Die Essenz deines Bewusstseins ist der universelle Geist, ist das Unendliche, ist Gott.

In alledem liegt die Schatzkammer, die von allem im Überfluss zu bieten hat. Du musst nur darauf zugreifen, und hierin liegt der Schlüssel zu deinem Reichtum.

Warum muss ich in dem Gesetz der Anziehung bleiben?

13. Bleibe in diesem Gesetz, und du wirst dich automatisch auf die Essenz deines Erfolges zubewegen.

Wenn du dieses Gesetz beachtest, dann wird automatisch all das, was du dir in deinem Inneren erschaffst, auch in deiner äußeren Welt zu dir kommen.

Wenn all dies so ist, warum gelingt es mir dann doch nicht?

14. Auch wenn es dir vorkommt, als ob du dich am Ende befindest und kraft- und tatenlos bist.

Dein altes **Ego** versucht auch hier wieder, dir einen Strich durch die Rechnung zu machen. Es überhäuft dich mit alten, negativen Erfahrungen. Beginne, dich auf das zu konzentrieren, was du willst, und höre nicht auf fremde Stimmen!

Wie komme ich denn aus dem Trott heraus?

15. Weißt du, dass alles ein Ergebnis deiner Gedanken ist? Alles ist Geist, und nur durch die Verbindung zu dem unendlichen Geist wirst du den Erfolg haben.

Und wenn das Unendliche etwas anderes macht als ich es will?

16. Du bist der, welcher die Ideen liefert.

Alles ist in dir, und du bist der Kanal, durch den sich das Unendliche in deiner Welt ausdrückt.

Lasse in deinem Kopf deutliche Bilder entstehen, klar, edel, zum Wohle aller und auch zu deinem Wohle, Bilder mit vielen Emotionen und Gedanken, damit das Unendliche dir genau das liefert, was du wirklich willst.

Kann ich mich direkt mit dem Unendlichen verbinden?

17. Du musst die direkte Verbindung zum unendlichen Geist sein, dann kann dieser Geist für dich an die Arbeit gehen und dir deine Erfolge bringen.

Nur so bist du eins mit dem großen Ganzen und kannst auch an dem Überfluss teilhaben und teilnehmen. Nur in der direkten Verbindung ist auch dein Reichtum in Resonanz mit dem Universellen.

Wie kann ich denn das Ganze noch unterstützen?

18. Fühle dich reich durch deine Emotionen! Fühle dich reich durch deine Handlungen!

Geht es etwas genauer?

19. Mache nicht nur von dem Angebot des Unendlichen gebrauch, sondern nutze auch die schöpferische Kraft deiner Gedanken. Ergänze deine Idealisierung, arbeite die Details durch und verbessere diese!

Mache dir ein reales Bild und erlebe in deiner inneren Welt deinen Reichtum. Schaffe in deiner inneren Welt schon das, was du mit deinem Reichtum tun wirst. Lasse in deiner inneren Welt das Wohl aller Beteiligten erkennen. Gehe alles bis in das kleinste Detail durch.

Und wenn ich Angst habe, dass etwas sich nicht verwirklicht?

20. Schrecke vor deiner Idee nicht zurück, und vertraue auf das Unendliche, das immer für sich selbst sorgen wird.

Das Unendliche ist, wie es der Name schon sagt, unendlich. Du wirst durch deine Kraft an diesem Unendlichen teilhaben. Sorge dich nicht, sondern sei bereit, deinen Reichtum zu empfangen.

Geschieht dies auch alles durch meinen Geist?

21. Dein Geist erschafft die Materie und formt und verändert deinem Willen entsprechend.

Alles ist so, wie du es in deinem Geist willst.

Affirmation zu Kapitel 23:

„Ich teile meine Erfolge mit anderen!“

Notizen:

Kapitel 24 – Die Wahrheit macht dich frei

Hier mache ich dir ein Riesenkompliment: Ich danke dir ganz herzlich dafür, dass du das gesamte Buch gelesen hast und das Praxishandbuch zum Master Key System nicht nur kennengelernt, sondern auch verinnerlicht hast. Hilf anderen, die noch nicht so weit sind wie du, und verbleibe in der Einheit mit der Allmacht!

Tue alles, was du kannst, zu unserem Wohl und dem der gesamten Menschheit!

Vergiss bitte nie, dass dieses meine Sichtweisen sind und du frei wählen kannst und sollst, was zu deiner eigenen Wahrheit gehören soll und was nicht; dass sich jeder in bewusster Zusammenarbeit mit den universellen Gesetzmäßigkeiten seine eigene Wahrheit selbst erschafft.

Ich wünsche dir viel Spaß, Freude, Erfolg und Erfüllung!

Liebe Grüße

Thorsten Gabriel

Ist denn das noch normal, was ich bis jetzt mit dem Praxishandbuch gemacht habe und die These?

1. Halte diese neue Erkenntnis nicht für absurd! Du bist der Beweis, die Überzeugung, die in das Bewusstsein aller dringen wird und in deinem Bewusstsein Einzug erhalten hat.

Du hast es bis hierhin geschafft, du hast Erfahrungen machen können, von denen du bisher nur geträumt hattest. Vieles in deinem Leben hat sich bis jetzt geändert.

Du bist über die Schwelle getreten, die es dir nun ermöglicht, dein Leben so zu verändern, wie du es willst. Alle, die mit dir zu tun haben, werden von deinen Erkenntnissen in neue Bahnen geführt.

Aber du weißt auch, dass das, was du gelernt hast, und das, was du anwendest, höchste Disziplin erfordert und es mit Schwierigkeiten begonnen hat.

Das Ganze endet nicht mit diesem Teil sondern ist für dich die Vorbereitung und das Fundament für den Rest deines Lebens.

Wieso habe ich das vorher nicht erlebt, und wieso erleben es nicht alle Menschen?

2. Jede Schwingung entsteht in deinem Geist, und jede Schwingung ist Ursache der Wirkung, die du erlebst.

In deiner alten Welt hast du äußere Umstände durch äußere Handlung bekämpft, ohne zu wissen, dass die Ursache für deine äußeren Begebenheiten in deiner inneren Welt zu finden ist. Du hast in unserer Zeit, die wir miteinander verbracht haben, gespürt, wie schwer es dir manchmal gefallen ist, und du hast trotzdem mit Anstrengung weitergemacht.

Vielen ist diese Disziplin nicht gegeben. Verurteile sie nicht! Du weißt, dass durch das, was du jetzt bist, auch die Umstände im Universellen verändert werden.

Was empfinde ich jetzt durch mein Einssein mit dem Universellen?

3. Jede Empfindung ist das Ergebnis von Schwingungen.

Lerne still zu sein und deine Aufmerksamkeit (Schwingung) von dem abzuziehen, was du nicht willst und der ganzen Emotionalität, die damit verbunden ist, und richte deine Aufmerksamkeit auf das, was du gerne erleben möchtest.

Die Energie fließt dahin, wohin du deine Aufmerksamkeit (Schwingung) lenkst. Dadurch erhältst du deine Empfindungen und das, was du wirklich willst.

Was hat es nochmal auf sich mit den Schwingungen in mir?

4. Du musst Harmonie denken, um Harmonie auszudrücken. Du musst Gesundheit denken, um Gesundheit auszudrücken. Du musst Überfluss denken, um Überfluss auszudrücken.

Du benötigst in dir den Einklang mit dir selbst und mit dem Universellen. Du erschaffst in dir die Welt, die du gerne hättest, wodurch du dann in deinem Außen das erleben wirst, was in deinem Inneren schon lange existiert.

Das ist das Geheimnis um den Masterkey. Nur was du in deinem Innern bereits besitzt, wird sich auch in deiner erlebten Welt zeigen. Deshalb benutze das Universelle als deinen persönlichen Katalog für das, was du willst. Sorge dich nicht! Es ist für alle im Überfluss vorhanden! Selbst wenn jeder jetzt seinen Masterkey hat, so wird das Universelle niemals Bankrott gehen.

Ist das Verständnis darüber etwas Besonderes für mich?

5. Du kannst Berge versetzen, weil du das Verständnis hast, dass diese Wahrheit dich frei macht. Du hast Angst, Zweifel, Misstrauen, Entmutigung, Leid, Krankheit, Mangel und jede Beschränkung über Bord geworfen.

Dein Verständnis davon, dass du dich von den negativen Schwingungen befreit hast oder befreien kannst, macht dich frei und lässt dich in allen Belangen, Lebenslagen und Situationen der Meister über alles sein.

Du bist nun der, der sein Leben gestaltet, der Ereignisse herbeiführt, der durch das Wissen und den Glauben in der Lage ist, alles – und wenn ich das schreibe, dann meine ich auch wirklich alles – zu erreichen und zu tun, was immer du willst.

War denn vorher alles falsch oder eine Lüge?

6. Du denkst die Wahrheit, und diese Wahrheit enthält das lebende Prinzip.

Du hast in deiner Vergangenheit im Strom anderer, dir zugewiesener Gedanken, Situationen, Ereignisse und Begebenheiten gelebt. Diese waren keine Lüge oder waren falsch, sie waren nicht dein **Eigenes** und deshalb nicht die Wahrheit, die du jetzt kennst.

Die Wahrheit ist, dass alles immer zum Wohle der Allgemeinheit, zum Besten aller ist. Und dieses Wohl und das Beste werden dir durch das Erkennen der Wahrheit über das allmächtige Prinzip nun zuteil. Du bist nun ein Teil der Wahrheit, ein Teil des großen Ganzen.

Bezieht sich diese Wahrheit auf alle Bereiche des Lebens?

7. Du, der du Krankheiten mit geistigen Methoden heilst, der du das Leben, die Gesundheit und den Reichtum allgegenwärtig spürst, weil all dies jeden Raum ausfüllt, hast die Großartigkeit dieses Gesetzes verstanden.

Wenn du Gesundheit denkst, wirst du Gesundheit erhalten und so weiter. Du bist dir nun darüber bewusst, dass du mit den Möglichkeiten, die du jetzt hast, jeden Bereich deines Lebens zu deinem und zum Wohle aller Beteiligten gestalten kannst. Somit hast du dieses großartige Gesetz verstanden.

Wenn ich das kann, wie erkläre ich es mir?

8. Alle deine Umstände sind Gedankenschöpfungen und somit vollkommen geistig.

Du bist Teil des großen Ganzen und somit auch Teil der Schöpfungsgeschichte. In deiner inneren Welt und der Verbundenheit mit der Allmacht bist du an der Schöpfung beteiligt und somit auch an deiner erlebten äußeren Welt.

Alles geschieht nur in deiner geistigen inneren Welt, dort nimmt deine Schöpfung ihren Anfang.

Wie finde ich mich am besten in meiner Schöpfung zurecht?

9. Du erfährst diese Wahrheit in der Stille. Schaffe dir da deine geistigen Bilder, um Umstände zu ändern, die nicht wünschenswert sind.

Wenn die Stimme und die Vision (Schöpfung) in dir tiefgründiger, deutlicher und lauter werden, als die Meinungen draußen, dann hast du das Prinzip der Wahrheit verstanden.

Um dies zu erreichen benötigst du die Stille, denn nur dort kommst du zu deiner inneren Ordnung und damit in den Einklang mit dir und dem Einssein mit dem Universellen.

Was ist meine Aufgabe bei dem großen Ganzen?

10. Erinnere dich daran, dass du nichts anderes zu tun hast als dich selbst von dieser Wahrheit zu überzeugen, die du verwirklichen willst.

Die Wahrheit ist: Es gibt mehr als genug für alle! Es gibt mehr als genug schöpferische Ideen, es gibt mehr als genug Liebe, es gibt mehr als genug Energie, es gibt mehr als genug Freude, und dessen wirst du dir langsam bewusst, weil dein Verstand die eigene Unendlichkeit erkennt.

Können denn meine Resultate auch anders erreicht werden?

11. Deine dauerhaften Ergebnisse können nicht auf eine andere Weise erreicht werden. Dieses ist eine exakte Aussage.

Beobachte deine Vergangenheit! Dort siehst du all die Dinge, die nicht zu deinem Wohle geschehen sind.

Durch deinen Verbleib in der Allmacht und das Einssein mit dem Universellen wirst du all das erreichen, was du wirklich willst, und das immer und überall.

Gibt es Methoden, um in der Wahrheit zu bleiben?

12. Meditation, Konzentration, Argumentation und das Schaffen geistiger Bilder ermöglichen es dir, diese Wahrheit zu erkennen und in ihr zu bleiben.

Nutze die oben genannten Möglichkeiten, um in der Wahrheit zu bleiben. Nur so wird es dir möglich sein, Großes zu erlangen. Erkenne die schönen und wundervollen Dinge um dich herum, segne und preise diese Dinge, aber bemängele nicht die Sachen, die derzeit nicht so funktionieren, denn dann bist du wieder außerhalb der Wahrheit.

Was kann ich mit dieser Methode auf dem Weg zur Wahrheit alles erreichen?

13. Mit dieser Methode hilfst du auch anderen Menschen. Sobald du einem anderen Menschen geholfen hast, ist diese Person frei, und das Ergebnis ist erreicht.

Du musst nicht damit beginnen, die Welt oder die Menschen um dich herum zu verändern, denn dadurch, dass du dich veränderst, veränderst du auch dein Umfeld, die Menschen und damit die ganze Welt.

Wie ist es denn mit den negativen Dingen um mich herum?

14. Jeder missliche Umstand hat keine Wirklichkeit und nur dein Denken ist schöpferisch. Dadurch ist dein Geist die einzige Wirklichkeit.

Alles Negative um dich herum entspricht nicht der Wahrheit. Wenn du diesen Dingen, Ereignissen, Menschen oder Begebenheiten keinen Platz in deinem Geist gibst, dann gehören diese nicht der Wirklichkeit an und haben keinen Nährboden für ihre Existenz.

Es existiert nur die Wahrheit, die dich frei macht.

Was bewirkt denn meine Wahrheit?

15. Jeder deiner Gedanken, der die Wahrheit in sich trägt, ermöglicht es dir, jede Form von Beschränkung, Krankheit oder Mangel aufzuheben und zu überwinden.

Du bist der Schöpfer deiner Wahrheit, wodurch du dir all das erschaffst, was deine Beschränkungen aufhebt.

Erschaffe dir durch das Anerkennen der Wahrheit ein Leben so, wie du es willst, und nicht so, wie du es nicht haben möchtest.

Affirmation: „Ich bin der Schöpfer meiner Realität."

Wo finde ich meine Wahrheit?

16. Deine Wahrheit findest du nur in deiner inneren Welt, und das ist die **Wahrheit**.

Die Wahrheit ist ausschließlich in dir zu finden. Erschaffe dir durch deine Gedanken deine innere Welt.

Vieles habe ich schon erreicht, aber bei manchen Dingen stehe ich auf der Stelle. Was kann ich tun?

17. Den Fortschritt, den du machst, erreichst du, indem du den Geist trainierst, nur die Wahrheit zu sehen.

Du bist ein Sportler und auch gleichzeitig dein Trainer. Beginne zuerst mit den Dingen, die du erreichen kannst, und trainiere dann auf das nächst größere Ziel hin, sodass du von einem Erfolg zum nächsten kommst. Gehe deine Wünsche und Ziele so an, wie sie dein **Eigenes** tatsächlich auch erreichen kann.

Hierdurch wirst du sehen, dass dir nichts mehr unmöglich erscheint.

Was ist denn meine absolute Wahrheit?

18. Deine absolute Wahrheit ist, dass das Ich perfekt und vollständig ist. Es ist das spirituelle Ich, das eins mit dem universellen Geist ist.

Du hast deine absolute Wahrheit erreicht und das allgegenwärtige Prinzip erkannt und angenommen, wenn du dich nicht mehr von äußeren Stimmen und Begebenheiten abhängig machst oder beeinflussen lässt.

Affirmation: „Die Wahrheit ist absolut und perfekt!"

Was hängt denn von der Wahrheit ab?

19. Deine Wahrheit und das Erkennen der Wahrheit sind das Ergebnis deines entwickelten Bewusstseins.

Dein Leben und deine Bewusstseinsentwicklung hängen von der Wahrheit ab. Betrachte die Dinge um dich herum, betrachte die Menschen, die dich umgeben. Alles ist die gleiche Energie, alles im Universum ist Energie.

Die Anerkennung der Wahrheit und der Allmacht macht aus dir eins mit dem Ganzen.

Wo manifestiert sich die Wahrheit?

20. Die Wahrheit manifestiert sich in deinem Charakter und in deiner Interpretation der Religion.

Die Wahrheit findet in dir und durch dich Ausdruck, egal welcher Religion, welcher Gesinnung du angehörst. Es ist egal, woher du kommst oder wie alt du bist. Diese Wahrheit, die immer gültige Wahrheit, ist in dir.

Werde ich durch mein Hier und Jetzt das Morgen verändern?

21. Deine Zukunft wird durch deine Gegenwart bestimmt, und alles, was deine Gegenwart ausmacht, liegt in deiner inneren Welt, in der du die Umstände, die deine Gegenwart ausmachen, verändern kannst, um deine Zukunft bewusst zu gestalten.

Durch dein Denken erschaffst du dir deine innere Welt. Das tust du hier und jetzt. Das, was du dir erschaffen hast, findet nun seinen Ausdruck in deiner Welt, in deinem Jetzt, deinem Morgen oder Ähnlichem.

Was ist das, was mich frei macht?

22. Diese Wahrheit ist es, die dich frei macht.

Lass dich nicht ablenken, durch das, was du als deinen Körper oder dein physisches Sein bezeichnest. Das ist nur die Hülle für deinen Geist, dein Geist ist riesig, du bist ewiges Leben.

Du bist die Manifestation Gottes in Menschengestalt, vollendet erschaffen.

Wodurch werde ich alles so ändern können?

23. Halte ein perfektes Ideal in deinem Bewusstsein, und du wirst ideale Umstände in deiner äußeren Welt antreffen.

Durch dein bestes Material, durch deinen klarsten Ausdruck, durch dein in dir gestaltetes Bild und durch dein erweitertes Bewusstsein führst du dir die idealen Situationen, Begegnungen und Begebenheiten herbei.

Du trägst in dir das Potential Gottes und hast somit durch die Verbundenheit auch die Möglichkeit zur Erschaffung deiner eigenen Welt.

Brauche ich noch besondere Übung?

24. Trainiere und sehe deinen Geist und dein Ego makellos und vollständig, damit du ausschließlich ganzheitliche, harmonische und gesunde Umstände in deinem Leben verwirklichst.

Du wirst durch deine Disziplin und deine Aufmerksamkeit jetzt beginnen, nur noch das zu verwirklichen, was im Rhythmus und im Einklang mit dem Universellen ist.

Muss ich mein Denken noch anpassen?

25. Denke ausschließlich Wahrheit, um das zu erschaffen, was wahr ist, und das gelingt dir durch das schöpferische Denken mit höchsten und perfekten Gedanken.

Alle Macht kommt aus deinem Inneren und somit auch alles Schöpferische. Deshalb ist alles unter deiner Kontrolle. Bleibe in deinem Denken in der allgegenwärtigen Wahrheit, damit deine Gedanken das höchste Gut tragen.

Bin ich denn auch im Geiste mit der Allmacht verbunden?

26. Die Gesamtheit allen bestehenden Geistes ist der universelle Geist.

Durch deinen Geist setzt du die Verbindung mit der Allmacht in Bewegung.

Ist denn Geist überall?

27. Geist ist überall und allgegenwärtig und somit nicht individuell.

Da du jetzt eins bist mit dem Geist, ist dieser Geist auch in dir, und durch deine Gedanken beginnst du, dich der Schöpferkraft zu bedienen und wählst aus dem großen Katalog des Universums aus, was du für dich möchtest.

Ist der Geist denn alles?

28. Der Geist ist wirklich alles und alles, ist Gott. Ist der Geist nicht mehr in dir, dann hört der Körper auf zu existieren. Gott ist dein gesamtes Leben, ohne ihn bist du tot.

Du bist eins mit Gott, Gott war schon immer und Gott wird immer sein. Du bist ein Teil Gottes, jetzt verbunden durch deinen Geist.

Da Geist immer schon war und durch den Geist die Form erschaffen wird, gibt es ohne Geist keine Form, kein Leben und somit auch keine Existenz.

Ohne deine Verbundenheit zu Gott existierst auch du nicht.

Du bist eins mit Gott, weil Gott in dir ist, und du bist durch Gott.

Was ist denn die Fähigkeit meines Geistes?

29. Die einzige Fähigkeit, die der Geist besitzt, ist Denken. Daher sind Gedanken, schöpferisch, und deine Gedanken sind so zu lenken, dass sie zu deinem und dem Nutzen anderer eingesetzt werden.

Dein Geist ist Schöpfung!

Was ist jetzt mein Masterkey?

30. Hast du diese Wahrheit erkannt, dann bist du im Besitz des Masterkey.

Deine Einheit mit der Allmacht und die Formel, dass du durch diese Verbundenheit deine Gedanken dazu benutzen kannst, das zu erschaffen, was zum deinem und zum Wohle aller ist, das ist dein Masterkey!

Du bist eins!

Affirmation zu Kapitel 24:

„Ich bin die Manifestation Gottes in Menschengestalt!"

Notizen:

Literaturverzeichnis

[2007] Charles Francis Haanel
„Das Master Key System“
Übersetzung Helmar Rudolph & Franz Glanz
Master Key Media Ltd + Co. KG

Informationen zu den Lektionen dieses Buches, dem Vorgehen und dem Handling des Masterkey erhältst du unter:

MasterKey-Institute
Thorsten Gabriel, Kaiserstraße 7 / 1. OG, 66111 Saarbrücken
Telefon: 0681 – 5 95 37 57 Mobil: 0160 – 90 345 465
E-Mail: info@masterkey-institute.de
Homepage: http://masterkey-institute.de
Studienvideos: http://www.youtube.com/MasterKeyInstitute

Phylos der Tibeter - Hier teilt sich der Weg

Autor: Phylos the Thibetan
Übersetzung: S. Glocker
Seiten: 448, Hardcover
ISBN: 978-3-00-021706-7
Preis: 24,90 Euro

Phylos der Tibeter ist eine fantastische Reise durch die Zeit und den Raum. Zum einen eine Zeitgeschichte und zugleich spirituelle Heldensage. Der Reisende durchquert die Jahrtausende und Zivilisationen im Laufe seiner Wiedergeburten – von der mysteriösen Zeit auf Atlantis bis hin zur heutigen Zeit. Eine außergewöhnliche Geschichte, die dem neugierigen Leser den Weg zeigt, der zum einen sehr wissenschaftlich ist und zum anderen die verborgenen Wege der Seele erklärt. Das mysteriöse Buch von Phylos begeistert seit über einem Jahrhundert mehrere Generationen von Lesern, so auch Albert Einstein, John F. Kennedy, John Lennon, Linda + Paul McCartney, Shirley McLaine, Admiral Byrd, Erich von Däniken, Elisabeth Haich, Linda Evans und viele andere. Edgar Cayce überprüfte die Angaben von Phylos und bestätigte sie.

Dieses Buch beantwortet auf zeitlose Weise die Fragen nach dem Sein und dem Sinn des Lebens. Phylos beschreibt sein Leben auf Atlantis, die hochentwickelte Technologie der Atlanter, ihr politisches System und ihre Handelsgeschäfte. Doch er begeht einen schwerwiegenden Fehler. Später, wiedergeboren im 19. Jahrhundert, muss er seinen alten Fehler begleichen…

Besonders spannend: Etliche der von Phylos gemachten Prophezeiungen und viele der beschriebenen Erfindungen haben sich bereits realisiert!

Die Identität des Geistes - Wer den Geist kennt, kennt das leben

Autor: Heinz M. Biederer
Seiten: 435, Hardcover
ISBN: 978-3-9812259-0-7
Preis: 24,90 Euro

Das Thema des dritten Jahrtausends: Die Evolution des Geistes!
Bis auf den heutigen Tag war es noch niemandem gelungen zu erklären, wer oder was der Geist ist, ihn zu identifizieren und zu definieren – weder der Geistes- noch der Naturwissenschaft. Beiden fehlte die Grundlage dazu. War es also Zufall, dass gerade jetzt zu Beginn des Jahrtausends des Geistes die LOGOSOPHIE dieses Rätsel zu lösen vermochte? So wie die Naturwissenschaft auf dem Erkennen der Natur basiert, basieren die Erkenntnisse der LOGOSOPHIE auf der Sprache. Jede Erkenntnis des Autors Heinz M. Biederer, welcher der Begründer der modernen LOGOSOPHIE ist, gründet sich auf ein Schlüsselwort der deutschen Sprache. In jedem Wort steckt die Schöpferkraft des Geistes. Es birgt die Information, die informative Energie, durch die jene Intelligenz und Kraft der Evolution wirksam wird, welche alle Dinge in ihre zwingend vorgegebene Form bringt.

So grundlegend sich mit dem Erkennen des Geistes unser Weltbild wandelt, so grundlegend wandelt sich auch unsere heutige Welt. Denn in dem Augenblick, da wir erkennen, wer der Geist ist und wer wir sind, dreht sich die Evolutionsspirale unseres eigenen Geistes ins Positive und Wesentliche. Der Geist ist der einzige Garant für Wissen, Wahrheit und Wirklichkeit. Alles andere ist eine Verkehrung der Tatsachen.

Sprachmagie - Die Macht der Worte

Autorin: Anya Stössel
Seiten: 128, Softcover
ISBN: 978-3-9812259-5-2
Preis: 14,90 Euro

Jeder weiß, wie sehr Worte unser Leben beeinflussen, und schon oft hatte nur ein einziges Wort verheerende Folgen...
Jedes Wort, das wir aussprechen – alles, was wir sagen –, beeinflusst unser Leben auf die ein oder andere Art und Weise. Das gilt nicht nur für besondere Situationen, sondern für jeden Aspekt unseres Lebens – insbesondere auch für den Umgang mit Kindern.

Durch die Sprache können wir uns selbst und andere beeinflussen – positiv oder negativ. Wir sind diesem Einfluss keinesfalls schutzlos ausgeliefert. Jeder Mensch bestimmt durch die Wahl seiner Worte selbst, was in seinem Leben geschieht. Bedauerlicherweise neigen wir dazu zu sagen, was wir *nicht* wollen, anstatt klar auszudrücken, was wir wollen. Aus Gewohnheit und meist unbewusst sagen wir Dinge, die unserem Leben oft mehr schaden als nützen.

Willst Du diese Kraft – *die Macht der Worte* – bewusst anwenden und damit Dein Leben und was Dir widerfährt mehr und mehr selbst bestimmen? Dann ist dieses Buch genau das Richtige für Dich! Nach der Lektüre dieses Buches siehst Du die Welt mit anderen Augen und hörst sie mit anderen Ohren!

Der Wunderbaum Moringa - Ein Vitamingeschenk von Mutter Natur

Autoren: Erwin G. Bruhns & Hans-Peter Zgraggen
Seiten: 80, Softcover
ISBN: 978-3-9812259-1-4
Preis: 9,95 Euro

»Moringa ist wirklich ein faszinierender Baum – er schafft es sogar, Bakterien zu töten! Im alten Indien wurde er auch ›Wunderbaum‹ genannt. Man muss sich vorstellen: Um einen Liter Wasser bakterienfrei zu machen, braucht man gerade mal 1/10 Gramm Moringa-Samen...«

(Ranga Yogeshwar in der SWR-Sendung »Die große Show der Naturwunder« vom 1. November 2007)

Gibt es eine Heilpflanze gegen fast alle körperlichen Beschwerden? Ja! Das Zauberwort heißt »Moringa«. Doch der eiweißreiche »Wunderbaum« aus Indien und dem Himalaya birgt noch weit mehr Überraschungen – und derart viele hochdosierte Vitamine und Mineralien, dass er mittlerweile Biologen und Ernährungsspezialisten in aller Welt fasziniert. In diesem Buch erfahren Sie alles Wissenswerte über das ayurvedische Lebenselixier!

Zehn Zahlen verändern Ihr Leben - Die Vereinigung der Gegensätze

Dem Dipl.-Ing. Paul Haberecht ist es meisterhaft gelungen, die unterschiedlichen Lebensstufen mit den ersten 10 Zahlen zu verknüpfen, denn *nur* die Zahlen erzählen uns die richtige Geschichte. Es gibt sicherlich viele Wege, um ein Ziel zu erreichen. Der hier beschriebene Weg zeigt auf, wie das wechselseitige Verhalten der gelebten Gegensätze am Ende in die angestrebte paradiesische Einheit führt.

Wichtig ist dabei das Verständnis, dass auch das Negative, genauso wie das Positive, seine absolut nutzbringende Bestimmung hat. Diese aus dem Leben gegriffenen gegensätzlichen Vorgaben sind es, die nur eine beidseitige Betrachtung zulassen und zu der notwendigen umgekehrten Sichtweise führen, die aber in ihrer Neutralität zum Schluss geradewegs in die erstrebenswerte Einheit führt, in der alles wieder liebevoll vereint ist.

Das Zauberwort ist EINHEIT.
Am scheinbaren Ende hat sich dann alles, wirklich *alles* umgekehrt. Wohl dem, der weiß, dass gerade in der gegensätzlichen Betrachtung aller Lebensumstände eine große Chance für seine Zukunft besteht.

Autor: Paul Haberecht
Seiten: 104, Softcover
ISBN: 978-3-9812259-3-8
Preis: 12,90 Euro

Worum es wirklich geht - Partnerschaft und Liebe

Der Autor Olaf Scheffel hat zum Teil auf sehr leidvolle Art und Weise die Disharmonien und Missverständnisse im Alltag und in Partnerschaften erleben und beobachten dürfen.

Durch gigantische Erkenntnisse, Wahrheiten, Erläuterungen und Übungen lernen Sie sich selbst und die grundlegendsten Gesetze des Lebens (Universums) kennen.

Empfehlen Sie dieses Arbeitsbuch all Ihren Freunden, Verwandten, und allen, die eine unglückliche Partnerschaft leben, Singles, Alleinerziehenden und ihren Kindern. Erschaffen wir gemeinsam ein neues Bewusstsein für Liebe und Partnerschaft! Verändern Sie Ihr Leben, damit Ihre Wünsche in Erfüllung gehen!

Ein einfacher Text mit großer Wirkung!

Autor: Olaf Scheffel
Seiten: 100, Softcover
ISBN: 978-3-9812259-4-5
Preis: 12,90 Euro

Autorin: Kim Kitter
Seiten: 300, Softcover
ISBN: 978-3-9812259-6-9
Preis: 18,90 Euro

Vogelfrei - Auf der Suche nach Europa

-Roman-

Den jungen italienischen Architekten Giuseppe hat es wie einen Zugvogel nach Deutschland getrieben. Eine gute Stelle bei einem deutschen Italien-Liebhaber ermöglicht es ihm, seine deutsche Liebe Karin zu heiraten und die während seiner Brüsseler Zeit erworbenen Vorstellungen von der Freizügigkeit für Unionsbürger in die Tat umzusetzen. Er glaubt sich integriert und setzt sich für das Architektenbüro ein, für das er arbeitet.

Leider ist ihm der Sohn seines Chefs nicht so wohlgesonnnen wie der Vater. Er sieht den Fremden als unerwünschte Konkurrenz und möglichen Erbschleicher. Der gutmütige Arbeitgeber wirkt als Schutzpatron. Als dieser aber durch einen Autounfall ums Leben kommt, schafft der Junior kurz darauf eine Gelegenheit und wirft Giuseppe hinaus. Seine Karin nutzt bei Giuseppes Seitensprung kurzerhand die Gelegenheit, um ihn zu verlassen. Aus allen Wolken gefallen durch diese Schicksalsschläge muss der Zugvogel Giuseppe realisieren, dass er ohne Schutz vogelfrei ist.

Autor: Torsten Schütz
Seiten: 80, Softcover
ISBN: 978-3-9812259-7-6
Preis: 10,50 Euro

Die 6 Tibeter - Therapeutische Wirkung meditativer Bewegung

Menschen, die Gesundung ganzheitlich begreifen wollen, finden hier eine philosophisch gestützte Anleitung, bei der sich durch tägliches, 10-minütiges Üben der 6 Tibeter eine positive Entwicklung für Körper, Geist und Seele einstellt.

Diese zeitgemäße, auf die Wohlstandskrankheiten bezogene Anleitung ist ausführlich beschrieben und bebildert und gewährt dem Übenden sowie dem Arzt Einblicke in die physiologische Wirksamkeit und die therapeutische Anwendbarkeit dieser praktischen Übungen.

Dieses Buch beschreibt, wie man traditionelle Werte in die Übungen und somit in die moderne Lebensweise integrieren kann.

Merlin-Versand
Im Weidenbruch 128a • D-51061 Köln
Tel.: 0221-168 696 07 • Fax: 0221-168 696 08
www.merlin-versand.com • info@merlin-versand.com